空海名言法話全集

空海散歩

第10巻

大日の光

白象の会❖著
近藤堯寛❖監修

筑摩書房

序　『空海名言法話全集』全十巻の完結を祝す

高野山大学名誉教授　高野山真言宗元管長　松長有慶

われわれ真言宗徒のお祖師様である弘法大師空海の御著作には、現代社会に最も必要とされる思想が数多く含まれている。だが文章がむずかしい。現代人はすぐにその内容が読み取れない。

なぜか。今からおよそ千二百年前、先進文化の豊かな香りとその卓越した思想、文化を直接中国から日本にもたらし、定着させようと、大師は意図せられていた。ご自身も渡唐以前から漢籍に熟達され、書跡も平安初期の三筆に数えられる名筆家であった。

大師の文章や筆跡は、文明国であった唐の一流の文人たちが讃嘆し、交流を求めるほどの水準の高いものであった。大師は中国の先進文化を直接日本に移植するという使命を十分に自覚せられていた。

世界有数の文明国であった唐の文化水準を具えた漢文を、千二百年の歴史を超えて、われわれ現代人がそのまま理解し、自己のものとして語るに、大きな障壁を感じるのは当然のことである。

明治以降　多くの方が大師の格調高く、奥深い内容を含む名文をそれぞれの時代に合うような平易な言葉に置き換えて世に出し、われわれもその恩恵に少なからず浴してきた。だが全面的にそれらに頼ることはできない。著者それぞれに選択の幅があり、公開されている文章は大師の著作のごく一部に限られるからである。

大師の膨大な御著作の全貌とは言えなくとも、主要なお考えを、われわれ末徒の生きる指針にしたい、と多くの方は心のどこかで願っている。

大師の御文章の骨格を、わかりやすく広く提供して、現代人に理解していただき、それぞれ生きる指針にしてほしいという壮大な計画をかねてから抱き、果敢に実行に移し、弘法大師の御生誕千二百五十年の記念すべき年までに完成させたいと、私は相談を受けた。今から十年ほど前のことである。その御当体は高野山真言宗の教学部次長を永らく経験され、また高野山大学で布教の講義も担当されていた、他ならぬ近藤堯寛師である。私も大賛成である。

出来る限り私もお手伝いさせていただこうとは思った。だがその当時でも八十歳台の半ばの老爺に、完成までの生存は想定外であったので、責任ある役をお受けすることはご辞退させていただいた。

それから近藤師はご自身で慎重に撰文に取り掛かり、長年にわたり経験を重ねてこられた真言宗各派の布教師さんに解説をお願いされた。その成果を第一巻の刊行以来八年の歳月をかけ、このたび見事に結実させられた。

十数年にわたる初志を見事に貫徹された近藤師の粘り強さと、執筆に当たられた布教師各位、および編集にご苦労された委員の方々の熱烈な護法の念に対して、心からなる感謝と祝賀の微志を捧げたいと思う。

令和四年十二月八日　釈尊成道の日に

総　括

白象の会　発起人代表　**野條泰圓**

空海法話全集を出版する企画が起こったのは、平成二十七年、高野山開創記念法要が終わった直後であった。近藤堯寛師が編纂された『空海名言辞典』の二千百八十句の一つ一つを一般向けに解り易く法話にして、弘法大師ご誕生千二百五十年（二〇二三年）記念の出版にしたいというものである。

早速、有志数名と発起人会を組織して協議を始めた。句数も多いことから広く執筆者を募集。各自責任をもって執筆し、頒布はクラウドファンディングのシステムを前提に執筆同意書を求めた。同時に『高野山時報』（平成二十八年四月一日号）にも執筆者募集の広告記事を掲載してもらった。

第一巻「苦のすがた」に五十三名の執筆を頂き、翌二十九年十二月に初出版ができた。著者には善通寺菅智潤現管長さまをはじめ、同教学部長の坂田知應僧正さま、同総務部長福原昌文僧正さま、元高野山教学部長岩坪眞弘僧正、元高野山本山布教師会長小塩祐光僧正など、著名なお方の玉稿を戴くことができて意を強くした。その後、岩坪僧正、小塩僧正、石手寺の加藤俊生僧正の遷化の悲に遇いながら、悲しみの中にも出版に傾注してきた。徳島に巡回布教の途中、岩坪僧正は夕食を接待してくださり、この出版を大変喜んでくださった。この時に交わしていただいた盃が最期になった。小塩僧正も我がことのように喜んで下さって、何時も寄稿は一番乗りだったのに、残念でならない。完成を報告しご冥福を祈っている。

人生経験豊富なお方の味わい深さも、若いお方の感覚と現代的解釈も素晴らしく、いろいろと学ぶことが多くある。今後はこのお方たちが中心で教学布教に進んでくださると思うと本当に心強く思う。懸命にご執筆頂いた著者の皆さんに感謝したい。

出版に当たってはさまざまな事態を考慮しながら、当初から願っていた「筑摩書房」にお世話になることができて幸いである。喜入冬子現社長と近藤堯寛僧正の間柄で信頼をいただき実現した。筑摩書房編集部のスタッフの方々は、正確さ緻密さにおいて素晴らしい働きをしていただいた。文章の表現、文字や語句の使い方など、克明に指摘していただき完成をみたことは大変有難く感謝している。

最後に、老体の私がどこまでお手伝いできるだろうと、心配しながら空海さまと語り、願い、無心に念じて今日を迎えることができた。偏にお大師さまのご加護と感謝の一語に尽きる。

南無大師遍照金剛

全十巻の構成と凡例

第一巻「苦のすがた」（名言二二一句）　賢愚・優劣・戯論・無知・無益・偽装・妄想・衆生・凡夫・現世・世情・末法・乱世・罪過・災難・無力・無明・煩悩・貪欲・渇愛・地獄

第二巻「世のながれ」（名言二二七句）　無常・人世無常・山川無常・草木無常・寂滅・故人追慕・悲哀・生死・輪廻・自業自得・執着・汚泥・迷悟・明暗・苦楽・是非・善悪

第三巻「たすけあい」（名言一九二句）　供養・回向・挨拶・香華・鐘・薬・歓喜・清廉・謙遜・自然・風光・調和・協力・効果・好機・熟成

第四巻「こころをつくる」（名言二二三句）　練磨・慈悲・自利利他・救済・布施・四恩・恩愛・恩恵・報恩・孝行・友情・仏縁・帰依・信心・誓願・功徳・福智・天皇・人徳・人倫

第五巻「法を伝える」（名言二二九句）　伝法・灌頂・寺院・東寺・金剛峯寺・伝道・善導・善知識・驚覚・発心・修行・仏道・求法・彼岸・実践・努力

第六巻「さとりの記述」（名言二二一句）　方便・仮和合・教法・理智・認識・道理・無記・戒律・適法・越法罪・後悔・反省・無欲・断悪・文芸・作詩・作文・書道・筆法・

師僧・恵果阿闍梨・師弟・僧侶

第七巻「さとりの風景」（名言二一〇句）　静寂・修禅・入定・威儀・阿字・本不生・月輪・入我我入・顕密・密蔵・秘密・機根・各人各様・般若・智慧・空・中道・縁起・因縁

第八巻「これが真言密教」（名言二一一句）　融通無碍・一即多・不二・真言・陀羅尼・梵文・呪文・経文・文字・加持・祈禱・三密・仏力・威神力・守護・自在・実証・瑜伽・観法

第九巻「仏のはたらき」（名言二一九句）　仏法無尽・広大無辺・菩提・菩薩・清浄・本有・実相・不変・唯仏・唯心・法身説法・対機説法・以心伝心・言語道断・除闇遍明・転迷開悟・煩悩即菩提・滅罪生善・一味平等・差別即平等・和光同塵

第十巻「大日の光」（名言二一八句）　大日・我即大日・仏身円満・仏陀・成仏・即身成仏・草木成仏・曼荼羅・法界・遍照・遍満・荘厳・根源・仏性・如実知自心・法爾自然

一、全十巻の流れは、弘法大師著『秘密曼荼羅十住心論』の階梯のように、苦界から修行、真言、悟り、大日の光へ向かっていく精神的発達史のシリーズ本になっています。したがって、読者も著者とともに、巻を重ねるにしたがって迷いから悟りへ、心境が次第に高みへ登っていきます。

二、全十巻に採用されている空海名言とその順番は、『空海名言辞典 付・現代語訳』（高野山出版社刊）に添っています。

目次

第一章　素光

第二章　慈光

第三章　円光

第四章　慧光

空海名言法話全集　空海散歩

第十巻　大日の光

装幀・本文デザイン　山田英春
扉イラスト　かんだあさ

第一章
素光

大日

法仏とは常住三世　浄妙法身　法界体性智　大毗盧遮那自受用仏これなり

（付法伝第一）

【仏とは、過去、現在、未来にわたって存在し、浄らかな身体であり、宇宙本体の智慧であり、大日如来のみがあずかり知る世界である】

◉即身成仏しましょう　空海さまが、この世を理想の極楽浄土にと願って説かれた最上の教え（第十秘密荘厳心）を学ぶ段階に進んでまいりました。およそどの宗教も人々の幸せを願って存在するものであります。空海さまは、人々を仏さまに、人々の暮らし方を仏さまのように、皆で幸せな社会を、仏さまの世界を創っていこうと諭されています。その結実がこの第十巻に集約されています。

仏と申しましても、大日如来のようにもともとご自身が仏で存在して居られるのと、行者（僧侶）が法に従って修行して仏に成るのと、教えられて日常の心掛けによって、仏と同じ状態になるのとそれぞれ違いがありますが、空海さまがすべての人々の幸せを願っておられることが大切なことなのです。大日如来は、地球はもとより虚空に遍満して居られて、すべての現象、森羅万象が大日如来の働きとみられています。「常住三世、浄妙法身」というのが、宇宙的大生命を有しておられ、仏の最高の智慧をもってすべての世界を照らしながら（法界体性智）自ら覚っていることを自分で楽しんでおられるのです（自受用仏）。ですから、その働き（森羅万象すべて大日如来の働きである）に気付いた人には優しくまた厳しく応えて下さるのです。空海さまは、林間に修行なさいましたが、著作の中に自然との触れ合いで感じられたことをたくさん述べておられます。「霜を払って蔬を食らふ　雪を払って肱を枕とす」「青幕天に張って房屋を労せず」（野宿）、「日月星辰を仰ぎ、気付いて山川草木をみる」「南山の松石みれどもあかず　南嶽の清流あわれむことやまず」「春の華　秋の菊　笑んで我に向かう」（いのちの繋がり）など。私たちも空海さまに学び、俗世間をはなれ、林間に遊んでみましょう。峯に吹く風は、季節の移ろいを感じさせてくれます。沢に下れば雪解の水音、春の匂いを感じさせてくれます。自分が自然の中に融けこんでいる自分に気づきます。その欲も邪念もない自分が仏と同じなのです。空海さまが願っておられる私たちの「即身成仏」なのです。

（野條泰圓）

第一の高祖は号して常住三世　浄妙法身　法界体性智　摩訶毘盧遮那如来というなり（真言付法伝）

【最初にして最高位の仏の根本は、過去、現在、未来にわたって存在し、浄らかな身体であり、大宇宙本体の智慧である。これを大日如来という】

◉大日如来は真言宗の総本尊であります　大日如来は真言宗の総本尊であります。本当の名前はマカビルシャナ仏と申します。マカは魔訶、大いなるという意味であり、ビルシャナは遍照金剛、すべてのものを照らす（遍照）仏のいのち（金剛）ということで大日如来とお呼びしているのであります。

真言宗では仏の世界を説き示すところの曼荼羅の中心に、金剛界は一四六一仏、胎蔵界は四一四の仏さまがおられます。全ての仏さまは大日如来のお徳を戴き、菩薩、明王、天王などが、独特の御誓願を持って、この世に密厳仏国という大日如来のお浄土を作ることに努力されているのであります。

この曼荼羅が示すように、すべてのものは　大日如来のいのちより出て育まれているという宇宙の力強い生成と流転を重ねているのであります。私達人間も大日如来のいのちと仏性を持っていることを説くのが真言宗の教えの中心であります。

大日如来のお得は除闇遍明、能成衆務、光無生滅という三つの徳で説明されます。この世を限りなく、昼も夜も照らし続けて闇を除き、総ての物を育て活動せしめ、その光りは永遠不滅であるという太陽のごときお徳を持っているのであります。

お釈迦さまは宇宙の真理と人の在るべき道をお覚りになったのでありますが、この大日如来の存在を自ら体得されて成道されたというべきであります。この世を生き抜く根本を大日如来と申します。これを自らのいのちとして自覚するところに佛教の本質があります。

真言は、金剛界大日如来が「ばざらさとばん」、胎蔵界大日如来が「あびらうんけん」、金胎不二の真言が「おんあびらうんけんばざらだどばん」です。地水火風空のいのちをあたえ、永遠不滅の徳を持つ大日如来に帰入しますとの意味があります。

（安達堯禅）

大日

我れは一切の本初なり　号して世所依と名づく　説法等比なく　本寂にして上あること無し（即身義）

【大日如来はすべての根本であり、世の拠り所となる仏である。説法は比類がなく、静寂にして最高位にある】

◉小宇宙の人間と大宇宙の大日様との一体化　空海大師の真言密教はインドで生まれ唐（中国）に渡り栄えました。空海大師はその密教を学ぶために本場の唐に渡り、密教界のトップの恵果和尚より密教の真髄を特別に伝授され二年余りで帰国しました。空海大師自身が学んだものと融合させ磨き上げ、仏教界最高峰と言われるまでに高められています。

大宇宙を取り仕切っている大日如来様は「摩訶毘盧遮那」や「阿《ア》」「大いなる命」とも呼ばれ、親しまれています。この大日如来様は宇宙の根源であり森羅万象のすべては大日如来様の働きであり、その上に見返りを求めない太陽のような存在で、万物から有難い存在と慕われています。

如来様は欲を離れて悟りを開かれている仏さまのことです。多くの如来様、阿弥陀如来、薬師如来等は質素なお姿をされています。しかし大日如来様だけは頭に宝冠、首に飾りをつけ天衣をまとっておられ、荘厳で華やかなお姿をされており、人気があり慕われています。

真言密教の大日如来様は「知恵の金剛界」と「慈悲の胎蔵界」が対で存在します。その姿は両手の「印」の組み合わせが少し違っています。

さらに空海大師は宗教界驚きの、この身このままで仏とする「即身成仏論」を発して、空海大師自身も仏に成りきり大きな業績を残され、仏教界に大きな波紋を投げかけました。

己の超人的な法力等で、天皇はじめ一般衆生まで命がけの布教で奇跡な実践と実績で人々に感激を与え、空海密教は仏教界に新しい風を吹き込み、世界中から人気を集めています。

（井本全海）

大日

毘盧遮那とは或は日の別名という　除暗遍照を義とす　或は光明遍照といい　或は高顕広博と説く（大日経開題　法界）

【毘盧遮那如来には、太陽、闇を除く、光明で照らす、高く広いという意味がある】

◉人の帰り行く先　毘盧遮那とは古代インドの言葉で遍く十方を照らすもので、ここでは大日如来のことです。

太陽の光によって地上で暮らす生物は生命を全うすることが出来ますが、唯物的科学的なこの光は、南側に高い建物が立ちますれば北側は日陰となり、マンション建設反対運動などが起こるように、どこか犠牲者を作る光でもあります。

十方を遍く照らす大日如来の光明は何物にも遮られず、人の心の奥底まで照らす大慈悲の霊光で、私たちが意識するしないにかかわらず、その光明の中で目を覚まし、食事をし、働いているのです。密教の宇宙観は智慧と慈悲を持ち無限に生きる巨大ないきもの、霊物を大日如来と呼び奉るのです。

常識ではそんなとてつもなく大きな生きものなどあるか、と思われるかもしれません。しかしどんな人間の顔にも〇・二ミリほどの顔ダニがいます。ダニは人間の顔に住んでいる意識などないでしょう。人間も宇宙という霊物の肌に湧き出た細菌みたいなものなのですが、小さな分別にとらわれるとその事実がわかりません。

北京原人の発掘に立ち会われたカソリックの神父で古生物学、地質学の偉大な科学者は人類の未来は科学の未来であると申されましたが、科学は一つ一つ積み重ねていく永遠の進歩、見方を変えると永遠の未完成です。科学では永遠に届かない完成された安心の境地に住して、人生を楽しむにはお大師さまの密教に親しむことです。

密教を研究するのは学者の仕事ですが、密教を信仰するのは誰でも自由です。現実生活を送りながら人格を円満にし、かつ大安心を得る教えの重要なポイントは、宇宙は無限生命である大日如来のお身体であり、そこから万物が生まれそして帰って行く古里である、と知ることです。

私たちは今、無限生命である大日如来の最先端を有限に生き、そして生涯の仕事を成し終えて帰る先は何時の世も温かく迎えてくれる大日如来の懐です。（篠崎道玄）

大日

毘盧遮那をすなわち大我と名づく　我はすなわち大自在の義なり（大日経開題　法界）

【毘盧遮那を大いなる我と名づける。大我には自在自在の偉大なる力がある】

◉明月が夜の闇を照らす　『密教辞典』によれば、「我」は自在の意に解して大自在を得たもの、種々の自在を成就した者とあります。大我であるところの「毘盧遮那」は、光明が遍く照らされるといい、高く明らかで広々としていると記されています。そして、「義」とは、人の道として当然行うべきこと、理・道理であり人間として行う筋道を指します。

煩悩の雲にさえぎられている世の中には、日々の祈りが必要なようです。そうすると夜は必ず明け、光は必ず射してきます。念ずれば必ず花は咲き、道は必ず開いてきます。この日々の祈りに生きることにより、明るい光が遍く国土を照らして、その生命を育みます。昔の言い伝えに、雪と人の「まごころ」は、雨戸や心をどのように固く閉ざしても、どこからか、しみ透ってくると伝えられています。「毘盧遮那」の光もこのようです。精進を大切にし、心が澄みわたっていれば、どんな境遇でも学ぶことはできるし、自らの人間性を成長させることが可能であります。わずかな水も、常に流れるなら、石にも穴があきます。

また、好調の時ほど薄氷を踏む思いを忘れないでくださいと教えられます。なぜなら、苦労するのも業、病気になるのも業、貧乏暮らしも業であるからです。大空の広きこころに生き、すべてを任せきることによって不思議な力が生まれ、闇が光となり、幸せの灯りが灯ります。光だ、光だといって努力する人には、いつか光が射してくるし、闇だ、闇だという人には、いつまでも闇が続くでありましょうと。

その昔ですが、阿波の薬王寺から空海さまのいる室戸岬まで歩きました。皆さまもご存知のとおり、歩いても歩いても右は山又山、左は海また海です。疲れた心と足を慰めてくれるのは、囁きかけてくれる風や雲でした。三日目の早朝に室戸岬に立つ私に、太陽が一対一で出現して下さり、夜明けのへんろ道に感謝したのを憶えております。また、大自然の波長を謙虚に感じとることの出来た一瞬でした。室戸の空と海は、自然の法則はゆるぐことないと教えてくれたのです。

（岩佐隆昇）

大日

大はすなわち絶待常住不二の大なり　是れ相待無常の大にはあらず　遍照を以て譬と為し　帝網《たいもう》に寄せて喩を顕わす（大日経開題　大毗盧）

【大日如来の大には永遠の意味があり、対立したり、変化したりしない。遍く照らすとか、帝釈天などにも譬えられる】

● 「いのち」を悟る〝看取り〟　男性の二人に一人、女性の三人に一人が一生のうち何らかのガンにかかるといわれる「ガン大国日本」。患者は入院、通院、自宅療養などで様々な症状に対応していますが、著しい〝進行ガン〟で医師から余命宣告される患者も少なくありません。余儀なく退院をして〝死〟に怯える患者は戸惑い不安に陥ります。

二十年前、一人の病院医師が死に慄《おのの》く、余命宣告された終末期ガン患者だけを受け入れる当時としては珍しい診療所を開所しました。

花一杯の香りに満ちた診療所内で〝ガン患者〟は医師、看護師等医療従事者の絶え間ない笑顔に、周りの家族共々、次第に〝死の怖れ〟が薄れ和らいでいきます。そしていよいよ臨終を迎えた患者は、医師や看護師、家族など〝人の手〟で優しく抱きかかえられ安らかな表情で〝死〟を迎えます。この時、看取った家族をはじめ、多くの人々は〝いのち〟の尊厳の大いなる存在と意味に初めて気付くことになります。

これまで約千人を超えるガン患者がこの診療所で我執に苛まれる死の淵からやがて安らかで穏やかな旅立ちをしてきました。看取った医師は言います。「生であれ、死であれ、抱きかかえられると人が宇宙に包まれているように見える」と……。

「大日如来」は宇宙を輝き照らす摩訶不思議な実相（智慧）を象徴する偉大なる永遠不変（常住不変）の根本仏です。諸仏諸菩薩は大日如来に内包するそれぞれの実相を顕わす曼荼羅世界の仏さまです。

大日の「大」は比較、対立を超えたほかに並ぶものがない宇宙永遠を意味しています。診療所の医師が言う「宇宙に包まれる〝いのち〟」は大日如来の〝宇宙永遠の智慧〟を内包した曼荼羅世界の「いのち」そのものです。

お大師さまは宇宙の曼荼羅世界を「帝網」という特別な網の結び目のようにお互いが連携して照らし合う確かな繋がりと喩えられます。

（湯浅宗生）

大日

摩訶とは是れ梵語なり　これには翻ずるに三義あり　一には竪横無辺際の故に大と云う　二には数量過刹塵の故に多と云う　三には是れ最勝最上の故に勝と云う　摩訶の言にこの三義を具す　故に摩訶毗盧遮那と云うなり

（大日経開題　降崇）

【摩訶とは梵語であり、翻訳すれば三つの意味がある。一つは竪と横が無限であるから大という。二つは数量が計りきれないから多という。三つは最も勝れているから勝という。それゆえに摩訶毗盧遮那という】

◉マカフシギなゼロ　遺伝子研究の村上和雄先生は、「細菌、昆虫、植物、動物、人間など、すべての生き物はＤＮＡで繋がっている。人間には持って生まれた能力の差があるというが、遺伝子の持っている三十億の遺伝子情報は誰でも同じで、能力の差はほんの僅かな遺伝子がオンになっているか、オフになっているかの差に過ぎない。遺伝子の書き込みはサムシンググレートだ」と、言い遺されています。

北詰鳳華女史は『5次元のDOOR』（非売品限定版）に、「どこを見渡しても丸、円、○《マル》だらけ。地球も、星も、太陽も、細胞も、たまゆらも、○の神秘はどこまで続く〜。マルは、果てがない。始まりも、終わりもない。継ぎ目もなく、上も下もない。永遠にマルは続く。これが宇宙だってこと。これが魂だってこと。全てはマルで見れば一目瞭然。対極にあるものが、そのものを生かしているエネルギーなのだ。これこそが、光と影」（趣旨）と、魂144の法則について述べておられます。

大日如来は太陽を指した名称ではありません。太陽は影を作りますが、大日如来は影や地獄を慈悲で照らしますから、陰影がありません。大日如来はすべてのものごとを遺伝子に書き込み、その説法を常恒に語り続けておられます。ゆえに、大日如来には「大いなる」「非常に多い」「優れている」という意味があります。

実数に○《ゼロ》が増えれば、単位は百、千、万、億、兆、京、垓《がい》、秭《し》、穣《じょう》……となり、その逆は、分、厘、毫《ごう》、絲《し》、忽《こつ》……と無限に減っていきます。ゼロは何もないのではなく、一切を含んだ「空《くう》」であり「大日如来」です。私たちはマカフシギな大日如来の子だから、なにもないすっからかんになっても、新しいものを絶妙に受け入れることができます。絶望することはありません。マカフシギに花は咲きます。（近藤堯寛）

法性身の仏は心より無量の諸仏及び無量の菩薩を流出す　皆同一性なりいわく金剛の性なり（平城灌頂文）

【真理の本体である仏は、心より無数の諸仏や菩薩を排出し、すべて平等にして絶対そのものである】

◉仏様の光と私達

「心より無量の諸仏・菩薩を流出す」とはどんな様子なのでしょうか。うまく想像が出来ません。心から生じた仏様は、まるで千手観音様《せんじゅかんのんさま》の体から四方八方に手が出ているように、仏菩薩が放射されているのでしょうか。

仏様の光背《こうはい》は、その仏様から発せられる光明を表したものであるとも言われますが、四方八方に光を発するように分身が現れているようにも感じられます。そしてその一人一人の仏様が、千手観音様の一本一本の手のように多くの働きをすると同時に、それらの多くの手は、私達の願いを表しているのかも知れません。そのように、本体である仏様は、心より無量の諸仏・諸菩薩を出して私達を救おうとしておられるのです。

しかし衆生《しゆじよう》（大衆）とその願いは余りにも多く、叶《かな》えていただける仏様に出会えることは少ないでしょう。

その昔、円空という僧侶が、修行をしながら方々へ立ち寄り、荒削りの仏像をたくさん残されています。人々の心を癒《いや》すため、仏の働きを弘《ひろ》めるため、一日で何体をも彫り出されたのだと思います。その辺《あた》りにある木の中から、仏様を彫り出し、たった一刀《いつとう》で優しい表情さえ表しているのです。その多くは形や表情が整っていなくても、同じ仏であり、同じ慈悲を持って、同じ働きをすることでしょう。ところが私達はいつも、救われること、満たされることを願っています。

私達は、円空が仏様を彫ったように、どこかで何かよいことは出来ないでしょうか。勿論私達は、仏像を作るような大それたことは出来ませんが、少しの心がけで、仏様のお手伝いが出来るような感じもします。

一般の人にもよく知られた「無財《むざい》の七施《しちせ》」という教えがあります。その中には、にこやかな眼差《まなざ》しや笑顔、優しい言葉、思いやりと自分の体を使う少しの手伝いなど、気持ちさえあれば、力《りき》まなくても出来ることがあります。ほんの少しだけ気持ちを変えて、短時間で出来る「仏様の慈悲のお手伝い」をしたいものです。

（佐川弘海）

塵体の不二に達し滴心の如一を覚るは　いわゆる我が大師薄伽梵摩訶毗盧遮那薩他怛《たつた》他《た》掲《ぎやた》多その人なり（性霊集八　笠左衛佐亡室／大日経開題　衆生）

【絶対平等なる永遠の世界観を悟られている人は、まさしく大日如来である】

◉たった一人の私　真言密教では、万物の根源は不生不滅である、と説きます。創造主を立てない密教の世界観では、そもそもから世界は完成したものとしてある、この始まりも終わりもない一見不思議な世界観は大日如来さまのお悟りの内容に触れた、私達には深い瞑想を通し感得されるものだということです。世界は六種のエレメント（六大）からなり、凡人はこれを非情の世界と見、物と見ますが、覚者には無限の智恵と慈悲を具えた生きた仏身――大日如来そのものと認識されるというのです。

仏教以前のインド哲学の世界観に「梵我《ぼんが》一如」という根本思想があります。「梵」は世界の根源的創造原理であり、大宇宙マクロコスモスそのもの、「我」は人格的原理で小宇宙ミクロコスモス――「梵」と「我」は究極一致する、と説きました。釈尊は無我を唱え、あらゆる存在は縁起により生ずるとされましたので、創造者という一点で相容れませんが、密教的に言えば「凡聖不二《ぼんじょうふに》」そのものです。

この大日如来をどう拝めばいいのか、と若い頃の母が金山穆韶《かなやまぼくしょう》先生にお尋ねした時、先生は「オン ア ソワカ」で宜しいでしょう、とお答え下さいました。「オン」や「ソワカ」は定型的表現、大事なのは「ア」です。「ア」は最も簡潔な大日如来の御名《みな》(種子真言)で、お大師さまは、『大日経』はただこの一字の意味を説いた経典だと仰っています。この「ア」字を悉曇《しったん》文字で書き、それを御本尊として私たちと大日さまが一体の三昧に達することを目指す観法(阿字観)があります。六大といい、阿字というのも、皆大日如来の別の言い方に過ぎません。

神仏との出会い方は、その人のその後の信仰生活を決定付けます。「いかなる行《ぎょう》も成しえない我が身にとって、地獄は定めて我が住まい」(『歎異抄』)、自らの堕地獄を確信している親鸞上人にとり仏命に背くこの悪人を唯々極楽往生させたい、という阿弥陀仏の願いは胸に響くものでした。その実存の孤独と不安の果てに唯一人《ただひとり》で弥陀仏と向き合っている自分を見出したのが、かの「弥陀仏の本願はひとえに親鸞一人が為なり」という述懐でした。

(田中智岳)

法身寂寂として大空に住す（性霊集十　十喩を詠ず）

【仏は静寂にして虚空に住む】

◉御仏に抱かれて　平成十三年四月と五月に私は四国八十八ヶ所霊場を歩いて参拝させていただきました。四国の遍路道はその距離約一千三百キロの道のりです。法衣に身を包み、第一番札所霊山寺より意気揚々と遍路道を歩き出しました。

歩き始めは車道沿いの遍路道を行くのですが、旧遍路道という古い道には、車が通れず歩き遍路のみが通れる道も存在しており、所々にある道しるべに従って車道沿いか、もしくは旧遍路道を歩きます。旧遍路道は山中を通ることが多いので、舗装されていない砂利道だったり、古い石畳の道だったり、落ち葉に覆われた土の道だったりします。

そんな自然豊かな環境ですから、薄暗い中で歩き、そして疲労が溜まってくると時折心細くなったりして、何となく不気味で、まるで「見張られている」ような気持ちになりました。そして最初の頃は、山を抜けて人家の多い場所に出てくると何となく安心することが多かったのです。

しかし、歩みを進めるにつれ、段々と、変化を感じるようになります。鳥のさえずり、風にそよぐ草木の音と、頬に当たる心地良い風、開けた場所から見渡す風景などが非常に心地良くなってきて、人里の車のエンジン音や生活音、話し声等が煩わしくなってきます。

はじめはあんなに「何者かに見張られている」感じがして怖かったのに、ある時を境に非常に心地良く、まるで「お大師さまに見守られている」という気持ちに変化してきました。

きっと、ひたすらお大師さまを念じつつ遍路道を歩きながら札所を巡っているうちに、流れる汗と共に、積もり積もった執着や色々な想いから解放され、静かで穏やかな純粋無垢な心で過ごせるようになっていたからでしょう。

つまり、仏さまは、ただ静かにそこに存在なさっているのです。それを観じることができるのは、心をいかに静かで純粋な状態にするのかが肝心なのです。（成松昇紀）

奇哉の奇　絶中の絶なるは　それただ自心の仏か（十住心第九）

【もっとも不可思議なものは、私の心にある仏である】

◉仏さまに導かれて　善通寺の年中行事、月例法要に必ずお詣りに来られる信者さんがおられます。善通寺の月遍路の巡拝団にも同行されているその方は、善通寺市の隣町にお住まいで、参詣に来られると寺内各御堂を丁寧にお詣りされるので、ほぼ半日を善通寺で過ごされております。さらに、毎月御宝号念誦を一萬遍念誦し、その〈念誦糸〉、御供と共に奉納されます。

金堂薬師如来御宝前で、御両親の供養もされておられ、境内の荘厳、整備の計画があれば、必ず浄財をお寄せいただいております。

この方は小学校教諭の免許もお持ちですが、小さい子どもたちが好きだからという理由で、保育所勤務を希望され、定年まで勤められました。保育所勤務の三十六歳の時に交通事故に遭われ、奇跡的に一命を取留める出来事があったそうです。以来御先祖、御両親（お母さんの里は善通寺市内）と善通寺の御本尊薬師如来さまとの仏縁に目覚め、供養、信心を深められてこられました。この方は確かに心に仏さまがいらっしゃると思われてなりません。

近年よく言われることは心のことです。心とは、どういう意味なのでしょうか。心とは、人間の体の中に宿り、意思や感情など、精神活動のもとになるもののことです。こころころ変わるもの、ばらばらでつかみようのないのも心の一面でしょう。では、真実の心、変わらない心とはどういうことでしょうか。仏教では、これを四無量心と言い、仏心と言います。私たち人間が胸の奥深く持っているもの、これが本当の心なのです。一は慈の心、二は悲の心、三は喜の心、四は捨の心です。人々に楽を与え、苦しみを除き、救いの手を差しのべ、幸せを喜び、平等である心なのです。

お大師さまも「仏陀のさとりは決してはるか遠くにあるのではなく、自分自身の心の中に本来存在していて、きわめて近くにあるものなのです」（『般若心経秘鍵』角川ソフィア文庫）と述べられています。仏心の在りかは一番近いところ、自分の胸中にあり、自分が仏心に向かう心を発しさえすれば自然に近づけることを教えておられます。

（菅智潤）

我即大日

刹塵《せつじん》の渤駄《ぼだ》は吾が心の仏なり　海滴の金蓮はまた我が身なり（宝鑰第十）

【無数の仏はわが心である。海の水滴ほどある諸仏や諸菩薩もまたわが身体である】

◉一切即一滴　一滴即一切――洒水加持――

この地球は、四十六億年の昔、星と星がぶつかって小さな星がたくさん生まれた――その一つが地球だそうです。生まれた時、星がぶつかった時に大きなエネルギーが生まれ、高熱でドロドロの混沌の状態でした。この混沌の海に日本の神話ではイザナギとイザナミの男女の神様が剣を差し入れ攪拌して剣を抜いた時、落ちたしずくで日本列島（大八島）が生まれた、と言われています。攪拌して同じ塩味になった「大海の一滴」から日本列島が生まれ、そしてそこから色々な生命が生まれます。

真言密教では、洒水加持という作法があります。先ず、阿闍梨は洒水器に清浄な水を入れます。この水は混沌の海の水を表し、その水の中に散杖（剣）を差し入れます。次に、散杖で左回りに攪拌しながら、火の神の真言「ラン」を二十一回唱えます。そうすると、この混沌の水は溶鉱炉で鉄を高熱で溶かした、高熱であるが故にばい菌が一つもいない清浄で真っ赤な美しい混沌の海になると観想します。そして、この混沌の中の水分は蒸発して天に昇ります。

　そして、散杖で右回りに攪拌しながら水の神の真言「バン」を二十一回唱えます。そうすると、水蒸気が冷やされて大地に雨となって降りそそぎます。そして、地上が冷やされて固まり、陸と海ができます。そのようなダイナミックな自然の営みの中で海から単細胞のアメーバのような微生物、藻や苔のような植物、動物、人間も生まれてきます。すべての生命は高温でばい菌の一つも居ない真っ赤な清浄な混沌の同じ塩味の大海の一滴から生まれてきます。これら生命の全体に目鼻をつけたものが大日如来です。そこで阿闍梨は散杖を抜いて、授者の皆さんの頭上に三度巡らして加持し、「本来清浄なり」と唱え、以下を観想します。

「『刹塵の渤駄は吾が心の仏なり』――この世のすべての生命は大曼荼羅上の仏部の諸尊と同体であり、『海滴の金蓮はまた我が身なり』――この私の一人の生命も金剛部・蓮華部の諸尊に等しく――すべての生命は根源は一つ、大日如来であり、すべてはつながっている」。

（畠田秀峰）

我即大日

彼の身即ち是れこの身　この身即ち是れ彼の身　仏身は即ち是れ衆生身

衆生身は即ち是れ仏身　不同にして同なり　不異にして異なり（即身義）

【あの人もこの人もすべて仏である。仏と衆生は同じ身体だからである】

◉みんなが仏　宮沢賢治の詩に「不軽菩薩」というのがあります。「あらめの衣身にまとひ　城より城をへめぐりつ　上慢四衆の人ごとに　菩薩は礼をなしたまふ」と格調高く始まります。法華経の常不軽菩薩品が下敷きになっています。相手を常に敬って軽んぜず、どんな人にでも、あなたは必ずや仏さまになれると言って礼拝したという比丘の話です。お経には「我深く汝等を敬う。敢えて軽慢せず。所以何《ゆえいかん》となれば、汝等皆、菩薩の道を行じてまさに作仏することを得べし」と説かれます。

拝まれた人は、気味悪がって怒り出す人や、罵詈雑言を浴びせ、杖で殴ったり、石を投げたりする人もいましたが、それでもやめませんでした。

この比丘は礼拝した相手から反対に軽蔑されるのです。うぬぼれの強い人などは特にこの比丘に手荒なことをしました。しかし、馬鹿にされ軽蔑されても、相手を常に敬い、拝み続けた比丘は遂に菩薩になります。実は仏さまの仮の姿だったのだとお経には説かれています。

宮沢賢治は、「ここにわれなくかれもなし　ただ一乗の法界ぞ　法界をこそ拝すれと　菩薩は礼をなし給ふ」と結びます。自分とか他人とかの区別をこえた仏の世界から見ればみんな仏である。だからこそ拝むのだというのです。

この世は誰しも思い通りにはいきません。嫌な相手や理不尽なことにも出会います。しかし、そんな時こそ人皆仏と捉える心構えが大切です。

長年、仏教界では誰もが仏になれるという考えと、仏になれない存在があるという考えが論争されてきました。お大師さまは、人だけではなく山川草木すべてに仏性があり仏になれる。すべてが大日如来の表れなのだと説かれています。

あなたも私もみな仏。深く思惟して心の執着を取り除くと、自他の捉われがなくなって、あらゆるものが仏の光明に照らされた存在として浮かび上がってくるのでしょう。

（河野良文）

我即大日

如来の法身と衆生の本性とは同じくこの本来寂静の理を得たり（即身義）

【如来の身体と衆生の本心は、そのどちらも静寂な真理を持っている】

◉我々の心の中にある仏性

『即身成仏義』は空海の根本思想が書かれた書物です。ここには、空海の即身成仏思想のいわば完成形とも言える二頌八句の即身成仏偈が書かれています。

二頌八句の即身成仏偈は次のものです。「六大無礙にして常に瑜伽なり（体）　四種曼荼各離れず（相）　三密加持して速疾に顕わる（用）　重重帝網なるを即身と名づく（無礙）　法然に薩般若を具足して　心数・心王、刹塵に過ぎたり　各五智・無際智を具す　円鏡力の故に実覚智なり（成仏）」

この八句の中での中心的な考えを示しているのが、一番最初の「六大無礙にして常に瑜伽なり（体）」です。六大とは、世界中の万物を構成する「地・水・火・風・空」の五つの要素（五大）に精神要素（識大）を加えたものです。すなわち大日如来の身体はこれらの六つの要素で成り立っています。そして衆生の身体も同じく六大で成り立っているので、大日如来の体と衆生の体とは一体であるとされています。

今回の名言は、第二句の「法然に薩般若を具足す」の解説の中に書かれている一文です。「法然に薩般若を具足す」とは「『あらゆるものは、あるがままに、すべてを知る智を具えており』という句を解説する。すなわち、『大日経』の『転字輪曼荼羅行品』に、次のように説いている。『われは、すべての存在の根本（本初）であり、世の人々の拠り所と呼ばれる。さとりの教えを説法すれば、比べるものなくすぐれている。本来静まっており、（われより）上のものはいない。』」（宮坂宥勝監修『空海コレクション2』ちくま学芸文庫）。これは大日如来がすべてのものの根源であるということを示しています。ということは、大日如来と一体である衆生もその本性はすぐれていると考えられるのです。しかし衆生はこのことに気がついていないので、仏は衆生にさとらせようとされているのです。ここでいう「衆生の本性」とは、心の中にある仏性と考えてもいいかと思います。

（大咲元延）

我即大日

衆生にまた本覚法身あり　仏と平等なり（声字義）

【衆生はもともと仏の身体と同じである】

◉葬儀に臨む　朝夕のお勤めのみならず法事や葬儀の時に必ず唱えられる経典が『理《り》趣経《しゆきよう》』です。なぜ常日頃『理趣経』を唱えるのか。それはお経の意味がわからなくても、唱えたり聞いたりするだけでも功徳があるからです。『理趣経』をお聞きになって『観音経』や『般若心経』と違ったお唱えのしかただと感じられるかたも多数おられると思いますが、それは『理趣経』は漢音でお唱えし、『観音経』や『般若心経』は呉音でお唱えしているからです。「大楽金剛」を漢音では「タイラキンコウ」、呉音では「ダイラクコンゴウ」と発音します。

『理趣経』をお唱えしておりますと、「時薄伽梵如来　復説一切有情加持般若理趣フワキャフワンジョライ　フセイッセイユウセイカチフワンジャリシュ」という文章が出てまいります。「時に薄伽梵如来は復た一切有情を加持する般若理趣を説きたもう」。「薄伽梵如来」とは真言宗の教主である永遠不変で完全無欠の大日如来、「一切有情」とは衆生、人間ばかりでなく感情や意識を持つすべての生きとし生けるもの、「加持」大日如来のお力添え「般若理趣」覚りに導くという意味です。大日如来のお力添えで「我々衆生も仏さまなのだ。凡即是仏、凡身即仏」。言い換えますと、「我即大日。我々が即ち大日如来なのだ」と気づいて一切有情を覚りの世界に導いて頂くわけです。

「引導を渡す」とは一般によく使われる言葉です。最終宣告をする。とどめを刺す。諦めさせる。あまり良いイメージではありませんが、本来の意味は「すべての生きとし生けるものを覚りの世界に導く」ことです。四十数年前、県内の高野山真言宗青年僧侶を対象とした葬儀についての研修会が開かれました。配布資料に「引導とは衆生を導いて覚りの世界に導くという意味で、本宗最高の厳粛な儀式である。その衆生というのは生者、死者を問わない。但し今は死者を導いて即身成仏、極楽浄土に往生させる意味に用いる。葬儀の導師は我即大日、我は大日如来であると思念して作法しなければならない云々」とありました。この文章を肝に銘じて葬儀のある朝には努めて本堂で引導作法を修して葬儀に臨んでおります。

（伊藤全浄）

我即大日

仏眼を以てこれを観ずるに　仏と衆生と同じく解脱の床に住す　此《これ》も無く彼も無く　無二平等なり　不増不減にして周円周円なり（吽字義）

【仏の眼から眺めれば、仏と衆生は同じ解脱の位にいて、区別もなく、増減もなく、完全に平等である】

◉猿沢の池に思う　今、仏の眼をもってこのことをよく見てみますと、仏といのちあるもの、生きとし生けるものとは、苦悩から解放されて自由の境地に達して同じ土俵の上に住んでおり、それぞれの区別もなく、まったく同一であり等しいと述べられています。

『般若心経』にも、「是諸法空相　不生不滅　不垢不浄　不増不減」とあります。「この世においては、すべての存在するものには実体がないという特性がある。生じたということもなく、滅したということもなく、汚れたものでもなく、減るということもなく、増すということもない」と解説書にあります。「不増不減」は、不増にして不減なりと読むようです。「増えず・減らず」で空の本体の中には増減がないようです。ではなぜ、私たちの日常生活が苦悩に満ち溢れているのでしょうか。

これは、人間が自分に執われて、増減の価値判断をするのであって、この「自分」を抜いてしまった空の世界には「増減」はないということのようであります。

太陽や月や星はもともと大空にありますが、雲や霧によって覆い隠され、煙や塵によって覆われることもあります。もともとそなわっている仏心もこれと同様のようであります。もとよりそなわっている仏心はこころという「空」に存在しているが、妄想によって覆われ煩悩につきまとうといわれます。あやまって自我に執着すれば、損なうことが多いようです。本来備わっている仏心は、厳然として動くことはないようです。この本来備わっている仏心においては、損得などありえないのであり、自分が、自分がといっている内は心の落ち着きが得られないことが想像できます。

何十年も昔、修学旅行で訪れた奈良市の興福寺南門前にございます「猿沢池」を思い出します。そのときのガイドさんが、「この池は不思議な池です。どんなに日照りつづきでも池の水は減りませんし、またどんなに雨が降りつづいても池の水は増えません」と言われたことを今も覚えております。

（岩佐隆昇）

我即大日

仏法遙かに非ず　心中にして即ち近し　真如外に非ず　身を棄てていずくんか求めん（心経秘鍵）

【仏の教えは遠くではなく、心の近くにある。悟りは余所にあるのではないから、自分の心に尋ねるべきである】

◉幸せは心の中にある

『般若心経』を密教的な解釈で読み解いた『般若心経秘鍵』の冒頭に書かれている言葉です。弘法大師空海さまの言葉の中でも、特に有名な一節で、よく引用される言葉ですね。どこかで聞いたことがあるのではないでしょうか。仏教の教えは、どこか遠いところにあって、自分とはかけ離れたものだと思っていませんか。そうじゃなくて、自分の心の中にあるのですよ。だから、わざわざ遠いところまで求めに行かなくてもいい。自分自身の心の中を振り返ってみましょう。

このことに気付かず、さまよっているのが私たち凡人なのではないでしょうか。すぐそばに幸せがあるのに、気付かずに過ごしてしまっている。なんとももったいないことです。迷いと悟りは、自分の心の中にあります。悟りを開こうと思えば、まずは、仏さまに近付くぞという気持ちを起こし、それを持ち続けることです。そうすれば、自ずと道が開けていくことと思います。

現在は情報過多の時代といわれています。ネット検索すれば世界中のことを知ることができます。けれども、中には怪しげな情報もたくさんあります。マスコミの流す情報のなかにも視聴率を求めるあまり偏った報道もありましょう。その中で正しい情報を得るには、自分自身がしっかりとした見識を持っていなければなりません。

そのうえで何を求めるのか。お大師さまは正しい仏法とはということで、このあと、延々と『般若心経』の密教的な解釈を試みています。みなさんは日常生活で何を求めていますか。家族が仲良くしたい、お金がほしい、仕事で成功したいなど、それぞれ異なっていても、幸福を求めていることに変わりはないのではないでしょうか。仏教は、現在生きている我々が、いかに良い生き方ができるかを示した教えです。

そしてそれは、遠いところにあるのではなく、自分の心に中を覗いてみれば、そこにあるのです。あれこれ探し回るのではなく、もう一度、自分を見つめ直す。そこでできることを実行に移す。その積み重ねが悟りへと結びつくのです。

（柴谷宗叔）

我即大日

界に三種あり　いわゆる法界と心界と衆生界となり　法界を離れて別に衆生界なく　衆生界即ち是れ法界なり　心界を離れて別に法界なく　即ち是れ心界なり　当に知るべし　この三種は無二無別なり（大疏要文記）

【世界には仏界と精神界と生命界の三種類がある。この三世界は相互に関連していて単独の世界ではない】

◉マイナス二百度の世界

コロナが日本にて流行しだした二〇二〇年の六月から、会社の先輩が所有されている小田原市国府津の二百坪のミカン畑で見様見真似の農業を始めています。既に二回の収穫を経験し、にわか農家として、草刈り機の扱いや剪定、施肥、消毒にも慣れてきました。しばらく手入れがされていなかったので、最初の半年間は雑木や雑草を取り除き、段々畑を切り開くことから始めました。山はいつでも自然の状態に戻ろうとするので、油断をすると足を踏み入れることも困難なほど草が茂ってきます。昨年の九月には、イノシシが何度も侵入し、所々穴を掘ってミカンを食べ荒らしていきました。自然は、人の思惑とは無関係に日々それぞれの活動を進めています。

元来太陽の光を現していた摩訶毘盧遮那が、宇宙根本、究極の仏の呼称となったということも、自然を相手に作物を作るという経験をすることによって、理解できるようになりました。日当たりの良い場所と悪い場所とでは植物の生育に大きな違いが出てきます。ヒヨドリは一番日当たりのよい樹上の実が熟すと早速穴をあけてついばんでいきます。すべての存在が、それぞれの役割を果たしながら、そこに存在している。無駄なものは一切なく、すべてがそこにあることによって、相互の均衡を保っているということを感じます。もし太陽が無くなったとしたら、地球は急激に冷えてマイナス二百度まで低下するそうです。すなわち、すべての衆生はこの瞬間にも太陽によって生を享受していると言えるでしょう。

大日如来と一体化することにより真言行者はこの生において即身成仏できると説かれています。衆生の内に存在する仏について思索を巡らせながら、農作業に専念しています。

（花畑謙治）

我即大日

座を起《た》たずして金剛即ち是れ我が心　三劫を経ずして法身即ち是れ我が身なり（大日経開題　法界／同　降崇／同　関以）

【この場所が仏であり、私の心である。この時間が仏であり、私の身体である】

◉誰もが持っているさとりの心　大日経は真言宗で重要なお経のひとつですが、それをお大師様が解説したのが大日経開題です。「動かなくてもこの場所に金剛のように堅固な大日如来のさとりの心があり、それは自分の心である」としています。さらに「無限の時間が経過しなくても、真理の身体すなわち仏は、自分の身体である」と説かれています。さらに続いて「無限の幸福や智慧は求めなくても自らに備わっており、尽きない不思議な能力は求めなくてももともと自分に備わっているものだ」と説いていらっしゃいます。自分の立ち振る舞い、言動、そして心を整えると仏さまの宇宙と感応して、自分の持つ不思議な能力によって仏さまが持つさとりの心に近づくことができると考えられています。

自分も持っている大日如来のさとりの心とはどんなものでしょうか？　まさか自分にも仏さまのこころがそなわっているなんて、誰も想像できないことかもしれません。仏さまのように慈悲深い方は確かにいらっしゃいます。パキスタンやアフガニスタンで、医療支援のみならず用水路の整備などの人道支援を行ってきた中村哲医師のことは、みなさんの記憶に新しいと思います。人や政治の善悪を区別せずに人道支援を続け、すべてのことへの執着を棄て、争いをしないさとりの心をお持ちの方だったと思います。そしてとても厳しい状況下でも、大きな幸福を感じていらっしゃったと思います。自分ではとてもまねをすることはできないと考えた方も多いと思いますが、世界中の多くの人々に生き方を考え直すきっかけをくださいました。

自らの行動、言動や心を意識的に整え、自分が持っている素晴らしいさとりの心に近づく努力を続けることは、真言密教の修行者や仏教徒のみならず多くの人々ができることだと思います。それを毎日続けることで、仏さまのさとりの心に少しでも近づくことができるのだと思います。私たちは社会とのかかわりの中で生きています。さとりの心を持って社会の中での正しい生き方を身に付ければ、幸福を実感できるようになるのではないでしょうか

（雪江悟）

我即大日

上《かみ》大日尊より下《しも》六道の衆生の相に至るまで　各各の威儀に住して種種の色相を顕す　並びに是れ大日尊の差別智印なり　更に他身に非ず　故に経文に我即法界　我即金剛身　我即天龍八部等と云う（大日経開題　法界）

【上は大日如来より下は六道の衆生界に至るまで、それぞれの活動や姿を現している。これは大日如来の様々な智慧が現われたものであって、別個の身体ではない。これを経文は、我即法界、我即金剛身、我即天龍八部等と表現している】

◉人のために働くあなたは仏様なのです　お大師様は「経」を錦織に例えて次のように説明しておられます。錦織は金糸銀糸や多彩な色糸を用い、華麗な文様を織り出した豪華絢爛な絹の織物です。黄金のように輝く色々な絹糸が調和のとれた煌びやかな「錦」となります。

「経」とは本来、「貫き通してばらばらにしない」という意味です。言葉の秘密をたて糸とし、心の秘密をよこ糸として、身体と言葉と意《こころ》による三つの仏様の行いという糸を織り込んでいき、即身成仏という素晴らしい錦を作り上げます。錦の模様は何百種類とありますが、すべて錦と名付けられます。仏様の姿も千差万別ですが、いずれも仏様と言えるのです。人間も、肌の色や言語が違っていても同じ人間です。DNAは皆共通ですから、人類は皆兄弟姉妹ですね。相互に助け合って調和のとれた美しい社会を作りなさいということなのです。

世の中には多種多様な職業があります。人知れず縁の下の力持ちのような仕事をしている人がほとんどです。自分は大きな機械の一つの歯車にすぎないと卑下する人がいますが、その歯車が欠けると機械は動かなくなります。大日如来を中心に様々な役目をもつ数多くの仏様が活動し、調和のとれた世界が表現されている曼荼羅を学べば、私達一人一人が重要な一員であると知ることができるのです。そして老若男女誰であっても、何か人の為に一生懸命になっている人は輝く仏様なのです。また周囲の人達の幸福を祈ることだけでも仏としての大切な行いなのです。

「働くパパはちょっとちがう　働くパパは光ってる　働くパパはいい汗かいてる　働くパパは男だぜ」（忌野清志郎『パパの歌』より）。ありがとう！

（藤本善光）

我即大日

十方世界の中の余処《よそ》には不可得なり　心自ら等覚たり　余処には仏を説かず（金剛頂経開題）

【この世界以外に悟りを得る所はない。自心が悟ることであるから、他所に仏のありかを説かない】

◉覚りも、幸せも、自身の心。身体を離れて存在しない　私達は自分自身の目や鼻、口、舌、身体をセンサーとして外界からの情報を得、心（意識）がその情報を処理して、パソコンに擬えるとＣＰＵやメモリーの働きをして、電子機器にも負けない能力を発揮し感じたり考えたり記憶したり創造するなどの働きをしています。

登山は登頂してその達成感と満足感、頂上から目にする絶景によって、それまでの苦労が喜びに変わるのです。その喜びは体感した私の心の中にのみ存在するのです。

大自然の不思議さは地球の各地域に見ることが出来ます。私の中ではアメリカとカナダの国境に接して流れるナイアガラの滝での体験が忘れられません。初秋の頃、アメリカから国境を越えてカナダに入りました。観光客もまばらで、観光シーズンであれば二、三時間待ちが当たり前の観光スポットも待ち時間無しに順調に廻ることが出来ました。ナイアガラの滝の岸から地下に繋がるエレベーターに乗り地下深く降りていきます。ドアが開くとトンネル状の横道が続き、道に沿って進んでいくと水の音がだんだんと大きくなっていき、ナイアガラ滝壺の中側、滝の裏側に出ました。もちろん濡れないようにカッパを着ていますが、とてつもない水量の水のカーテン、滝の水から伝わる激しい振動と風圧、霧状の水。宇宙の大生命の鼓動が深く私の心の奥底に記憶され、今も目を閉じればその時のことが鮮明に蘇ってきます。

弘法大師お大師さまの御入定の聖地、高野山。特には奥の院の聖域での体感は日本人の我々だけでなく、世界の各地から高野山を訪問される方々からも異口同音に感動の言葉を耳にします。数百年の年輪を刻んだ杉木立の霊木の間に通された石畳の参道を歩まれる時、言葉では表せない聖なる物に触れた感動を覚えたと話すヨーロッパ巡礼を成就された人、宗教や文化を超えて感動体験を求めて高野山に登る姿があります。

細く険しい登山道を登る「苦しみ」も、目標の頂上に登頂したあの喜びを「楽しみ」と感じる心も、私のこの身体この心を離れた何処かにあるのではありません。私のこの身体この心にあるのです。

（中谷昌善）

我即大日

釈迦と四智仏と甚深難解の金光経と三身もとより我が心裏に在り（金勝王経伽陀）

【釈尊と、四つの智慧を備えた仏と、深淵な金光明経と、法身と報身と応身の仏たちは、もとより私の心中にある】

●仏となること　密教では、段階を追った理論教学と実践修行を行い師僧から伝授される秘密の儀式ののち覚醒が起こり、最上の高みである大日如来の世界に入る道が開かれます。真言密教と他の宗派との最大の違いは、人が生きている間に修行と研鑽を怠らなければ、この身このまま仏になれるということです。これが弘法大師の唱えた即身成仏の思想です。唐から帰国して間もなく、弘法大師は京都の北に所在する神護寺にて即身成仏を成し遂げ人々を驚かせました。この時の様子は摩訶不思議な出来事として反響を呼び、現代にまで語り継がれています。弘法大師が有力な僧侶の師事を得て真言教団の礎を早く作ることができたのは、ここで即身成仏を公開したのが大きく影響していたのでしょう。

弘法大師は、唐に留学中に密教の中核である即身成仏に至る方法を伝授され、真言教学を確立しました。大日如来を中心に諸仏を配した理想の曼陀羅世界を日本に建立するため、弘法大師の脳裏には早く弟子を養成し、真言密教を世に広めていきたいとの思いがありました。しかしこの事業は当時の日本においては想像を超えた難関で、弘法大師一人の力だけでできることではありませんでした。天皇家や有力貴族、果ては一般民衆の協力がなければできることではありません。弘法大師は心の中で、大日如来の密厳国土建立は日本人が幸福になる礎であり必須のものであると確信をもっていました。これを成し遂げた弘法大師は驚くべき知恵と勇気の持ち主です。

弘法大師の思想と行動の根底には、国家と国民の繁栄のために働くのだという深い慈悲に溢れた心があります。日本人の倫理観には、皆が一つになりそれぞれの仕事に励み調和の取れた社会を作り幸せになるというものがあります。日本人固有の倫理観や職業観は大師以前からあったものですが、より良いものに変わっていったことは間違いないでしょう。仏教が日本に伝来し、弘法大師によって真言密教という一つの高みまで持ち上げられたことは我々にとり何という幸運なことでしょうか。（長崎勝教）

我即大日

仏智と衆生と即ち我が心なり　円通し称入すれば最も幽深なり（金勝王経伽陀）

【仏の智慧と生きとし生けるものと私の心が、互いに溶けあえば幽玄な境地になる】

◉お大師さまの詩

『金光明最勝王経』という経典があります。これは顕教の経典とされていますが、お大師さまは、この経典を二つに分けた形で開題を遺しておられます。開題とは、簡単にいうと経典の解説書です。

一つが『最勝王経開題』で、『金光明最勝王経』を密教的解釈したものです。もう一つが、この名句が所収されている『金勝王経秘密伽陀』。難解な経典を伽陀（仏を讃える詩）という表現方法で解説されました。秘密伽陀、つまり密教の詩の経典と名づくと書かれています。表題の名句は第四巻の冒頭の部分で、仏との一体感は、はかり知れない奥深き心の状態に至るという意味です。

詩（韻文）というのは、形式が整った文章ですから、普通の文章のように、読み進めて頭で理解していくのではなく、文章がもつリズムが耳から入ってイメージを形成し、感覚的に理解を助けます。日本語では和歌や俳句などです。そう考えていくと、お大師さまが、経典の解釈を詩で書かれた意図が見えてくるように思えるのです。のちに弟子たちが読むことを想定されたのでしょうか。これは私の想像です。

密教は机上で理解するものではありません。私たちの身体は大日如来の分身、小さな宇宙です。三毒の煩悩で私たちが本来もっている無垢な感性は鈍ってしまっていますが、その細胞の一つひとつを目覚めさせるには、感覚的な働きかけが必要なのです。自然に目を向けるとあらゆるいのちの存在に気づきます。森羅万象が仏そのものであることに感覚的に気づくことが必要です。そして自分も同じ存在と直感的に分かった時、私たちは最高の力が出せるように思います。

『金勝王経伽陀』が詩で書かれた開題という点にこだわりましたが、お大師さまも文中に、この経典の一つひとつの声と文字は、みな真実の相であるとの考えを示しておられます。『弘法大師空海全集』第三巻（筑摩書房刊）に、お大師さまの「開題」類、経文についての注釈等が収められています。ぜひご一読ください。

（森堯櫻）

心に妄念なくして六塵に染せざれば　仏は即ち常に心に在《いま》す（一切経開題）

【心に迷いがなく、感覚が狂わなければ、仏はいつも心におられる】

◉花は合掌の姿　令和四年四月、桜が満開の頃、南国石垣島から姉夫婦が団体旅行で石川、富山の花見に来ました。初日は石川、兼六園の花見。二日目は富山県高岡市古城公園の花見、富山市松川で遊覧船からの花見、富山県朝日町に移動して立山連峰と桜と菜の花の美しい風景を堪能して、宿泊は私の寺から車で十分程にあるホテル。三日目は小矢部川沿いの桜とチューリップの花見をして帰るという旅程でした。姉夫婦をホテルまで訪ね、私の寺周辺の夜桜見物をしてホテルに戻り、ロビーで旅の話をしていると、ツアーの方々が数名来られた時、姉が「弟です。砺波で寺の住職をしています」と紹介しました。一人の女性が、「折角の機会だから住職さんの法話を少し聞きたいのでお願いします」と言われたので、「あるお寺へ法話に行った時の事、控え間に案内され、お茶を頂きながら、床の間に、花は合掌の姿と高野山の管長猊下が書かれた掛け軸を拝見しました。皆さんは今回、一生分の桜や花を観て石垣島にはない貴重な体験をしたと思います。この、花は合掌の姿という言葉は、花を見て、綺麗だなぁで終わってはいけません、そこに仏様の教えを感じなさいという事です。私は次のように考えている。花弁は自分自身です。花弁を支えているガクは両親や家族。枝や茎は周り近所の方々。幹は国の行政。根っこはご先祖様。太陽、雨、気温は神仏。沢山のお陰を頂いて生かされている事を感じ取って欲しいです」と話しました。

「富山県の春は桜だけでなく、色々な種類の花が一斉に咲いて本当に美しい風景で極楽浄土です。また、季節の料理、白エビのから揚げ、ホタルイカ、山菜等々美味しかったです。石垣島では味わえない経験で身体全部が喜んでいます。今、住職さんの話を聴いて心が満たされましたが、島に帰って是の心を忘れたら携帯電話に撮ってある動画や写真を眺めて長生きしたいと思います。有り難うございました」と女性からお礼の言葉をいただきました。

（糸数寛宏）

我即大日

我が本来自性清浄の心は世間出世間に於て最勝最尊なり　故に本尊という

（秘蔵記）

【清浄なる本来の我が心は、無比にして最高であるから本尊という】

◉共利群生の精神

ひたすら遍路に勤しみ忘我の境を彷徨っていると、失念していた自分という存在に突然邂逅します。急に人が恋しくなったり恨めしく思えたり。時には怒り、時には哀しくなったりするのです。そんな移ろいやすい自分という存在の「本体」とは如何なるものなのでしょうか。

伝統的な表現を用いれば、「魂、霊、性根」などと言い表し、哲学的にかしこまれば「精神性」とか「霊性」などと言うことが出来ます。『日本的霊性』で鈴木大拙師は、当時欧米で盛んになっていたキリスト教的「スピリチュアリティ」（霊性）の研究を踏まえて、鎌倉仏教の定着、隆興が日本的霊性の自覚の萌芽であるとしました。

ところをかえて中国に於ける陰陽五行説では、万象は木・火・土・金・水の五要素から成立すると考え、「魂魄」という概念を想定します。「魂」は精神性を司り天に昇り、「魄」は実体としての身体を指し地に戻るとするのです。それに対して密教では、「地・水・火・風・空」に「識」を加えた六大が人の構成要素であるとします。つまりこの世界の構成要素である「五大」と「識」という精神性から人は成り立っているとするのです。

二十年程前、高野山では「心の相談員」を養成するために講座を開設しました。おりしも仏教からの社会福祉へのアプローチが必要であると感じていた私も受講させて頂き、スピリチュアルケアに関する西洋医学の観点からの講義を受けました。フロイト、ユングによる心理学の深層心理の理解。そして、身体と心と精神の関係性。それらをケアするスピリチュアルケアの重要性を学びました。

それらを踏まえて、お大師さまの「綜芸種智院の式」に説かれる共利群生の精神に則り、健常者が弱者を高いところから救済するという一方的なものではなく、曼荼羅共生の理念のもと、すべての存在がその究極（仏性）において繋がりがあることを認識し、お互いが助け合い助けられる共存共栄の「密教福祉」の実現を目指すための実践の基礎を、この講座を機縁として学んだのです。

（瀬尾光昌）

我即大日

已成の仏の本来清浄の理も世間出世間に於て最勝最尊なり　故に本尊という（秘蔵記）

【既に仏となった者は、その清らかさがいかなる世界に於いても最高であるから本尊という】

◉倚りかからず　茨木のり子女史の詩に『倚りかからず』がある。「もはや　できあいの思想には倚りかかりたくない　もはや　できあいの宗教には倚りかかりたくない　もはや　できあいの学問には倚りかかりたくない　もはや　いかなる権威にも倚りかかりたくはない　ながく生きて　心底学んだのはそれくらい　じぶんの耳目　じぶんの二本足のみで立っていて　なに不都合のことやある　倚りかかるとすれば　それは椅子の背もたれだけ」というものです。茨木女史は、感性を研ぎ澄ますことを人生の目標とされていたようです。

ほとんどの人が何らかの思想、宗教、学問、権威に倚りかかることで自分を評価し、また評価されてその存在を意義付けているものです。それを脱ぎ捨てて自分を探そうとすると裸どころか空っぽの自分に気が付いてしまうでしょう。ですから、何かに倚りかかる、または、しがみ付いていくしかないのです。でもこの詩では、拠り所となるものをすべて脱ぎ捨てたところにこそ、本当の自分がいることに長い時間を掛けて気が付いた、と言っていて、思想、宗教、学問、権威を否定しているわけではなく、むしろそれらを学び、体験したからこそ勝ち得たものが、自分の中の感性であったということです。

表題のお大師様の文も、真正面から正味の自分と向き合えばその中心にとてもとても清らかな部分があり、それを表面化することが出来れば仏となれるとされています。そうして仏となられた者は、身体中から最高の清らかさが表れ出て、それは、光明となって身体を包み込んでいきます。仏様の光背はそれを表現しているものです。光背とは、仏となった御身から光明が噴き出て全身を覆っているもので本来は球状なのです。そして、自分の中の清らかさに気付くことがとても尊いことだから、本尊というのです。これは本尊が外に存在するのではなく、自分の中にすでに備わっているということです。

自分を大事にして、自分の中の仏様を見つけましょう。

（大塚清心）

我即大日

仏と我と無二無別なり　乃至一切衆生の各別の身中の本来自性清浄の理も世間出世間に於て最勝最尊なり（秘蔵記）

【仏と我は同じである。すべての衆生の身中が本来清浄であるというこの理法は、世界中で最も勝れた教えである】

◉聖俗一体の根拠　キリスト教では、神様は絶対の存在で、人が神様になるなどあり得ないと考えられています。神と人には大きな隔たりがあり、ちょうど自然に例えれば天と地が大きく隔たる「砂漠の宗教」の趣きがそれに相応しい、とされます。それに比べて仏教が栄えた日本の風土では、「森の宗教」と称されて、神や仏が人と重なり合う、人が神や仏と一つになって神事や仏事を遂行するのです。

宗教の世界において神や仏と私たち人との距離感を考察する時、その宗教が持つ特色が顕著に表れているものと想像します。

例えば「原罪」という重しが人にはあるという一神教の教え、その原罪を一人で背負って十字架に散ったイエス・キリストに帰依し、救済を求める以外、人々の自力での救いは考えられないという限界が提示された人間観。それに対して、仏や神（多神教）と人とが同じであると言い切れる根拠に「本来清浄」という考え方が理由としてあげられます。自性清浄とも言われるこの考え方の根拠は、「存在しているものは皆等しく空である」ということ。存在のベースに何も差がないという事実に気づくこと。その表現が本来清浄という言葉です。

仏教の人間観は六道輪廻を根拠とし、人も神もおなじ輪廻転生を繰り返す存在であることを教えています。元来仏教でいう神は絶対の存在ではないということが頷けると思います。

輪廻を解脱した孤高の人であるはずの仏は、残された余生を弟子の育成や悩める人達に救いの御手を伸ばし、老いと病に苦しむ肉身をまとった人としての八十歳という人生を全うして入滅されました。この史実にも、尊く身近な存在を感じるものです。

（山田弘徳）

我即大日

我が身に無数の如来ありと覚知しんぬ　是れ賢劫の千仏なり　千とは満数を挙ぐのみ（秘蔵記）

【我が身に無数の如来がいますという自覚は、賢い仏が無数に出現してこの世を救う原理になる】

◉毘盧遮那仏の教え　奈良の大仏さまの正式な名称は「毘盧遮那仏《びるしゃなぶつ》」といい、東大寺は華厳宗《けごんしゅう》の総本山であり、華厳宗の教えを表したものがあの仏さま、と言われています。お大師さまは、この大仏さまに対して「私の進むべき仏教の道を教えてください」という願をかけて参籠《さんろう》され、満願の日に「久米寺に行くべし」というお告げがあり、そこで大日経を発見されたと伝えられます。

毘盧遮那仏は「光明遍照《こうみょうへんじょう》」を意味し、「その身は世界中にあまねく無数に存在し、智慧の光で全宇宙を照らす仏さま」ということになります。なんだか大日如来さまみたいだなと思われる方が多いと思いますが、それもそのはず。真言宗では「毘盧遮那仏とは大日如来さまのことである」という解釈を実際にしていますし、真言宗で唱えるお経には、「理趣経《りしゅきょう》」というものをはじめとして、「毘盧遮那仏」という言葉がしょっちゅう出てきます。

大仏さまの背後の飾り（光背《こうはい》）を見ると、小さな仏さまがびっしりとくっついておられ、その仏さまの光背には、さらに小さな仏さまがまたびっしりとくっついておられます。これは「巨大な宇宙空間から水の一滴にいたるまで、世界は極大にも極小にも無限であって、そのすべてに毘盧遮那仏がおられるのである」という華厳の教えを表したものである、とも言われています。

今度のお大師さまのお言葉には、「我が身に無数の如来がいますという自覚」とありますので、お若い頃から東大寺の毘盧遮那仏を信仰なさっていたお大師さまのお言葉でもあり、華厳の教えをベースに考える方が、すんなり解釈することができます。「この身は毘盧遮那仏（＝大日如来）なのであるから、極大の宇宙世界にも極小の水一滴の世界にも等しく、仏さまで満ち満ちている」、という意味で書かれたのです。

（佐々木琳慧）

我即大日

心は即ち本尊なり　実相を表す（秘蔵記）

【心は成仏している本尊であり、真理を表すものである】

◉人はほとけ

真言宗のお位牌には、必ず戒名の上に梵字が書かれています。それは阿字と読む悉曇文字のひとつであり、サンスクリット語を表記する文字であります。では、阿字とは何を意味するのでしょうか？　実は真言宗ではとても大切な文字で、阿字一文字で真言宗の御本尊、大日如来さまの尊いお命を表します。

大日如来さまとは、この宇宙そのものであり、あらゆる命の大元であり、あらゆる次元におられる存在とされます。そしてお位牌に阿字を書くということは、私たちは大日如来さまの尊いお命を頂いてこの世に生を受けたということなのです。

お大師さまには、当時多くのお弟子がおられました。その中でも高弟と呼ばれた十大弟子がおられ、第一とされたのが智泉大徳さまでありました。この方はお大師さまのお姉さまの子であり、甥にあたります。九歳の時にお大師さまの弟子となり、修行し僧になられた方で、一番長くお大師さまにお仕えなされたとして知られています。徳の高きこと智慧の深きことこの上ない方でありまして、お大師さまは自分の跡を継ぐものと決めておりました矢先、智泉大徳さまが三十七歳になりましたとき突然病に倒れてしまい、何の手当ての甲斐もなく亡くなってしまわれたのです。その時のお大師さまの悲しみは、身を切るようなものでありました。

そしてお大師さまは、智泉大徳さまの四十九日の時に自らお導師となられ、九人の高弟とともに満中陰の法要を厳修され、次のような歌を詠まれました。

「阿字の子が阿字の古里立ち出でて　また立ちかえる阿字の古里」

「大日如来さまの尊い命を頂いてこの世に生を受け、お大師さまの弟子となった智泉大徳さまは、今、真言密教の教え、御修行、御供養の後に大日如来さまの浄土に帰って、成仏される」という意味です。

お大師さまはこの歌をとおして、私たちの命は大日如来さまの尊いお命を頂いているのであり、仏性の宿った存在であると説かれているのです。

（木藤清明）

我即大日

吾が身は本尊なり　足には常に蓮華を踏み　口には常に音《こえ》を出して説法し前の人を教誨《きょうかい》すと（秘蔵記）

【この身は本尊である。それゆえに、歩くときは常に蓮華の上を歩き、語るときは仏法を説く気持ちで人々を諭していく】

◉威風堂々　僧侶になって初めて自坊に戻った時のことです。お寺の行事で本堂に檀信徒の皆様が集まっておられました。師僧から法話をしなさいと言われていましたので、大師教学を話そうと資料を集め準備をして臨みました。最初は興味深々で聞いてくれていましたが、時間が経つとコクリコクリと居眠りを始める方が目立ちました。そのうちに「若さん、あんまり難しいこと言わんとってな」と声がかかってしまいました。それを聞いた途端、用意していた話が頭の中で崩れてしまいました。しどろもどろになった時、師僧が「高野山の話をしてあげなさい」と耳元で囁いてくれたので、宿坊にお世話になりながら大学へ通った話とか、真冬の高野山の話などをさせていただき一座を終えました。この時の経験から例話のない法話をするのが怖くなってしまい、しばらく悩みました。しかしこのままではいけないと一念発起し、発声、話術、話の組み立て方等を諸先輩方に教えていただきました。これでもう大丈夫だと思いましたがまだ一つだけ気がかりがありました。「こんな人生経験もない若僧の話が聴衆の心に届くのだろうか」と。

しかし修行中のある言葉を思い出しました。それは四度《しど》加行《けぎょう》（真言宗の僧侶になるための修行）のお次第（テキスト）の冒頭に「我が身は金剛薩埵の身なるが故に歩歩の足元に八葉蓮華開敷せり」とあったこと。金剛薩埵とは大日如来さまの最初のお弟子で悟りを開き仏さまに成られたお方です。我が身を金剛薩埵と思って修行に励みなさいということなのです。法話も同じで本尊さまが話すと思えば自信を持ってその場に立てるのです。そう思いながら今日も話をしています。

どの道にも専門の技術があり、それが人の役に立っています。継承してきた技術は自信を持って生かしてあげてください。ただし常に技術の向上を怠ってはいけません。向上心を忘れなければ必ず周りを幸せにすることが出来るでしょう。威風堂々としたあなたの姿はその道の仏さまの姿であります。

（亀山伯仁）

我即大日

所求の心とは　いわゆる無尽荘厳金剛界の身これなり　大毗盧遮那　四種法身　四種曼荼羅　皆これ一切衆生本来平等にして共に有《いま》せり（三昧耶戒序）

【求められる心とは、絢爛たる金剛界マンダラの身体である。大日如来とその諸仏、浄土などが、すべての衆生がマンダラを共有しているからである】

◉一心に生きる

曼陀羅は、それぞれの仏が相互に作用し、完全な世界を作っている状態を示し、音楽で言えばオーケストラの演奏と同じと考えています。

公立高校で三十年間吹奏楽部の顧問をされ、転勤しながらも転勤先で顧問を勤め、県代表を十七回、そのうち全国最優秀賞に五回導いた教諭の話です。

何故、毎年のように全国大会優勝出来たのかをお聞きしたところ、地方の公立高校は部員数も限られ、毎年決まったメンバーではないことから、生徒に教えるには全ての楽器を自分が演奏してみせるところからはじまり、演奏する楽譜もそれぞれの楽器のパートに書き換えるそうです。そして何回も練習するのです。部員の高校生には色々な家庭の事情があり、問題を起こす生徒も少なからずおり、生活指導も多かったそうです。

　本番では、「音楽とは心を表したものだよ、それぞれの思いの中、同じ景色が見られるようイメージして、みんなで一つの音楽を作ろう」と話し、演奏することで調和し、お客様を含めた会場全てが共鳴し一心となった結果だとおっしゃっています。

　教諭は「私の指揮は単に演奏者への合図ではなく、エネルギーです。そして会場に居る全ての人にこの音楽に入ってもらおうと全身全霊で表現しています」と。

　演奏者が「よしやろう」と曇りの無い心（発菩提心）を起こし、練習（精進修行）し、本番では指揮に導かれ、他の楽器の音が自身に入り、自身もその音に入る。これは真言行者が行う修法の入我我入に似ており、自身が仏に入り、仏が自身に入り感応することで、仏様と一心になる、このうえとない状態になることです。

　お大師様は、自心（自らの心）、衆生心（迷える多くの心）、仏心（悟った心）の三心は差別が無く平等であり、仏の世界が広がりそして繋がっていると説きます。

　演奏者が一心に音楽を演奏することにより、お客様が感動する様子は、まさに、自利・利他の二行の完成であり、一心に生きると言えるでしょう。

（吉森公昭）

一切衆生の性浄法身と諸仏の身と本より差別なし（秘密仏戒儀）

【すべての生きものの清らかな性質と諸仏の身体には区別がない】

◉よく保つや否や　仏教には八万四千といわれる膨大な数の経典があります。一度の人生では到底学びきれません。まずは、たった一つの最勝なる「種《タネ》」をゆっくりと育んでまいろうではございませんか。

今はまだ、誰にも愛されなくてもいいのです。一つの種があれば。仏が見えなくてもいいのです。一つの宝があれば。うしろ指を指されてもいいのです。大師がそばにおられるのですから。生きてゆきさえすればある日、見たことのない大日の光が、その人を包み込むのですから。

ネガティブな部分を強調しているわけではありません。仏は大悲によって個人の生命力を高めようとしています。癒し、わび、さび、空しさなどの感覚も仏心からきているはず。現状をネガティブに取るも、ポジティブに取るも受け側の自由です。しかし、いずれにしても日々の心がポジティブでなければ人生も修行もうまくいかないのではないでしょうか。命を粗末にせず、仏の種さえしっかり持ち続けることができれば、いずれ、花は咲きます。この花は宝であり滅ることがないのです。

人は情欲、時間、恐怖などに制されて生きています。家族のためといいつつも、多忙にかまけて家に寄り付かない人。逆に、八方塞がりの状態の中で、家に引きこもる人。そもそも、仏から見ればこの両者の労苦は同一のものではないのでしょうか。この多様化した時代を生きぬくことは唯々一つ。「種」を見つけることであります。これを授かり育てることによって自分の中から仏が出てくるのです。ではその「種」とはなんでしょうか。これを浄三業といいます。それは慈しみの想いと言葉と行いです。慈悲喜捨という菩薩の決心です。たとえば、食事の時に合掌して「いただきます」と唱和することと同じです。「私はこの命を必ず生かします」という宣言であるように、合掌と言葉と真心が一つになり宇宙に遍満するのです。人はなかなか本性を変えられない生き物ですが、この一つの「種」さえ忘れなくば、自我は本性を超え、自身は金剛（無敵）となるのであります。大師の御傍にて授かった仏の種。これをゆっくりと育むライフスタイル。これで充分なのです。

（後藤証厳）

我即大日

諸尊その数無量なり　この無数の仏は一衆生の仏なり　能く自仏の是くの如くなることを察し　兼ねて他の衆生の是くの如くなることを明かす（平城灌頂文）

【諸尊の数は極めて多い。無数の仏が衆生であることを深く知れば、他の衆生も私と同じであることが分る】

◉大日如来の相《すがた》

ある山奥に住むごく普通のおばあちゃんとみられる百歳直前の女性のところに、健康長寿の秘訣を聞きたがる人々が訪ねてきました。彼女は、ほぼ即答しました。「秘訣なんか無いですよ。私からみれば、あんた達はみんな仏さんにしかみえないの！　普段でも会う人のひとりひとりは、みんな仏さんにみえますもん。あんた達も、有難い仏さんで、拝みたい気持ちですわ！」と。彼女の表情はにこやかで、眼差しは真剣そのものでしたから、とっても調子のいい世辞や冗談には聞こえませんでした。私は、今でもその言葉が印象に残り、時々思い出して深く考えさせられます。

なぜ彼女はそう思えて即答できたのか？　もしや仏教・密教を学んで、信者さんだからかな？　などと想像もしました。高野山で修行し真言密教を学び、弘法大師空海様の教えに触れるいま、再び、あの百歳直前の女性とその満面の笑顔や即答のコメントを思い出して、大日の遍満性に感無量です。

仏菩薩の境地で一切の衆生をみれば、みんなが尊くて、いとしく、人はみな仏菩薩にもみえてきます。凡人の視線や角度で見れば、仏菩薩も一切衆生も全て凡人の境地にしかみえてこないのです。健康長寿の秘訣を聞かれ、あのように迷わず即答されたのは、きっと、彼女はつね日頃から仏菩薩と同じ仏性を備え持つホトケだという自覚を内側に持っておられたからではないでしょうか。仏の境地で自他と接しているからこそ、口先だけの説教でなく、自然と即答できたのではないかと思います。

「諸尊の数は極めて多い。無数の仏が衆生であることを深く知れば、他の衆生も私と同じであることが分る」。この大師名言の法味を嘗め、なるほど！　と釈然とした今日この頃です。

（松本堯有）

我心と衆生心と仏心との三差別なし　この心に住すれば即ち是れ仏道を修す　是の宝乗に乗ずれば直ちに道場に至る（遺誡）

【私と衆生と仏の心には差別がない。この道理を知れば仏道に励みがつき、速やかに仏の世界に至る】

◉心はたくみなる画師《えし》のごとし

永明延寿《えいめいえんじゅ》の『宗鏡録《すぎょうろく》』（九六一）巻十一には、七世紀の新羅僧元暁《がんぎょう》に関する次のような逸話が紹介されています。唐の仏教を学ぶために新羅を出発した元暁は、道中での野宿の際、傍らの器にたまっていた雨水を飲んで眠りにつきました。ところが翌朝、明るくなって周囲を見渡すと、そこが墓地であり、昨夜飲んだのは転がっていた頭蓋骨にたまった雨水であったことが判明します。元暁は気持ち悪くなって嘔吐しますが、その瞬間、すべては心が作り出した虚妄に過ぎないという「三界唯心《さんがいゆいしん》」の道理を開悟したのです。三界とは生死流転する迷いの世界（欲界、色界、無色界）のことです。開悟した元暁は、入唐を取り止めて引き返し、新羅はもとより、中国や日本の仏教にも影響を与える大学者となりました。京都栂尾《とがのお》高山寺《こうざんじ》に伝わる国宝『華厳縁起』「元暁絵」は、本逸話を題材としたものですので、ご存じの方もおられるのではないでしょうか。

さて、この「三界唯心」の道理については、『六十華厳』巻十に「唯心偈」と称される著名な偈文があり、そこには「心は工《たく》みなる画師の如く、種々の五陰《ごおん》を画く。一切世界の中、法として造らざるものはなし。心の如く仏もまた爾《しか》り。仏の如く衆生も然《しか》り。心と仏、及び衆生、是の三に差別なし」と記されています。

五陰とは人間の肉体や精神を構成する五要素（色、受、想、行、識）のことです。昨夜と今朝の状況にはなんら変化がないにもかかわらず、頭蓋骨にたまった水を飲んだことが判明した途端に嘔吐した元暁の逸話は、まさしく心が卓越した画家であることを指し示す一事例と言えるのではないでしょうか。

今日、多様性社会実現のためにも、他者への理解が私たちの重要課題となっています。すべての人々の心が描き出す絵画が、差別や偏見のない素敵な世界であってほしいものです。

（愛宕邦康）

我即大日

眷属は雨の如し　遮那は中央に坐す　遮那は阿誰《たれ》が号《な》ぞ　本これ我が心王なり（性霊集一　山に遊ぶ）

【大日如来の周辺には一族が雨のように囲んでいる。この大日如来こそ私の本心の姿である】

◉リーダーになるために　会社勤めなどをしていると、「プロジェクト」（目的を達成するための計画、業務）というものが発生します。会社の業績を上げるために企画し、戦略を練り、実行する。そういった行動をする上で必要になるのがプロジェクトチームです。プロジェクトが大きくなればなるほど、沢山の力が必要になります。同時に、プロジェクトの方向性を定め、計画に沿った業務を設定し、業務遂行の人員を配置し、達成に向かうためにはそれらをとりまとめる「リーダー」が必要となります。

こうしたプロジェクトの様子を見ていると、私は曼荼羅が思い浮かびます。特に明確なのは胎蔵（界）曼荼羅でしょうか。

中央に大日如来がいらっしゃり、その周りを四如来と四菩薩が囲んでいます。その外側にはそれぞれのお部屋があり、適切なグループの菩薩や明王が配置されています。更に外側に向かうにつれ、本当に沢山の仏さまの姿があります。中にはどう見ても動物としか思えない姿も。

曼荼羅は、仏さまの世界を描いたものとも言われますが、社会に当てはめてみることもできるのではないでしょうか。曼荼羅の示すプロジェクトの目的は、全ての生きとし生けるものの幸せであり、そのためにそれぞれの仏さまが自分の仕事をする。そのことにより安らぎと平和な世界が構成されていく。そういう姿を顕しているように思えます。それら全てを統括するのが中央の大日如来さま。

端の端まで目を行き届かせて役割をこなしてもらい、目的に向かって皆を引っ張っていく。本文にある「眷属は雨の如し」とは、この無数とも言える様々な仏さまが周りに満ちあふれているからでしょう。

そういうリーダーになりたいものです。

（中村光観）

我即大日

三昧の法仏は本より我が心に具せり（性霊集三　中寿詩）

【禅定に現れる仏は、もともと私の心に具わっている】

◉幸せになれる種　仏教の三昧とは雑念を離れて心が一つの対象に集中することをいいます。そして、禅定とは心静かな絶対の境地に至り、物事の真実の姿を見極めることです。雑念や執着から解放され静寂に満ちたとても穏やかな瞬間が訪れます。

数年前の歩き遍路での出来事です。その日は早朝からとても激しい雨が降っていました。道路のいたるところに大きな水たまりができていました。そこを猛スピードの車が私のすぐそばを通り過ぎました。次の瞬間、バサーッ。勢いよく跳ね上げられた泥水が私をめがけて襲ってきました。一瞬、何が起こったのか分かりませんでした。振り返るとその車は止まることなく走り去っていきました。

次の札所、またその次の札所、雨は一向に止む気配がありません。やっと夕方近くになって晴れ間が出てきました。西の空を真っ赤に染めながら、ゆっくりと沈む太陽の姿が見えました。「おつかれさま、一日中よくがんばったね」と出迎えてくれているように感じました。するとようやく今日一番のとっておきの笑顔になることができました。お天道様は、雨雲の向こうからも一日中ずっと私のことを照らし続けてくれていたことにやっと気づくことができました。

本来、私たちの心の中には誰もがこの身このままで仏になれる仏性が備わっています。言い換えれば「幸せになれる種」が秘められています。しかし、苦しいことや悲しいことがあれば、その大切なものが見えなくなってしまいます。人生、けっして晴れの日ばかりではありません。曇りや雨の日、嵐の日もあります。でも心の中にはいつもあの太陽のような希望の光が輝いています。それは最初から常にずっと一緒です。なぜなら誰もがこの身のままで仏になれる尊くて清らかな存在だからです。

歩き遍路は「歩く禅」。都会の喧騒を離れ大自然の中をただ黙々と歩く。するとやがて森羅万象の実相や、あるがままの自分自身の心が姿をあらわしはじめます。皆様もぜひ四国遍路へ。共に「幸せの花」を咲かせる三昧の旅いかがでしょうか。

（雨宮光啓）

我即大日

安楽観史は本来《もとよりこのかた》胸中なり（性霊集三　中寿詩）

【極楽世界はもともと私の胸の中にある】

◉心の安らぎは他人への贈り物　極楽と言えば、清浄で安楽な天国であり、我々と別世界のことだと思い浮かべる人が多いかもしれません。しかし極楽とは、悟りの世界であり、極端な考えや、戯論を離れた智恵の境地とも言えましょう。大小や善悪の区別もなければ、仏と衆生、輪廻と涅槃、煩悩と智恵の垣根もありません。広大無辺、万象を網羅している大慈大悲の智恵です。その智恵は我々の心にあります。心が清浄で、安寧でしたら、無極、無偏向の円融の楽が得られるだけでなく、極楽に達することもできます。

密教では、衆生は仏の智恵を本来具足しているという教えがあります。あらゆる衆生の心身は、大日如来（すなわち「法身仏」）から派生したものと考え、「身」は「仏体」だと説いています。つまり我々は皆、もともと宇宙生命である大日如来から等しくそれぞれの命を授かり、生かされているのです。「心」は「仏智」を表していますが、凡夫は常に「煩悩」に迷わされ、「自覚」できない状態になっています。

現代の物質社会では、文明がますます繁栄していくと同時に、戦争や、ウイルス、環境汚染など、様々な危機も伴っています。「金銭至上」の考えで、もともと追求する「安楽」の心地の意味が変わってしまいました。人間本来の心持ちと自然や命への尊重など、基本的なことを考え直さなければなりません。

我々の心は湖のように、水面は風に吹かれて、波立っても、その底は清くて澄んでいます。また水面はいつか、鏡のように静かになる時が来ます。このような状態を常に保つために、できるだけ外部からの刺激に左右されずに、ありのままにこの命の真実に気づき、「実の如く自心を知る」のです。貴方の心の安らぎは、他人への贈り物です。自分を見失わないように、穏やかで淡々とした心で優雅に静かに生活を送ってみましょう。

（寛旭）

法身いずくにか在る　遠からずして即ち身なり　智体いかん　我が心にして甚だ近し（性霊集七　平城東大寺）

【仏は何処におられるのか。仏は遠くではなく、私の身体におられる。仏の智慧もきわめて近く、私の心にある】

◉金剛石《ダイヤモンド》　「金剛石」をご存じでしょうか。私はダイヤモンドという言葉を先に覚え、大きくなってから、ダイヤモンドは金剛石とも呼ばれていることを知りました。それと同じように、「我即大日」（わたしは、そのまま仏である）と、弘法大師が言われたことを知ったのはつい最近のことで、自然社本宮（神社）でこのことを「ひとはかみの表現である　ひとより尊いものは　ないことを知れ」、と教わってきました。

明治天皇の奥さまの昭憲皇太后のお歌に「金剛石」があります。「金剛石も　みがかずば　珠の光は　添わざらん　人も学びてのちにこそ　まことの徳は　あらわるれ　時計の針の　絶え間なく　めぐるがごとく　時の間も　日かげ惜しみて　励みなば

いかなる業か　ならざらん」

時計の針が休みなく回るように、一日一日、一瞬一瞬、今を大切に一生懸命励んだら、どんなことでも成し遂げられるというお歌です。

ダイヤモンドが磨かれてすばらしい輝きがでるように、人間もいろんな体験をすればこそ、磨かれて、より天性（個性）が発揮できます。

私たちは、そのまま仏さまであることを信じて、自分のやるべきことにまことを尽くしてゆけば、ダイヤモンドの原石が磨かれていくように、自分の欠点に気づき、本来、仏である私たちのすばらしい天性（個性）が光り輝いてきます。

「我即大日」であるから、他人も大日（仏）であるはずです。そのことを真に悟っていけば、人を尊ぶ心が育ってゆき、周囲の支えによって自分は生かされ生きているのだという謙虚な心が自然と湧いてきます。「我即大日」であるからこそ、いろいろな気付きが得られます。その智慧（気付き）によって、この世に生かされ生きている多くの仲間とともに、すばらしい世の中を創造してゆきたいと思います。

（福井清光）

我即大日

内心の大我は法界に都《と》として常恒なり（性霊集八　弟子僧真体）

【心の中の大日如来は、この大宇宙を宮殿とし、永遠に住んでおられる】

◉亡き妹を想うとき　冒頭の名言は、お大師さまの弟子が供養の法要にて亡き妹を想い四十九日忌のために書かれた願文です。お大師さまは弟子が亡き妹を想う心を汲み取り、さらに幼いときに両親を亡くした悲しみに触れています。父母に先立たれた悲しみや心細さはいかばかりであったことでしょう。父母の愛情を身体いっぱいに受けてすくすくと成長するはずが、思いもかけず父母は黄泉に旅立ってしまいました。弟子の悲しみの涙は朝露がしたたるように流れ、心は朝霜の解けるように悲しみで滅入ったと表現されています。そうして血を分けた妹を亡くした弟子の心境はいかばかりかと、お大師さまは心を添わせておられます。

身内の者と死別していく悲しさは今も昔も変わることはありません。始めあるものは必ず終わりあり、生あるものはことごとく滅していきます。亡くなったということはもう永遠に会えないことです。だから私たちは悲しいのです。樹木静かならんと欲すれども風止まず。子を養わんと欲すれども親待たず。温和なその顔は向かえども語らず。夢に似て夢にあらず。幻の如くにして幻にあらず。故人を前にして私は僧侶として悲しみの涙を抑え、母なる大地にいだかれて静かで円い境地になって、安らかに眠られんことを祈念します。

お大師さまは弟子の亡き妹が曼荼羅の仏さまが姿を現して成仏させることを願い、さらには亡き父母も仏の力を得て悟りの知恵によって明るく照らされ成仏していくことを願っておられます。

河原の砂粒のようにたくさんおられる仏さまは、悟りを願う心を起こして修行されました。悟りの世界は広大な海のようで限りなく、山のように高く頂上が分からないほどです。ありとあらゆる場所に仏さまがおられますが、弟子の亡き妹もどこへ行ったとしても仏さまと出会い、仏さまに導かれて成仏していくことができます。亡き妹を想うとき、妹の側に優しく手を引いてくださる仏さまの姿が浮かんでいることでしょう。

（中村一善）

我即大日

六大の所遍　皆これ我が身なり　十界の所有　並びに是れ我が心なり（性霊集八　招提寺達嚫文）

【宇宙にゆきわたるものごとのすべては、私の身体であり、私の心である】

◉仏に包まれている

お大師さまの文章は悟りの境地から綴られていますから、山、海、雲、風、樹木、草、鳥などの描写はそのままが仏の説法になっています。名言は具象的ですから、絵画や写真に表現することもできます。

真言密教の真骨頂は、山川草木が悉く仏であるという「自身仏」にあります。雲の流れを仏の姿として眺め、鳥の声を仏の説法として聞きます。お大師さまは詩的に風物を描写なされていますから、繰り返して読めば読むほど深淵な意味を味わうことができます。それは、学術的な硬い文章ではなく、感性に伝わる柔らかいお言葉だからです。まさにお大師さまは心を摑む詩人です。

私は『空海名言辞典』を、季節、鉱物、動物、植物、風物などの項目に分け、さらにこの項目を細分化して、雪、雨、風、金、銀、鳥、猿、草、蓮、山、川など、名言を具体的な名称にしてパソコンに保存しています。こうしておけば法話を創作するときに希望の空海名言を素早く得られるからです。

十七年前に『空海名言辞典』を出版した当初、ある会合で若い御詠歌僧が、「この辞典に掲載されている空海名言をすべてパソコンに入力しました」と、私に耳打ちしてくれました。「機転が早い！」と私は感歎しながら、この辞典を上手に活用してくれている青年僧に檄《げき》を飛ばしたことがあります。名言の一字検索は計り知れない活用方法があるからです。

原生林に包まれた高野山で瞑想をしていますと、雨の音も、車の響きも、騒音ではなく、仏の説法であるという思いがしてきます。鳥の声を聞きながら本堂に坐り、鐘を打ち、讃を唱え、お経を唱え、そして仏法を語り合うことは楽しいものです。大切な自己洞察は、仏に包まれているという感覚を持つことです。学校教育に、「私は仏である」という教えが徹底すれば、社会犯罪は必ず減少していきます。（近藤堯寛）

我即大日

喜ぶことなかれ　嗔ることなかれ　是れ法界なり　法界と心とは異説なし

（性霊集十　十喩を詠ず）

【喜ぶこともない、怒ることもない。すべて仏の出来事である。仏の世界と心は異なるものではないゆえに】

◉全ては自然に帰する　人間の社会活動も含め、全ての事象は自然のなせる業《わざ》であり、それ故に自然の流れる方向に身も心もゆだねる。これが生き物の本来の生き方と私は考えます。自然には、人間にとっての都合の良い慈悲なども存在せず、あるのはただ原因と結果のみ。それは弱肉強食ともいわれる世界ですが、それこそが自然本来の姿。善悪の価値判断はなく、全ての生き物は生きるために食し、食するために殺めるものです。

人間社会における争うという行為は、この自然の摂理に照らし合わせてみると案外普通のことなのかもしれません。ただ、そこには過度な欲望や憎しみ、恨み、怒りそして苦しみの念がどうしても存在してしまいます。その点が気づき、考えなければいけない課題であると感じます。更には、どんなに平和に見える世界に住んでいる人々であっても現地で争う人々と関わりが全くないということはなく、必ずどこかには関連性があって、知っていても知らなくてもそれは全ての人々が抱える業《ごう》となります。この業の深さも我々が考えなければならないもう一つの大きな課題です。

世界平和は私たちが心から願うものです。しかし、この摂理を考えると、全ての生き物が仲良く手をつないで同時に生きていくというのはあくまで幻想であって、誰かの生《せい》のためには必ず犠牲となる生《せい》があることを理解せざるを得なくなります。従って、仏教における究極の悟りとは、善悪の価値判断を超えた部分で全ての行為や事象を受け入れるということなのではないかと考えられます。

無我の境地に達すると仏を感じることができる、とお大師さまはおっしゃいます。きっとそれは自然の息吹やリズム、そして愛を感じ取ることなのであろうと私は思います。一つ一つの事象を深く考察し、それらが全ての生命の生存と犠牲に繋がっていることを感じ、心から感謝し続けられることが無我の境地、つまり「大日の光」を見る因となることなのかもしれません。

（山本海史）

我即大日

万法自心にして本より一体なり　この義を知らず尤《もっと》も哀むべし（性霊集十　十喩を詠ず）

【あらゆる教えと自分の心は一体である。この意味を知らない人は悲しいことである】

◉人のせいにしない　上手くいかなかったり、他人の欠点や嫌な部分に接すると、「これって自分の姿だ」ということに気づいて愕然とすることがあります。何事もなく過ごしているとそんなことを感じることはありませんし、それが自分の姿だなんて思うはずもないでしょう。まして指摘でもされたら憤慨するかもしれません。

人が一番ストレスを感じたり悩んだりするのは人間関係だそうです。物事を成し遂げようとすると多くの困難にぶつかります。もしかしたら、人間が一番手ごわいかもしれません。人の心は千差万別、難しくて当然なんですけど……。そんな中で様々な経験を積み、色んな見方を学んでいくうちに、「それもすべて自分の姿だ」と確信するようになりました。もちろん、程度の差はありますし、表面的にはすべて異なる事象なのですが、冷静に見つめ直してみると、実は自分の心の奥底に隠している一番見たくない自分の弱い姿ではないかと思うようになったのです。

そして更に大切なことに気がつきました。本当に偉大な方や尊敬できる方にお会いしたり、大変善いことや素敵な場面にご縁をいただくこともたくさんあります。これも自分の姿だったということです。自心を知る。結局、人の嫌な部分に腹を立ててみても哀れんでみても、それは他人のことではないのです。優しい気持ちで許し受け入れ、自分のこととして強く向き合わなければ、同じことの繰り返し、前に進むことは出来ないのです。また、人の善い心や上手くいっている状況を妬んだりうらやむこともないのです。それも自分の姿として認め喜ぶことが出来なければ、結局自分自身の心と身体は歪んでいくのです。

大切な前提があります。必ずみんなが良い方向に向かうよう信念をもって、あらゆることに疑問を持ち、徹底的な研究・準備、責任ある選択・判断、そして何より素直な心、明るく楽しい雰囲気が不可欠です。どんどん難しい社会になっていきます。個人的なことだけではなく、行政や会社、商売などなど、これから社会が向かっていく方向は、良くも悪くも、すべて人間の……自分の心の映し鏡でしょう。

（阿形國明）

我即大日

彼の六趣の衆生と毗盧遮那と本より二体なし　但し衆生の種種の妄想に随うて種種の名を立つるのみ（異本即身義五）

【苦界の生命と大日如来とは別々ではない。人間の様々な妄想によって、地獄、餓鬼、菩薩、あるいは如来と呼ばれているだけである】

◉ほんとは大日如来のしわざ　私が奉職させて頂いております高野山高校の生徒の中には、小・中学校時代にいじめや嫌な思いを経験したものもいます。小・中学校は同じ地域で育ちますから、その中である程度、位置づけみたいなものが出来てしまいます。その位置づけをスクールカーストというそうですが、そこからの脱却は難しいのです。ちょっとした失敗をずっと背負わされ、一度つけられたあだ名の印象を変えることはできません。本当の自分が出せずに、我慢している生徒は多く潜在しています。

しかし、本校は全国区の学校ですので、小・中学校で植えつけられてしまった印象を誰も知りません。一から自分を出していくことができるのです。そうして、中学校時代とは違う、本当の自分を表現できて、のびのびと生活できた生徒をたくさん見てきました。そういった決めつけから脱却できた生徒たちは、自分はこの学校で開花できたと、喜んでくれています。小・中学時代を振り返ると、確かに辛かったのでしょうが、それもみんないい思い出に変わっていきます。

ある生徒は、中学校時代に自分をいじめた生徒のことが許せなかったけれども、高野山高校に来て生活していると、私をいじめることでしか自分自身を保つことが出来なかった相手がかわいそうに思えたり、客観的に理解できるようになっているのです。そしてさらには、「あの子がいじめてきたから高野山高校に出会えた。あの子と仲良くなってたら、高野山高校での生活はなかったかもしれない。そう思うと、あの子のおかげで今の自分があるんだ」という思いにまで至っているのです。

私たちは、自分にとって都合の悪いものは悪と考え、排除したくなるものですが、結果的には、自分にとって都合の悪いものが、あとから考えれば正しい生き方を導いてくれたりすることもあります。そういった時に、自分にとって都合の悪いものは、ほんとは自分にとって大日如来かもしれないのです。

（富田向真）

大日とはこれ衆生の本覚なり（雑問答四）

【大日如来とは、衆生の本質を悟った人である】

◉中天の大日　インド中央部、マハーラーシュトラ州ナグプール市の北に、マンセル遺跡という仏教遺跡があります。在インド五十年のインド仏教大長老佐々井秀嶺上人が、ここが南天鉄塔遺跡なりと見定めて長年発掘調査を行っている場所です。南天鉄塔とは、真言密教発祥の地として祖師伝に記された一大因縁の古跡です。昔、龍猛菩薩が南天竺を遊行してこの塔の中に入り、大日如来の自受説法を親しく金剛薩埵から授かった場所で、実在の遺跡かどうか、またモデルとなった遺跡などが調査研究されてきました。

佐々井上人の支援をしている関係で、私はマンセル遺跡を度々訪れています。遺跡は小高い丘の上にストゥーパの基壇や複雑なレンガ造りの遺構があり、菩薩像や舎利容器、陶片などが出土しています。背後に白蓮華の咲く湖を湛え、南面にはデカン高原の地平線が霞に消え、東に龍樹連峰という龍形の山を望む景勝地です。この場所がそうであるのかどうか、未だ研究が必要ですが、その頂に上がり、南に向いて座り、如来滅後八百年の密教相承の故事を思い、大日如来の真言を念誦しました。

それはちょうどお昼の時間、二月でも強烈なインドの太陽が中天にありました。一切遍照、頭の上から座る膝先まで隈なく照らされています。自分を覆う服や外皮だけでなく、全身、五臓六腑、頭の中、心の内すべてが明かされたような気がしました。ありのままの自分と言いますが、それは他人に見せて誇れるようなものばかりではありません。人に知られたくない胸の内、自身の生活や習慣で身についてしまった業垢、過去に犯した罪や恥など、それらがすべて中天の大日に照覧され、自分の本当の姿を知ったようです。これが私なんだと。この覚知からこそ、私たちの本質、衆生の本覚というものに触れることが出来るのではないでしょうか。

念誦が終わると、上空に爽やかな風が舞っていました。一緒に頂上まで登って来られた佐々井上人が、自らの信じる所によりここが大日如来自受説法の現当地であると宣言され、鉄塔開扉の故事を語られました。この素晴らしい場所に、ぜひまた皆様をご案内して訪れてみたいと思っています。

（佐伯隆快）

心の実性本自清浄は是れ即ち阿字本不生の理なり　この理を証する人　是れを名づけて仏とす（雑問答一七）

【心の実体は清浄なる大日如来の世界であるという教えがある。この教えが立証できた人を仏という】

◉落花に寄せて

それは旧暦の三月二十一日、お大師さまへの報恩法会である正御影供に向かう道中のことでした。自動車の助手席に乗せてもらって八重桜の並木道にさしかかると、突然一陣の風が吹き渡りました。春の風は思いがけず強く吹き、ざあっという音とともに、八重桜の花びらが車のフロントガラスを覆うように舞い落ちます。その一瞬、目の前の光景がまるで薄紅色の桜の花びらと青空を描いた絵画のようになりました。その時、草野心平の詩の一節が思い浮かびました。

「はながちる　ちるちるおちるまいおちるおちるまいおちる……」

このひらがなの繰り返しが印象的な詩は、舞台の暗がりのなかに舞い落ちる桜の花びらを表現した詩であると言われています。自身をきらめかせながら絶え間なく落ちる花びら、その一つ一つがいのちの輝きの現れであり、それはまさに虚空に遍満している。私たち自身も花びらの一つ一つであるとともに、私たち自身の中に無数のいのちの輝きがあるのではないか。そんな思いが私の中によぎりました。

私たちは日常生活の中で、時として独りよがりな思いにとらわれてしまう時がありますなぜ、他人は私を認めてくれないのだろう。どうしてこの私よりあの人が選ばれてしまうのだろう。そんな自らが作り出してしまった妬みの心が、春の風のようにひと時で過ぎ去ってくれればよいでしょう。ところがいつしか、自分の中に途方もなく膨らんだ煩悩の大きな塊、よどんだ暗闇の中に深くはまりこんで抜け出せなくなってしまうことがあるでしょう。

お大師さまは、私たちの心の本当の姿は清らかな仏さまの世界である、と説かれています。全ての人の心の中、全ての生き物の中に仏さまの世界、いのちの輝きがある。その輝きはまた、私たち自身の中にあるご先祖さまや無数のつながりあるいのちの、それぞれの花びらが照らし出すきらめきといえるのではないでしょうか。私たちもこの世界に生きるいのちの一つとして、美しい花を咲かせたいものです。　（曽我部大和）

法身は大虚に同じて無碍なり　衆象を含じて常恒なり　故に大空という諸法の依住する所なるが故に位と号す（即身義）

【仏は大宇宙に同化して無碍にして自在である。すべての現象を永遠に包みこんでいるから大空といい、すべての拠り所であるから位と称号する】

◉いのちの連環体

令和三年四月三十日、「知の巨人」のニックネームで知られる、ジャーナリストの立花隆さんがお亡くなりになりました。立花さんは、生涯を通して人間の「生と死」について思索を重ねられましたが、みずからの死を目前にして、次のような言葉を残しておられます。

「人間の〝限りある命〟は単独であるわけではなく、いくつもの〝限りある命〟に支えられて、限りある時間を過ごしていきます。それは、周囲に支えられて存在するという意味において、〝いのち連環体〟という大きな〝わっか〟の一部でもあります。そういう〝連環体〟が連なって、〝大いなるいのち連続体〟をなしている、そう見る

ことができると思います」（ＮＨＫスペシャル「見えた 何が 永遠が ～立花隆 最後の旅～」ＨＰより）

　自然界において、あらゆる生命は見えない糸でつながっており、刻々と変化する環境の中で、互いに何らかの影響を与えながら、生かし生かされています。そして、その秩序の中で、われわれは生まれ、死に、縷々と命をつないでいきます。そのような、あらゆる生命の「生と死」を包み込む大いなる宇宙を、真言密教では法身・大日如来として人格化し、本尊とします。立花さんが思索の末にたどり着いた〈いのち連環体〉、〈大いなるいのち連続体〉とは、まさにこの法身・大日如来にほかなりません。「阿字の子が阿字のふるさと立ち出でてまた立ち帰る阿字のふるさと」という有名な御詠歌がありますが、「阿字」とは、梵字の𑖀の字を指します。インドのアルファベットの最初に位置する阿字は、あらゆる言葉の根源と考えられたことから、密教では、宇宙の根源である大日如来を象徴する文字とされるようになりました。私たちは、〈いのち連環体〉、〈大いなるいのち連続体〉である大日如来の身体の中に生を受け、個性を輝かせたのち、命の終焉とともに、再び大日如来の懐の中に帰ってゆきます。そしてそのようにして、永遠の歴史を紡いでゆくのです。

（川崎一洸）

仏身円満

如来の智力は必ず一念に於て普く群機の本末の因縁を鑑覧《かんがみ》て究竟無碍なり

（大日経開題　衆生）

【如来の智慧の力は、わずかな一念で人々の多くの問題を洞察することが自由自在である】

◉察する能力

たとえばお客をお持て成しする時、お迎えする主人が、訪ねてきたお客はいま何を欲しているのかをさりげなく察することが出来たら、なんとも素晴らしいことでしょう。

茶道の先生とお話ししたときに、こんなことをおっしゃいました。「夏の暑い日、汗をかきながら訪れてきたお客をみて、『この人はいま喉が渇いていて冷たい麦茶をキュ〜っと飲みたいのだろうな』とか、凍える寒さの中やってきたお客は、『この人は身体が冷えているだろうから芯から温まるものが欲しいだろうな』とか、そういう相手の欲求を察して、それをスッとお接待するように心がけること、結局はこれに尽きるのです」と。

茶道のお作法はその一挙手一投足が厳格で美しいものです。お茶室の中の道具やお飾りも荘厳で空気も研ぎ澄まされていて緊張感に満ちています。それもこれも結局は、お客の心と身体を満足させて差し上げるためのみに神経を注いでいるのだということでしょう。お客としては、そんな痒い所に手が届くような真心のある場所には何度でも足を運びたくなるものです。お客の方からは厚かましく「コレが欲しい」などとなかなか言い出せないものですから、そういう気配りは何ともありがたいものです。

お持て成しのプロは、相手のたった一言を聞くだけで、または僅かな仕草を見るだけで、だいたいその人が何を求めているのか理解できるものです。相手の欲求に応える行動というものも、なかなか咄嗟にできるものではありません。このような洞察力や行動力は今日や明日にすぐ身に付くものではありません。長年の実績や経験を重ねてやっと身に付くものでしょう。お持て成しを受けた嬉しい経験も必要ですし、見過ごされた悲しい経験も必要です。自分自身に「こんなとき、こんなふうにしてほしいな」という経験があったら、他人を持て成すときにはとても有益なものとなるでしょうし、それをスッとお客に差し出せるようになりたいものです。

（大瀧清延）

仏身円満

命をば無量寿仏に名づく　帰はすなわち能依の人なり　無量寿とは法身常恒不壊の徳これなり　身は虚空法界に遍じ　心は性相理事に亘《わた》る（大日経開題　大毗盧）

【帰命とは無量寿仏を拠り所にすることである。無量寿仏には常に壊れない徳があって、身体は真理の世界に広がり、心はすべての物事にゆきわたっている】

◉無限のいのちに眼をひらく　私はお寺の住職のほか、幼稚園の園長をし、毎日子どもたちと過ごしています。幼稚園にはいろいろな生き物がおり、「子どもたちに見せてあげて下さい」と保護者の方が虫やお花を持ってきてくれることも少なくありません。子どもたちはその成長や変化に眼を見張ります。先日はサンショウウオの卵をいただきました。サンショウウオの横にはスズムシの飼育ケースがあり、ある男の子が「サンショウウオは一体何年生きられるのだろう?」といいました。サンショウウオは二十年以上生きる個体もおり、秋には死んでしまうスズムシとは命の長さがまるきり違うのです。そのことを伝えると「えー！　スズムシってなんだか可哀そう」と子どもたちがいったのでした。

無量寿仏とは阿弥陀如来さまのこと。それは阿弥陀如来さまの寿命が無量であり永遠のものであることからそういいます。寿命というと、私たちは長い、短いといった長さでしか考えることができません。長さでしか考えられないからこそ、長ければ良い、短ければ悪いとつい考えてしまいます。しかし宗教の信仰を持ち、さらにはお大師さまの信仰を持つということは、長さだけではない命の見方を教えてくれるものです。「スズムシはね、土の中にたくさんの卵を産んで、来年また生まれてくるんだよ」と子どもたちに伝えます。誰もが父や母がいるように、スズムシもまた果てしない命のつながりの中にあります。それはどんな生き物も同じです。時間的なつながりだけはありません。光や水、食べ物が必要なこと、安心して過ごせる場所も必要です。そうすると女の子が「私たちと同じだね」といいます。命は時間的なつながりの中にも、命と命の空間的なつながりの中にもさまざまなすがたになって現れています。命が限りのないすがたであることを無量寿といい、世界の真理と現象に遍満しつづけていることをお大師さまは教えてくれています。

（伊藤聖健）

仏身円満

如来の日光も遍く法界を照らしてまた能く平等に無量の衆生の種種の善根を開発《かいほつ》し　乃至世間出世間の殊勝の事業《じごう》これによって成弁《じょうべん》することを得ずということなし（大日経略開題）

【如来の光はすべてを照らして人々の善を開発し、あらゆる事業を成功させる】

◉心の土木　お大師さまの故郷、讃岐平野を通りますと、少雨の土地柄からか、そこかしこに溜め池が見えます。その中にひときわ威容を誇る満濃池があります。

奈良時代に建設され、以来、長く讃岐の水がめでしたが、たびたび堤防の決壊、氾濫を繰り返してきました。平安時代初期、お大師さまは災害が続く池の改修工事を命じられ、伝承によると二か月という短期間で工事を完成させたと言われます。

以前、香川の図書館で目にした冊子に、大手建設会社大林組が、お大師さまの満濃池改修工事を、現代の土木工学から検証し、想定復元する特集がありました。伝説の工事を、現代の視点も入れ、図説なども使い詳細に解説したものでした。当時の先端技術を駆使し難工事を完成させた、お大師さまの多方面にわたる知識の深さには、あらためて驚嘆させられます。

しかし私が一番驚いたのは、工事に参加した人員の推定です。工事の完成には延べ三十八万人が必要で、これは当時の讃岐の人口のほぼ倍に当たります。重機もない当時は人力に頼らざるを得ず、技術力もさることながら、この動員力が工事の成否を分けたのではないでしょうか。ですが、これ程の大人数ともなると無理やり動員をかけるのではとても足りず、どうしても人々に率先して動いてもらわなければならなかったはずです。民衆も将来を見据えた治水事業の大切さを、心の奥底では理解したでしょうが、実際に行動に移すには何かきっかけが必要だったはずです。

「あなたたちの、明日のために」。こう言ったかどうかはわかりませんが、お大師さまが工事のために土を耕そうとする人々の、心の奥底に眠る何かを奮い立たせ、志を耕し、掘り起こしてくださったことは確かだと思うのです。

周りが動いてくれない、上手くいかない。よくあることです。しかし、この他人の心の掘り起こし作業の労を忘れてはいませんか。

(稙月隆彦)

仏身円満

如来如知は皆これ一切の虚偽を離れたるが故に真実なり（金剛頂経開題）

【如来の説法は、すべての虚偽を離れているから真実である】

◉如来の真実　地球はどうして丸いのでしょう。四角や三角の天体がない理由は、ある程度の大きさになると重力を持ち、「中心」に引っ張られるからだそうですが、「心の中」に引っ張られるという点においてさとりにも通じます。この真実に触れる金剛頂経の旅は、さとりを求めて苦行中のブッダ（釈迦）が目の前に現れた如来（仏）に、どうすればさとりに至れるか尋ねるところから始まります。

真実を知らずに苦行を続けてもさとりは得られないことを告げた一切如来は、ブッダの求めに応じて真実を知るための方法を五段階に分けて伝えます。まず、本来持つ自身のこころを知るために自身のこころをよく観察するように告げます。いわれた通りに観察してみると、こころが月輪のかたちで顕れてきました。苦行では山のように連なる煩悩を消し去ることができず、その陰で清らかに輝き続けるこころの月の輪に気づくことができなかったのです。次に如来はその本来のこころを強く認識させかつ定着させるために、仏のこころを起こしそれを実感させるための真言を告げます。ブッダが真言を唱えるとその月の輪は本物の月のように輝きを増して、まさに仏のこころのようでした。その次に如来はそのこころが揺るぎない堅固なものとなるように、煩悩を寄せ付けないこころを持つための真言を告げます。ブッダが唱えると月の中に堅固な姿となった仏が現れました。そして如来は月の中の仏に命を吹き込み、ブッダが一切如来の仲間入りをして仏となるための真言を告げます。その真言によりブッダは仏を自身のなかに見ます。そして仏となる儀式を経てついに「仏身円満」の真言によりブッダは釈迦如来となって仏となったのです。苦行の中でもがいていたブッダが真実である（如来如知《にょらいのごとくしる》）ことを知り、さとった瞬間です。

　真実はこころの中にすでに持ち合わせている仏の智慧であり、それに気づくことで、その先にブッダがその身そのままで仏となったように「即身成仏」があります。「こころの如来」の声に従い、円かなるこころから放たれる「大日の光」はまさに「仏身円満」したあなた自身が発する「ほとけのひかり」です。

（中村光教）

仏身円満

五相とは一に通達《つうだつ》本心　二に修菩提心　三に成金剛心　四に証金剛身　五に仏身円満なり（金剛頂経開題）

【五段階の観想によって仏身を完成させる方法は、まず自分の本心を観じ、次に悟りの心を起こし、揺るがぬ心を創り、堅固なる身体を保ち、そして仏身を完成させる】

◉一流スポーツ選手から学ぶ　早稲田大学スポーツ科学学術院教授の堀野博幸さんが女性アスリートのコンディショニングと栄養というインターネットのウェブサイトで「アスリートのパフォーマンス向上には、負荷の高いトレーニングと〝心と身体のコンディショニング〟が必要不可欠となります。」とおっしゃっています。

また法政大学中澤史教授の著書『アスリートの心理学』では、実力を発揮する為にはリラックス、冷静、自信、集中がキーワードとなり、最後に勝敗を分けるのはメンタル、つまり精神力、心理面の影響が深く関わっているとされています。

また中澤教授は、選手の心を乱す四つの要因として、ひとつは試合や対戦相手からのプレッシャー、二つ目は観衆や応援から受ける社会的プレッシャー、三つ目は試合開場やその周辺の環境からのもの、四つ目は選手自身の個人的な要因を挙げ、それに打ち勝つ心の強化を行う必要があるとしています。心を強化するということは、思考、感情、行動の反応の仕方を計測して修正するということです。

アメリカメジャーリーグで大谷翔平選手がMVPを獲得するなど投打の二刀流で大活躍しましたが、大谷選手が試合中やその前後に見せる繰り返し行う動作、例えばグラウンドに左足から入ったりするなどのいわゆるルーティンと呼ばれるものが注目されたりもしました。ルーティンとは、一定の思考と行動の繰り返しであります。それを行うことで不安や緊張を軽減して、心を整え、集中し確実性を高める効果があるとされ、一流の選手の殆どには、練習中、試合の直前、試合中、試合後それぞれにルーティンが存在していると言われています。

仏身完成の修行においても、自身の本心を観じ、仏を念じるという一定の思考、自身が仏としての行動をするというルーティンを日々繰り返していきます。皆様も日々の生活の中で、仏身完成へのルーティンの実践を積んでみてください。（成松昇紀）

仏身円満

大覚は根本の五智十六智及び三十七智乃至塵数の仏智を具す　これすなわち一仏一衆生の徳なり（教王経開題）

【悟りには、中央の五智如来と十六大菩薩、及び金剛界三十七尊と諸仏の智慧が含まれている。これが仏と衆生の徳である】

◉最後の振り返り　「開題」とは、経典の題目の意義を解説し、それの根本となるものを提示することです。お大師さまはこれを多く残しています。千二百年以上前に書かれた文章ですが、大覚と呼ばれる悟りについて述べています。如来や菩薩、諸仏の智慧が悟りであり、それは仏や人々の徳につながるというのです。

仏教の難しい話は別として、この「徳」について調べてみると、辞書には「身についた品性。社会的に価値のある性質。善や正義にしたがう人格的能力。広く他に影響を及ぼす望ましい態度。すぐれた求道者。利益。もうけ」と書かれてありました。人間関係が希薄になっている今日、皆さまの毎日を思い出してみてください。

次の瞬間、急な病や事故であなたが仏の世界に行ったとして、何か一つだけでも胸を張れるものはありますか？　そして仏に、「これだけは一生懸命直そうと努力して、上手くいかなかったのです」と教えを乞うことができることはありますか？　現代の人々の多くは「恥」を忘れている人が多いように見受けられます。

この教王経開題の冒頭には四恩について触れられています。父母（実の親や世間すべての男女）、国王（統治者）、衆生（生きとし生けるもの）、三宝（仏・法・僧）の恩です。電話で顔が見えないからといってつっけんどんな物言いをしたり、人のありもしない噂を言ってみたり、嫌がらせ、いじめをする側、黙認する側になったりしていませんか？　空海は世の中のすべてについて思いやり、慈愛を持つこと、与えることを説き、それが諸尊の心、願い、宣誓であると書いています。

仏教は自分が変わることから始まります。

これが最終巻となりますが、最後に今一度、皆さまの日常に「すべてに少しでも思いやりを持てた一日だったか」と振り返るきっかけとなれば幸いです。

（伊藤貴臣）

仏身円満

如来恒沙の万徳は有為虚妄の相を離れ四種言説の境を絶すというと雖も然れども猶し無為の法の中に恒沙の妙徳を具足す（金剛般若経開題）

【如来の徳はこの世の姿を離れて言語を絶しているけれども、生滅変化しない悟りのさなかで不思議な徳を現している】

◉心で感じるさとりの世界　毎朝六時、本堂脇の梵鐘を百八つ打ち鳴らします。先日、近所にお住まいの檀家の女性が、「毎朝、お寺の鐘が聞こえてきて、今日もお祈りをしてくれているんだなぁと思うと嬉しいよ」と云ってくださいました。私は鐘を打つ毎に、「洪鐘晨響覚群生　声遍十方無量土　含識群生普聞知　抜除衆生長夜苦」と、偈文をお唱えして、仏さまのご加護がいただけるように祈念しています。

「百八」という数字の意味は、百八の煩悩ばかりを指すわけではありません。金剛界の曼荼羅の仏さまを表す数字です。大日如来から始まる五仏と四波羅蜜と十六大菩薩と十二供養の計三十七尊。これに賢劫の十六菩薩と外金剛部の二十天をたして七十三尊。さらに、五頂輪王（五仏頂）と十六執金剛と十波羅蜜と地水火風の三十五尊をたすと、都合、百八尊の仏さまとなります。まさに、十方に響く鐘の音は仏さまが現れることであり、仏さまのお声なのです。

私が好きな、金子みすゞさんの詩に、「蓮と鶏」があります。ご紹介しましょう。

「泥のなかから蓮が咲く。それをするのは蓮じゃない。卵のなかから鶏が出る。それをするのは鶏じゃない。それに私は気がついた。それも私のせいじゃない」

作者の優しい感性からからの気づきと、大いなる生命にたいする謙虚な姿勢がうかがえます。答えが出てはいないですが、いつも大きないのちの営みの中で育まれていることを共感できます。私は、鐘を打ちながら、悟りの世界からの仏さまがいつも寄り添ってくださっていて、いつも善き縁に恵まれて生かされていることを感じています。

「恒河」とは、インド、ガンジス河の砂のように無量無数ということです。実は、私たちが気がつかないところで、いつも仏さまは語りかけてくださり感じさせてくださっています。信心を凝らせば、これぞお導きと受けとめられるものなのです。

私も含めて、仏性を目覚めさせていただけるように、梵鐘を打ち続けます。

（阿部真秀）

仏身円満

法身は万法を含じて不生不滅　不去不来なり　故に是れを具足色身と名づくと云う（一切経開題）

【仏は全世界を呑み込み、生滅も去来もなく、物事のすべてに完備している身体である】

◉周囲を明るく照らしましょう

「瞑想をしたいのですが」「座禅はやっていますか」。お寺に宿泊されるお客様から、そのように声を掛けられることが多くあります。真言宗には阿字観という瞑想法がありますが、確かに「座禅」ほどには一般的に浸透している名称とはいいがたいかなと思います。わざわざ「阿字観ですね」と言い直すのも野暮な話なので、そこは「瞑想ですね」とサラッと流しておいて、実際に阿字観をする際にきちんと説明をするようにしています。

阿字観はその名の通り、心の中に「阿」字を観ずることです。真言宗のご本尊である大日如来様を表す梵字である阿を心の中に観ずることで、自身と大日如来様が一体であることを感得することがその目的となっています。と、偉そうに蘊蓄を語っていますが、私も高野山に上がってくるまで阿字観という言葉そのものを知りませんでしたし、その概要を教えられた当初は雲をつかむように捉えどころのない話だなという感想を抱いたのが正直なところです。

更に詳しく述べますと、大日如来様はこの宇宙そのものをあらわしている仏様で、宇宙そのものであるがゆえに生まれることもなければ滅することもない不変の存在だとされています。宇宙イコール大日如来様であるがゆえに、その宇宙から生まれ出たあらゆるものは大日如来様を形作る、いわば細胞の一つ一つなのです。もちろん、それには我々人類も含まれます。

いかに仏様の分身とはいえ、やはりこの世界に実際に肉体をもって生きている以上は様々な悩みや苦しみから抜け出すことは難しいと思います。ただ、そうした苦難を乗り越えたからこそ、手に入るものがあります。言葉にしてしまうと陳腐ですが、悩みを抱える人を仏様の光で照らせるのは、同じ悩みを乗り越えた人をおいていないと思います。誰かを照らす光となるために、時には自分自身を見つめなおしながら阿字観をされてはいかがでしょうか。

（髙田堯友）

仏身円満

薄伽梵大師　悲あり智あり　達磨の妙宝を筏とし船とす　体は空に冥《かな》うて不二なり（性霊集六　藤大使願文）

【仏陀には、慈悲と智慧があり、仏法の宝を渡す筏であり、船であり、身体は空そのものである】

◉僧侶としての本分

「空《くう》」という言葉を聞くと一番に頭に浮かぶのは般若心経です。般若心経はお経全体を通して、仏教の基本である「空《くう》」の思想について解説がなされています。また、宗教史上において仏教が掲げた最もおもしろい概念は「空《くう》」であると言えます。もっとも、「空《くう》」という語自体は仏教が編み出したものではなく、インドではごくありふれた語のひとつでした。

「身体は空《くう》そのもの」といわれても、「空《くう》」は「無《む》」ではありません。自分は確かにそこに存在しており自分であって他者でないことを意識して行動します。日常生活のレベルにおいては、人として生きていくために自己の確立とか自己形成はとても大切なことです。般若心経ではまず、観音菩薩は「五蘊《ごうん》」には実体がないと説かれています。五蘊には色《しき》・受《じゅ》・想《そう》・行《ぎょう》・識《しき》という五つの要素があり、これらは人間の意識のもとになるといわれています。つまり、人間の肉体や感じること、思うこと、行うこと、認識することには、すべて実体がないというのです。

そして、観音菩薩はさらに、「形あるすべてのものに実体がないのであれば、その反対に、すべてのものはあらゆる形をとることができる」と説かれております。それは人間についても同じことがいえる、といいます。簡単にいうと、「空」とは「枠」がないといい替えられます。世界地図を眺めてみると国ごとに線が引かれております。これは元々書かれてあったのか？　そうではなく人が国という「枠」を決めたから書かれたものです。「枠」がなければ自由に往来可能でなにものにも煩わされず開放された自由な空間の広がりがあるということなのです。

私たち僧侶が仏様の慈悲と智慧の詰まった仏法を渡す筏となり、身体を空そのものにして多くの人に届ける義務があると私は感じております。

（千葉堯温）

三曳《さんえい》の自性は他に因って造らず　一同の本覚は何ぞ縁を待って起らん（性霊集六　藤大使亡児）

【仏の平等性は他の力によるのではない。もとから具わっているから、他の縁によって悟るものではない】

◉わたしより……　私はあの人より……。私たちは自分自身を確認するために他と比較してしまう生き物です。「私」は石や木と違い、自分で動くことができる「動物」であり、他の動物と違い、二足歩行で言語を使い社会性を身に着けた「人間」であり、その人間の中でも、男性であり、お寺で暮らし、僧侶であり……と。「私」を認識するには他との比較でしか「私」が理解できないのです。

「私」を確立するために比較してしまう事は、普段の生活のなかでも起こります。私はあの人より楽しい時間を沢山過ごし、私はあの人より楽な人生。だけれども、私はあの人よりは忙しく時間に余裕がなく、私はあの人よりは大変な人生。普段、何気ない生活の中でも自分の立ち位置を確認するために誰かと比較し、誰かと競う心を持ってしまいます。しかし、それが本当の自分を映し出しているものでしょうか。それは、誰かを意識した中の自分であり、誰かとの比較の中で認識している自分の姿なのです。だから、比較する対象によって、自分の姿を見誤ってしまいます。私たちは誰一人として同じ存在がない、唯一無二の尊いものなのです。誰かと比較してもどこかは勝り、どこかは劣る。だからこそ、自分を認め、他を認め、違いを認める。それは、皆違うが、それは皆同じということなのだと思います。

私たちの幸せも同じでしょう。「あの人より……」は本当の幸せではありません。ただの比較した姿であり、本当の幸せとは違います。あの人の幸せはあの人にしかわからず、私の幸せは私自身しかわからないのです。私の幸せは私の中にあり、それは誰かとの比較の中にあるものではないのです。

人は自分の存在を確立させるために他と比べてしまいます。それは、私たちの性なのですが、それは違いを認めることであり、存在の優劣を決めるものではないのです。みんな違ってみんないい。仏さまの心とはきっと皆尊く、皆素晴らしいと感じられる心のことなのだと思います。私もそうありたいと願っています。

（岩崎宥全）

仏身円満

法性の身塔　奇なる哉　皇《おおい》なる哉（性霊集七　奉為四恩）

【大日如来の出現は、なんと不思議なことか、なんと巨大なことか】

◉お大師さまの涙　お大師さまは『聾瞽指帰』において、菩提心を発して修行する必要があることを強く主張し、「十地の菩薩の長い修行を瞬時にことごとく修め尽くし、三劫を究め円かにすることは困難なことではない」と著し、得度（二十五歳）しました。大柴清圓師『空白の七年の真相』（大遍照院）によって、得度後は大安寺で沙弥行を行い、受具足戒（三十歳）後、入唐したことが明らかになりました。帰国後、四十代後半で「谷不惜響、明星来影」の『三教指帰』序文を著します。これは『聾瞽指帰』著作前のお大師さまの悉地成就体験と考えます。つまり、「十地の菩薩の長い修行を瞬時にことごとく修め尽くし」とは実際の経験譚を著していて、お大師さまは『聾瞽指帰』著作（二十四歳）までに不退転の菩薩の境地を体得していたと考えられます。この境地は、二乗の境界を度し、一切衆生を救済しようとする大乗の菩薩です。

お大師さまは兜率天に向かうと言い、お釈迦さまを目指しています。お釈迦さまは兜率天から降りて、衆生救済のために法を説いた仏です。お大師さまは、右の名言に続けて、「人々がもっている仏になる性質にもとづいて悟りを得ようと自覚し、仏になることに思いを致したが、悟りを開く方法を知らずに迷い、何度か泣いた。その心の真に如来が感応して、密教の教えを得たが、経典を読んでも理解出来ず、中国を尋ねた」と著しています。お大師さまが「思いを致した」仏とはお釈迦さまを指し、得ようとした悟りとは、衆生救済のための法です。お大師さまは『聾瞽指帰』著作時、すでに衆生救済を行うことを目的としています。したがって、悟りを開く方法を知らずに迷い、流された涙は、お大師さまが私たちを救済するために流された涙となります。この涙によって得た密教の教えは、衆生救済のための法です。お大師さまの入唐とは、私たちを救済するための求法であったと言うことができます。

お大師さまが悟りを得ようとして涙を流さなければ、如来が感応せず、入唐がなく、私たちの救済はありません。お大師さまの出現は、大日如来の出現と同じく、「なんと不思議なことか、なんと巨大なことか」と私は思います。

（細川敬真）

仏身円満

体用《たいゆう》大いに奇なるは我が大師薄伽梵《ばかぼん》その人なり（性霊集八　弟子僧真体）

【容姿も動作もまったく稀有なる方は世尊その人である】

◉お寺と荘園

シャクソン家では今日も活発な仏教談義が交わされています。

マイケル「薄伽梵って、天才バカボンみたいな呼び方だね」

ジャネット「『天才バカボン』の名前もそこから着想を得たって説があるらしいわよ。いちおう本来の意味を言っておくと、ここでは大日如来のことね。弘法大師の弟子の真体さんが、妹の四十九日の供養として神護寺に料田、つまり土地を寄進したときに、弘法大師が願文を書いたんだって。そこに出てくる一節よ」

マイケル「お、その料田って、いわゆる荘園ってこと？」

ジャネット「そういうことになるんじゃないかな。で、この文章の概要は……」

マイケル「どれぐらい寄進したのかな」

ジャネット「えっと、その願文には、土佐国の久満と田村の荘、美作国の佐良の荘、但馬国の針谷の田とあるわね。それよりこの名言の意味はね……」
マイケル「なんで真体さんはそんなに土地を持ってたの？」
ジャネット「真体さんは和気氏の一族だったらしくて、神護寺も和気氏の氏寺だから、元々ゆかりがあったのよ。で、話を戻すと、大日如来は様々に姿を変えて……」
マイケル「じゃぁさ、昔のお寺ってのは、けっこう荘園を持ってたんだね」
ジャネット「あ・の・ね！　『空海散歩』の読者さんは弘法大師の教えに触れたいの。荘園とかそういう下世話な話には興味がないんだから」
マイケル「でもさ、立派な教えを説いたって、それを支える経済力がないとお寺はつぶれちゃうわけだろ。荘園制度だっていつまでも続くわけじゃないよね」
ジャネット「だいたい応仁の乱まででって言うわね。戦国時代に大名の力が強まって寺社を圧迫し、秀吉の太閤検地で一網打尽にやられたらしい」
マイケル「そしてその後にできた檀家制度も、今や岐路を迎えている」
ジャネット「葬儀離れとか墓じまいとか、お寺の未来はなんだか厳しそうね」
マイケル「でも、そういう時代だからこそ、弘法大師の教えに立ち帰らなきゃね」
ジャネット「どの口が言ってんの？　まずはあんたが立ち帰りなさいっ」

（坂田光永）

仏陀

梵行を以て身を固め慈心物を済《すく》う　覚華外に照らし智炬《ちきょ》内に明らかなり（真言付法伝）

【清らかな行為と慈悲の心で人々を救い、仏に照らされて人々の心を明るくさせる】

◉**徳島の功労者・山西庄五郎**　私が数年前、鳴門市近郊の山越しの道を車で走行中に、カーナビを見ていると標高一五〇メートルの山中に、仙龍寺《せんりゅうじ》との標示を見つけました。金光山《きんこうさん》と呼ばれるその山の麓に行くと、寺へ上《のぼ》る参道沿いに昔の趣を残す新四国八十八霊場の石堂が建立されていました。山を拓いての整備はどれ程の労苦だったかと思いをはせながら四十三番明石寺《めいせきじ》迄を参拝し、次の岐路を左に曲がると漸《ようや》く仙龍寺に辿り着きましたが、本堂は経年損傷が激しく本尊不在の状態でした。しかし徳島を築いた歴史と関係する寺縁起から、私は仙龍寺が現存する価値を見出せました。

時は江戸時代、徳島を東西に流れる吉野川は度々氾濫し、流域では米作が難しく台風前に収穫できる藍畑が奨励される程でした。そこで江戸末期に鳴門を拠点としていた廻船問屋、山西庄五郎《やまにししょうごろう》は、鳴門の塩や良質の藍玉を大坂や江戸に売り込み、その利益で、不足しがちだった米と藍畑に必要な鰊《にしん》の肥料を大量に仕入れ、人民の生活を潤し、さらに利益還元の為、山西家一族をあげ鳴門を見下ろす金光山に、商売繁盛を司る神を祀る聖天宮《しょうてんぐう》や、嘉永七（一八五四）年に海上安全、海難事故者供養の為の仙龍寺を建てられたのです。これは人民の悲願を受け止め、苦難から救済へ渡し導き、遍《あまね》く世を照らす法《おしえ》を行き渡らせるたいへんな慈悲行です。

仙龍寺は、ずっと人々の心の拠り所だったのでしょう。境内では、地蔵袈裟が定期的に新調されている六地蔵や、海難事故等で亡くなられた方の為、祈願された数え切れない程の石仏群が柔和な表情をたたえています。残念ながら本堂は修復困難ですが、当時淡路の船頭《せんどう》より、本堂天井画として奉納された花鳥図は、地元の大学に常設展示され、山西家の功績を広く知らしめています。わざわざ大坂から仏師を招き造らせたという、本尊千手観音（現在は有縁の寺院で安置）は、どれ程多くの人のこころを受け止めてこられたことでしょう。令和二年、お釈迦さまご生誕の四月八日に訪れると、本堂前のしだれ桜が満開でした。花にも喩《たと》うべき真実の悟りは世間の闇を照らし、智慧の灯は人々の心を明るくしたのです。

（村上慧照）

狂毒自ら解けず医王よく治す　摩尼自ら宝にあらず工人よく瑩《みが》く　いわゆる医王と工人とあに異人ならんや　我が大師薄伽梵《ばがぼん》その人なり（宝鑰第三）

【猛毒に犯されれば自分では治せず医者が処置する。宝珠は自然のままでは輝きがないから職人が研磨する。仏陀とは、心の病気を治す医者であり、心を磨く職人である】

◉修行の最後、仏具を磨く　高野山でお坊さんになるためには百日間の修行をします。修行中は朝から晩まで仏さまを拝みます。百日かけて仏さまを拝んだ後の最後の行は仏具磨きです。これは正式な修行カリキュラムには含まれていませんが、どの道場でも自分が使った仏具を磨き上げ、道場の掃除をするところまでが修行です。

仏具を磨くのは中々の重労働です。私は一日では終わらず、二日ほどかけて取り組みました。密壇の上にある六器や香炉や五鈷杵、燭台、花瓶などの仏具類を全て水洗いし、その後に金属類を磨く専用クリーナーで磨いていきます。磨く前にはそんなに汚れていないと思っていた仏具も、磨き始めると少しずつ本来の輝きが見えてきます。

磨いてみて初めて、元の状態が汚れていたことに気がつくのです。一部分がピカピカになってくると磨くのが楽しくなってきます。磨いているうちに次々と汚れている部分が目につくようになりますし、仏具が全てピカピカになるのを早く見てみたいという気持ちにもなります。百日分もの手垢や護摩の煙がついた仏具を無心にゴシゴシと磨き続けます。そのうちにだんだんと疲れてきて磨くにのにも飽きてきますが、途中で投げ出すわけにもいかないのでキレイになるまでひたすら磨き続けます。

さて、この「仏具」という言葉は「あなたの心」という言葉にも置き換えることができます。私たちはみな宝珠の如き尊く美しく清らかな心を持っていますが、汚れた状態が本来の状態だと思い込んでいるのです。磨き始めるまでは、磨くと輝くものだということにも気がついていません。ピカピカに磨かれた球はあなたを取り巻く世界をありのままに映し出しますが、汚れた玉は歪んだ世界を映し出すか、その一部分だけしか映し出すことができません。

仏陀の教えに触れることで、あなたの心の中にある貪瞋痴の毒が取り除かれ、光輝く宝珠の存在が感じられるようになります。しかし、玉を磨くことができるのは世界でたったひとり。あなただけなのです。

（小西凉瑜）

仏は医王の如く　教は方経の如く　理は妙薬の如し（宝鑰第四）

【たとえてみれば、仏は医者であり、仏の教えが医学であり、仏の実践は薬である】

◉お釈迦様からもらった診断書　多くの医師は生涯かけて疾病の解明と対治に全身全霊を尽くし取り組むのです。疫病流行になれば、なおさら己を捨て命がけで、自身の安否を後まわしにしてまで人命救助に勤しみます。世間の良医は、実に慈悲と智慧を兼ね備えた人達とも言えるのではないでしょうか。

ブッタは『雑阿含経』で、優秀な医者になる条件として、以下の四つを備えるべきだと説きました。一、病いを正確に診断できる。二、発病の原因を知っている。三、治療法や治療薬を知っている。四、治癒後は二度と再発させない。つまり、良医は患者の疾病を診療する時点では、必ず「病状、病因、治療法、健康態」の四つの事情をうまく把握すべきだというのです。

しかし、果たして世間の良医は、一切のしつこい病いを根っこから完治し得るのでしょうか。話によれば、春秋時代の神医扁鵲は、意識不明の虢太子の命を救ったほどの起死回生術を持ちながら、病膏肓に入ったほど重体の斉桓公に対しては、為す術もなかったそうです。事実上、医療の技術が極めて発達した昨今でも未だ叶わぬ理想ですす。また、世間の名医達は、凡夫の貪瞋痴三毒の煩悩を、果たして治癒し得るのでしょうか。こればかりは、「大医王」ブッタの出番になりましょう。

釈尊は初転法輪の時に説いた「苦、集、滅、道」の四諦法は、仏教の中にある最重要教理とみなされます。これを医学と引き比べると、苦＝凡夫の現実の状況（病状）、集＝現実の苦の原因（病因）、滅＝自覚ある理想な状態（健康態）、道＝理想への手段、方法（治療法）という関係性が成立します。釈尊の一生涯は、もっぱら四諦法をめぐって教化を展開してきたとも言えます。

もし医師の治療に協力せず、時間通りに服薬しなければ、医師の医術がどんなに高度でも、なす術がないはずです。それと同じ、もし我々は仏法を聴聞し、生老病死の根本や生死を解脱するための種々の法門を知っておきながら、実践しようとしなければ、たとえ大医王の無上法薬を有しても、三界火宅での無休息の輪廻の苦報を免れることができないでしょう。

（洪涛）

如来は実の如く実義を知りたまえり　このゆえに大覚と号す（吽字義）
【仏はこの世の真相を把握されているから、偉大なる覚者と呼ぶ】

◉音曼荼羅の世界（宗歌いろは歌の響き）

色は匂へど散りぬるを（諸行無常）
我が世誰ぞ常ならむ（是生滅法）
有為の奥山今日越えて（生滅滅已）
浅き夢見じ酔もせず（寂滅為楽）

朝、目を覚ましますと鳥のさえずりが聞こえ、各お寺からは梵鐘の音が響き渡り、風が吹き、木々の枝葉がこすれ、お堂からは読経の声が漏れてきます。車の音が激しくなる頃は、登校する子ども達の笑い声や参拝者の話し声が騒音に混じり、八時を知らせる音楽が山中に響き渡ります。今日もこうして高野山の一日が始まります。

私たちの世界は、たくさんの音で溢れかえっています。そんなたくさんの音の中からふと、仏さまの説法を聞けることがあるのです。

音は空気の振動で、その音一つだけでは私たちは意味を理解する事は出来ません。しかし、その音を旋律に乗せたらメロディーとなって心に響き渡ります。そのメロディーに言葉を添えたら、もっともっと意味が理解できるようになります。一つで存在していればただの音、ただの文字も、組み合わせによって深い深い音楽となり、深い深い法《おしえ》になるのです。

同じ平仮名が重ならず、そこにお釈迦さまの法である涅槃経の四句の偈の教えが説かれている「いろは歌」は、私たちは信仰からお大師さまの作として、高野山真言宗の宗歌としています。このいろは歌の響きを感じながら、私たちはお大師さまの教えを実践しなければいけません。

「目先の快楽だけにとらわれず、まさに今日、目覚めなさい。私たちの生かされているこの世界こそが大日如来の曼荼羅世界なのです」と、お大師さまは説かれているのです。

（加古啓真）

仏陀

仏とは梵語の略なり　具には没駄《ぼだ》といい翻じて覚者という　覚とは不眠を覚と名づけ開敷を義となす　また常明の故に　照了の故に　如実知見の故に（大日経開題　法界）

【仏とは梵語の略でボダと発音し、覚者と訳す。覚には、眠らずに見開き、常に明るく照らし、正しく見聞するという意味がある】

◉荘厳されたみ仏の世界　お真言密教を開創されたお大師さまは、誰もがこの身このままで悟りを開き仏様に成れるという「即身成仏」を説かれました。

真言宗のお寺では、道場に仏像、種々の法具、曼荼羅などを荘厳して宗教儀礼を通して人々を密厳浄土という仏様の世界へと導いていきます。法要を修行する時は道場内を特にきらびやかに荘厳をします。色彩豊かなお花を供え、幾種類ものお香を焚き、宇宙に遍満する仏様の世界を表現します。また声明などをお唱えして、目や耳から感じとるものを通して私達の持っている仏性を目覚めさせます。本来私達と仏様は根本は一体であり、遠き存在ではなく傍に居られるという自覚を起こすのです。

須弥壇の左右には曼荼羅を掲げ、密教の悟りの境地である宇宙の真理を表現します。右側の胎蔵界曼荼羅には中央に大日如来、その周りには様々な如来、菩薩、明王、諸天の神々、餓鬼の姿も描かれています。中央の大日如来はそれぞれの役目の仏様に変じて人々を導いてくれます。仏様の世界は須弥壇中心に灯されている常灯明によって、昼夜を問わず途切れることなく照らし続けられています。

一方お導師は中央の壇に登壇して、三密の修法をします。大壇の上に用意されている様々な法具は、その形や、作法中に耳に入る音色で私達の煩悩の迷いを払い、菩提心を驚覚させるものであり、仏様と共に不二一体の世界に誘います。

私達は日頃煩悩に迷い、本来見えるものを見落としがちです。仏性を覆い隠している様々なものの存在に気づき、仏性を意識して日々を生きるということが大切です。荘厳されたみ仏の世界に少しの間身を置いてみて下さい。

お寺の行事に参加し法話など聴き身近に出来る三密行をすることで、ご自身のみ仏の存在に気づかれることと思います。

（天谷含光）

一切の賢聖　一切の凡夫に各々分覚あり　然れども未だ究竟せず　如来は両覚円満し洞達するが故に大覚という（大日経開題　法界）

【聖者や凡夫にはそれぞれの悟りがあるが、まだ究極ではない。如来は完成した悟りに達しているから大覚という】

◉大日如来のパーソナリティ　人間と同じように仏様のパーソナリティも多種多様です。それを身体という観点からグループ分けしたのが仏身論です。大乗仏教においては成仏が最終目標であるため、仏身論は極めて重要な問題でした。もちろん、それまでの部派仏教にも釈尊の身体を生身、釈尊が説いた正法を法身《ほっしん》とする二身説がありましたが、大乗仏教では宇宙の真理そのものである法身、修行して悟りを得た報身、衆生済度のために人間界に出現した応身に分類する三身説を始め、四身説、五身説、六身説と、その分類法はどんどん多様化していきます。今、三身説の具体例を示せば、奈良の大仏で知られる毘盧遮那仏《びるしゃなぶつ》などが法身、法蔵菩薩が作仏した阿弥陀仏などが報身、浄飯王《じょうぼんおう》と摩耶夫人《まやぶにん》の子として誕生した釈迦牟尼仏などが応身に該当します。

さて、真言宗は大日如来を根本仏とし、一切諸仏の本地と位置付ける宗派であるため、仏身論も極めて独特です。姿形のない真理そのものである法身が説法を行うとしている点は、その具体例と言えるでしょう。ただし、この法身説法説については、真言宗内でも古義と新義で大きく見解が分かれています。

空海は自性身、受用身、変化身、等流身の四種法身説を掲げ、法身自体がそのまま説法すると位置付けていますが、新義の頼瑜《らいゆ》や聖憲《しょうけん》は、説法するのは四身の内、受用身、変化身、等流身の加持身であり、自性身は本地身であって説法しないとする加持身説法説を主張しています。

『遺教経《ゆいきょうぎょう》』には「我は良医の病を知って薬を説くが如し。服す服せざるは医の咎《とが》にあらず」として、仏を医師、法を薬、患者を衆生に譬え、薬の服用は患者の自己責任であると述べられています。たしかに処方された薬を服用するのは、医師への信頼があってのことです。仏様のパーソナリティを知ることは、受診する医師の専門分野や能力を知ることにも等しく、まさに信仰の第一歩と言えるのではないでしょうか。

（愛宕邦康）

仏とは具《つぶさ》には没駄《ぼだ》と云う　是れ正覚正知の義なり　実の如く過去未来現在の諸の衆生数　非衆生数　常無常等の一切の諸法を知って明了に覚知するが故に仏と称す（大日経開題　衆生）

【仏とはボダと呼び、正しく知って悟るという意味である。過去から未来への生命や鉱物の数、恒久や変化の法則を明瞭に認識しているから仏と称される】

◉私たち一人一人が持つ素晴らしい長所　平成二十九年十一月三日、東京都千代田区にあります日本武道館に於いて、第六十五回全日本剣道選手権が開催されました。この大会は、数ある剣道の大会の中でも最高峰です。私はご縁を頂いて、この大会を観に行くことができました。大会が開催される中、ある一人の選手が試合を終えて会場から出て来られました。その選手は当時茨城県代表として出場されており、中学生の時には個人で日本一にも輝かれた有名な選手でした。私はその時にたまたま、お会いすることが出来、色紙にサインを書いて頂きました。どのような言葉を書いて頂けるのだろうかと楽しみにしておりますと、このような言葉を書いて下さいました。

「我以外皆我師」。この言葉は宮本武蔵の遺した言葉です。どのような意味かと申しますと、自分以外の人やモノ、それらは全て自分に何かを教えてくれる存在であるというのです。現在、日本全国には沢山の人々が暮らしています。人は皆違います。それぞれに個性があり、素晴らしい長所が必ず存在するのです。その相手の長所を敬い、見習うということが大切なのです。首題のお言葉もまた、これに通ずる意味を持ったものであると私は考えます。仏とは鉱物の数や、恒久や変化の法則を明瞭に認識しているから仏と称されるのであるとお大師さまは仰られています。この世のありとあらゆるもの全てを知るということは不可能に近いことかもしれません。しかし、人には必ず何かしらの長所があります。自分の長所を見つけて、その長所を伸ばしてゆけば、やがて自分自身の絶対的な武器となります。

　密教でも曼荼羅の諸尊は皆異なったお姿をされています。そしてそれぞれに素晴らしい特長があるのです。私たちにも同じことが言えます。私たちもまた、それぞれの長所を活かし、認め合うということが仏様の世界ではないでしょうか。　（杉本政明）

仏陀

仏は忍辱の鎧　精進の甲《かぶと》をもって持戒の馬に乗り　定の弓　恵の箭をもって　外には魔王の軍を催《くだ》き　内には煩悩の賊を滅す　故に仏と称するなり

（大日経開題　衆生）

【仏は、忍耐の鎧、努力の兜、規律の馬、瞑想の弓、智慧の矢によって、外敵の軍隊を砕き、内面の煩悩を滅ぼす。それゆえに仏と称される】

◉瞑想の魔法　この詩には五つの武器が登場します。その武器が的を狙うもの、それは人間なら誰しもが抱く怒り、不安、恐れ、悩みなどのいわゆる煩悩と呼ばれるものです。我々はこれらの煩悩を起こさない日はありません。これらを消滅させるために、お大師さまは忍耐と努力、規律と瞑想、そして智慧が必要だと述べておられます。これらの武器が存分に発揮された時、我々は煩悩という「敵」を滅ぼし、自由になることができます。

今回は、四つ目の瞑想を中心にお話ししたいと思います。私は、現在高野山大学の学生として日々密教の勉強に励んでおります。そんな私は不安障害という精神疾患を持っています。それにより、授業中に人の目や人の動き、雑音や蛍光灯の光が気になり、それらの影響によってパニック発作を起こすことが度々あります。これでは勉強どころではなくなるため、授業前にはパニックにならないかという予期不安が襲います。そんな私が日常的に心がけているのが、瞑想です。

私が行っている瞑想は密教瞑想などの高度なものではなく、ただ座って呼吸に意識を向ける呼吸瞑想です。これを朝学校に行く前に最低五分行っています。不思議なことにそれだけでその日一日が調子良く、不安やパニックが起きてもコントロールできるようになります。

瞑想は一見簡単そうに見えて難しい「修行」です。忍耐と努力が必要です。また瞑想をする時間や場所を設けるための規律も必要です。そしてそれらは最終的に仏の智慧へと変わります。煩悩によって遮られていた道が智慧によって自分の力で切り開くことができます。皆さんも、一日一回落ち着いて座って自分の心を観察する時間を設けてみてください。最初はなかなかできないかもしれませんが、継続することによってきっとそれはあなたを仏の世界へ導く智慧になるはずです。

（草野叶南）

仏陀

如実智を以て過去未来現在の諸の衆生数　非衆生数　常無常等の一切の諸法を知って明了に覚知するが故に仏を称して覚者と為すなり（大日経開題　降崇）

【真実の智慧によって、過去から未来への生命や鉱物の数、恒久や変化の法則を明瞭に知っているから仏を覚者と呼ぶ】

◉私の夢とお釈迦さま

私は生き物が大好きで、生物学者を目指していました。博物館などで実物を見るのが大好きでした。あるとき私は『竜のはなし』という宮沢賢治が書いた本を手に取りました。もともと恐竜やおとぎ話に出てくる龍が好きだった私は何回も読み返しました。「強靭で激しい毒を持った龍が自分のこれまでの悪行を懺悔して、善行を誓う」というのがこのお話のあらすじです。この龍は自分のことをも投げ捨ててまで善い行いをしたので死後に天の世界に生まれ変わりますが、のちにお釈迦さまとなってたくさんの人々を幸せにしたと書いてあり「お釈迦さま」という存在を知るきっかけになりました。このお話のすごいところは「この話はおとぎ話ではありません」と筆者の宮沢賢治が言い切っているところにあります。

主題の名言にもありますが、過去から現在に至るまでの生きとし生けるものや鉱石などの無機物、因果や縁起の諸々の法則にいたるまで明確に把握しておられるうえで仏様を真理に目覚めた「覚者」と我々はお呼びするのです。仏様は何でもご存じです。私たち人間のことも、動物や植物、鉱物のことも縁起の法則もみんなご存じなのです。お釈迦さまが人々に合わせて仏法を説くという対機説法を得意としたのも、このような背景があったからかもしれません。お釈迦さまは人の素質や悩み、疑問に合わせて真理を示されました。生き物もそうでないものも、大事に考えられていたお釈迦さまはやはり素晴らしいお方です。生物学者を目指していた私も今では高野山大学で密教の勉強をしています。高野山にはたくさんの生き物が住んでいますが、高野山にしか生息していないとされる生き物や植物もいます。私は将来、人を助けられるようなお坊さんになろうと思っています。生物学者を目指していた幼いころの自分とはまったく違う道を歩もうとしていますが、この高野山で夢を叶えたいと思います。（中山皓貴）

仏陀

如来は正覚円満洞達するが故に大覚という　因縁所生の覚に非ず　是れ法然所得の覚なり（大日経開題　降崇）

【如来は正しい悟りを完全に達しているから大覚という。原因によって得た悟りではなく、もとから具わっている悟りである】

◉太陽のようで太陽ではない　ここに出ています如来は、大日如来と理解してください。出典の大日経開題では、大日経の中に説かれる大毘盧遮那仏すなわち大日如来はどんな仏さまなのか、またその働きはどんな働きなのかが説明されております。

まず、大日如来の正しい悟りですが、のちに悟られたのではなく、もともと正しい悟りをもって存在しておられるのです。その正しい悟りというのは、自身だけの悟りではなく、他を悟らせ他に悟りの行を行わせる働きもしておられるのです。だから「悟れる者を大覚という」（声字義）とか、「実の如く実義を知る」（吽字義）とか述べておられます。大日如来を意味しています。

また、大毘盧遮那仏については、漢訳に「除暗遍明（闇を除きくまなく照らす）と訳されており、これ日の別名なり」と述べられ、これは単純に太陽をさしているのではないと言っておられます。それは、太陽は、「外を照らす日は内を照らさない、日が一辺にあれば、一辺には日はいたらない」と違いを述べられ、「如来の智慧の日光は、一切所に遍じて（到らないところがない）、大照明（太陽のような恵みの光）を作す。内外・方所（十方）・昼夜の別あることなし」と、また「如来の日光も、法界に遍じて、平等に無量の衆生の種々の善根（善いことに目覚める）を開発したまふ」と。これは、大日如来について述べておられるのですが、どの仏さまも同じ働きをされています。全てが大日如来に通じています。

私は、生まれた時から阿弥陀如来と一緒です。深いご縁をいただいて生まれてきたのです。子どもの時から親しみ念頭から離れないから、いつも護られているという安心があります。日頃、落ち葉を拾っても、草抜きをしても、供花をかえても、仏飯を具えても、何をしても阿弥陀さまはもとより、ご縁の神仏みなさまを行住坐臥に念じながら暮らしています。「円満洞達」していただいています。いつもお陰をいただいていることに感謝し生かされています。ありがたいしあわせです。

（野條泰圓）

仏とは有漏の五蘊《ごうん》等の身を捨てて　無漏の五蘊等の微細《みさい》の身あり（秘蔵記）

【仏とは、崩れて腐る身体ではなく、苦しみの無い永遠不滅の身体である】

◉お釈迦様は人間であり正覚を得られて仏陀となられた　佛教開祖のお釈迦さまはインドの北部のヒマラヤの麓、カビラ城の王子としてお生まれになりました。今から約二千五百年前のことであります。父君を浄飯王、母君を摩耶と申します。お生まれになったところは、母君が里帰り途中のルンビニーの花園であり、四月八日でありました。お生まれになると直ぐ、六歩半お歩きになって、「天上天下唯我独尊」と、天地の恵みを一身に受けて、一人の人間としてこの世に生を受けた喜びと尊さをお叫びになったのであります。

お釈迦さまは、種々の悩みと矛盾に苦しまれ四苦八苦されました。人間は何故に苦しまねばならないのか。この苦悩を解決しようと王城を出られたのが二十九歳の時であります。これを出家と申します。

それから六年、ウルベーラの森にこもり苦行を重ねたのでありますが本当の覚りを得ることができなかったのです。お釈迦さまは森を出て乙女の捧げる一杯の牛乳によって力づけられ、生気を取り戻したのであります。

「自分は真実の道を全うすることができないならば、再びこの座を立たないであろう」と決心され、煩悩との戦いと真実への道を静かに考えられ、ついに正覚を得られて、仏陀となられたのであります。時は三十五歳の十二月八日のことであります。今も聖地ブダガヤには、二千年前アソカ王によって建てられた大塔が、菩提樹に囲まれて聳え立っています。

仏陀となられた釈尊は七日間、菩提樹下で覚りの境地にひたっておられたのでありますが、そこに天から声があったとのことです。「世尊よ、法を説き給え、あなたが法を説かないならば世は滅びる。多くの人に法を説き与えよ」との梵天の声があり、意を決せられた釈尊は、いよいよ布教の旅に出られることになりました。お釈迦さまの布教の旅は八十一歳の二月十五日ご入滅まで四十五年間続けられました。釈尊の御生涯は、波乱に満ちたものであります。苦悩と葛藤、そして妻子との別離、六年間にわたる苦行、それは言語に絶する人生との戦いであったと申せましょう。（安達堯禅）

天竺には米粒を呼んで舎利となす　仏舎利もまた米粒に似たり　是の故に舎利という（秘蔵記）

【インドでは米粒のことを舎利という。仏舎利もまた米粒に似ているから舎利という】

◉一度は是非とも参拝したい日泰寺　皆様、名古屋市の覚王山「日泰寺」をご存じですか。仏教徒にとってあこがれの釈尊「仏陀」の真骨「仏舎利」が祀られています。日本には二百以上の仏舎利寺があると言われています。しかしこの日泰寺は、専門家達が認定する日本で唯一の仏舎利を祀るお墨付きの寺院です。

インドにおいては遺骨がお米と似ているので舎利と呼んでおり、特にお釈迦様の遺骨は「仏舎利」と呼ばれて大変貴重なもので重宝されています。

近代（一八九八年）、インドで古墳発掘中にお釈迦様の墓跡で骨壺が発見されました。学者達によって真骨と認定され、世紀の大発見として全世界から大いに注目されました。それはまたお釈迦様が実在したことの証明にもなり、私共仏教徒にとっても大変喜ばしくて貴重な発見になりました。

私共仏教国の日本も本物の仏舎利の大発見に注目し、当時タイの大使館におられた稲垣満次郎氏がお釈迦様の遺骨をぜひ日本にも分骨していただきたいと奔走され、タイの国王より仏舎利と共に、ご本尊になる釈迦如来像も下賜されました。

仏舎利を祀るお寺をどこにするかは大いに議論されました。京都を筆頭に東京、静岡、奈良、大阪、高野山等の有名寺が候補にあがっておりましたが、結局名古屋地区で有志達による十三万坪の土地の提供があり、四千六百軒という日本一寺院が集まる徳川家ゆかりの尾張名古屋に仏舎利寺の建立が決定されました。

大正七（一九一八）年に無宗派として覚王山日泰寺と真骨を祀る泰安塔が建立され、地元の財界がベースとなり、十九の全宗派の管長達が交代で管理・運営されています。

仏教徒のシンボルであり、心のふるさとでもある釈尊が眠られるお寺です。皆様も一度は是非、仏舎利を祀る覚王山日泰寺へのご参拝をおすすめします。

（井本全海）

仏を平等慧と称す　四生の父母なり（宗秘論）

【仏を平等の智慧と呼ぶ。あらゆる生命の父母である】

◉宇宙はみ仏のお身体です　オギャーとこの世に生まれた時から誰もが等しく、み親である仏様の智慧を内在しているのですが、人間の始まりは誰もが等しく智慧の無い存在です。仏教ではこれを無明と言いますが、そこから始まるのです。

智慧とは実質的なものを知る知恵と違い、即座にものごとを解決し最善を選び取る能力です。仏典には色々な智慧が説かれてきましたが、智慧の中の究極の智慧を一切智智と言い、これが大日如来の持つ智慧で覚りの世界です。

大日経の中で金剛手菩薩が大日如来に、如来が一切智智を得た原因は何ですかと質問をしますと、それは覚りを求める心を起こす事、即ち菩提心だとお答えになります。では菩提心を育てる根っこになるものは何ですかと問いますと、それは大慈悲を持って人々を救済していく意思だとお答えになります。

では一切智智の究極の世界は何ですかと質問いたしますと、それは方便、即ち方法が大事だという事、救済する意思があってもその方法を知らなければ救けられないという事です。

金剛手はさらに覚りとは何ですかと問いますと、答えて曰く、それは独り人間に限らず胎盤から生まれる犬も猫も、卵から生まれる鳥も魚も、湿潤なじめじめしたところから出生する蚊などの生物も、忽然と出生する天人、そして草も木も山川石土といったありとあらゆるもの全ての心を知る事だとお答えになります。

これはどういった事かと考えますと、森羅万象の一切は平等に大日如来の一心に連なり、天人も蚊も大慈悲の光に輝いているという事です。仏の慈悲が全てに平等なのは、一切がことごとくご自分の体ですから、自然に愛する事で、これを同体大慈悲と申します。

仏教は人間を始めから智慧を求めていく存在と楽観的にはみておりませんが、森羅万象の一つである私たちは他と違い、自らを知る事が出来ます。宇宙の根元、あらゆる生命のみ親を知る事が未来を輝かしいものにするのです。

（篠崎道玄）

如来は法界を証したもう　因地に修行を具す（宗秘論）

【如来は真実の世界を実現されるが、迷いの世界では修行もなさる】

◉**ほとけごころ観音さん**　「わが身に在します」という昔の言葉があります。四国遍路の旅もまた同じ心で、お大師さま（弘法大師）にお目にかかりたい一心に、弘法大師ゆかりの地を巡拝いたします。また、観音菩薩に巡り合うべく、西国観音霊場の旅に出る方もたくさんいます。観光を兼ねた方も見受けられますが、双方の霊場とも、切ない願望による昔ながらの巡礼も少なくありません。

釈尊は、私たちと同じ人間に生まれて修行の結果、縁起の真理をさとりました。縁起は宇宙と人生に通じる真理で、この真理をさとった人を「仏陀」といいます。「仏」および「如来」は、真理に達したものと真理からきたものとの両様に解される内容を持っております。菩薩とは、仏となる可能性を持つ人の意味です。また、仏道を求め修行して、ひとたび、仏（如来）になれば、それで菩薩の目的は達せられるのですが、仏となっても満足することなく、さらに進んで仏の座を下りて、悩む人々の中に分け入っていく修行を積むのが菩薩の大切なありかたのようです。

仏の座から迷える人々の住む地に下って教化する他人のための修行を「下化衆生（下に向かって人々を教化する）」といいます。

修行とか、悟りという言葉は大変肩に力が入りそうですが、そうでもないですよ、とやさしく観音さまはいってくれます。私たちが「あれこれ」考える思考のさざなみをだんだん鎮めていくことがまずはじめのようです。そして、何が煩悩かといったら「愚痴」ること、と教えてくれます。

この「下化衆生」の第一人者は、やはり、観音菩薩であると私は思っております。「南無観世音菩薩」と観音菩薩の名号を称えるのは、自分の中のもう一人の自分を呼び起こして自己を開発する営みになります。自分が、自分がという利己心を、他者を愛おしむ利他心に転じて、はじめて自分が本当の自分になれる、と観音菩薩、観音経は教えてくれます。

（岩佐隆昇）

仏陀

我が師釈尊　本願もっとも深うして八十の権《ごん》を現じ　慈悲きわまり難うして　三十の化を示す（三教指帰下）

【釈尊の深い誓願は、この世に八十年にわたって出現せられ、三十歳の悟りから慈悲の教化が続けられたことである】

◉どんな雲の上でも太陽は輝いている

お大師さま（弘法大師）は幼少の頃から慕い憧れの釈尊（釈迦）について敬い尊ぶ〝ほとけのこころ〟、志を日々醸成されていました。

〝本願もっとも深うして　八十の権《ごん》を現じ〟。衆生を救うための慈悲の心情に自身を奮い立たせ、素直に育み生き抜かれた八十年に及ぶ釈尊の生涯にお大師さまの深い敬意がうかがえます。

今年になって、社会人としての一定の勤めを終えた六十歳代半ばの男性が〝高野山実践修行〟で新たな人生に臨んでいます。幼少の頃から毎年、正月になると篤い〝大師信者〟の母に随って小豆島霊場巡拝を続けた男性です。

二十数年前にお母さまが亡くなられた後も、家族全員を伴った正月の小豆島霊場巡拝を励行しています。男性にとって毎年欠かさぬ巡礼巡拝の行は、亡き母から学び教え育てられたお大師さま信仰に支えられた小さな〝利他行〟と静かに受け止めています。

第二の人生を大師信者として新たな〝実践修行〟で自らを奮い立たせ、「こころ」遍歴の大事な門出です。男性は、〝高い山よりも更に高く、深い海よりも更に深い〟、亡き両親に寄せる格別な恩愛の情が支えになっていると領得しています。

〝慈悲きわまり難うして　三十の化を示す〟。三十歳で仏の慈悲により思いを託された釈尊は果てなく尽きない衆生のための説法巡歴の実践行に身を投じていかれました。学び修行、修得して深まるお大師さまの釈尊への尊崇の念が滲み出る厚き信念の言質と言えます。

〝密教〟求道に道を開かれたお大師さまの三密（身、口、意）の行は、千二百年を経た今日も人々の願いを受けた祈りとして続けられています。

（湯浅宗生）

仏陀

大覚大雄　三界を子育するの行業《ぎょうごう》なり（性霊集五　越州節度使）

【偉大なる釈尊は、この世の人々を育成する先生である】

◉空海大師への道　仏の道は人生を正しく導きます。もしも仏道がなければ、信号機のない街を車が走るようなものです。私は若い頃から、弘法大師の道を歩くことに心を砕いてきました。その事始めは、高野山大学の卒業論文制作中に、桜池院から奥の院へ百日間の祖廟参拝を続けたことです。卒業とともに四国八十八ヵ所霊場を四十八日かけて徒歩遍路。その翌年からはバス遍路にて三十六周しました。

高野山真言宗の三大法会は「弘法大師御誕生」と「高野山御開創」と「弘法大師御入定」です。この三つは五十年ごとに五十日間の大法会が執行されます。

昭和五十九年、「御入定千百五十年」は「空海　長安への道」に参加。これは総本山金剛峯寺主催、高野山大学企画、毎日新聞社協力で、空海大師入唐二千四百キロを真言僧五名、記者、カメラマン二名、通訳二名が四十日間で踏破。大師入唐から千百八十年ぶりの追体験は、新聞、週刊誌、写真集、論文、漫画、講演、布教等で発表。この追体験によって日中交流が深まり、毎年百名前後の訪中団が九年間続きました。

平成二十七年「高野山開創千二百年」では全国行脚を行ないました。始まりは平成十九年『高野山時報』新年号へ「高野山開創法会を全国行脚で迎えたい」を寄稿。爾来、全国行脚「動く高野山」の要望を各会合で提言。高野山開創の幟を立ててお坊さんが歩くだけで、各地の新聞テレビが報道してくれます。七年後に行脚への会議が総本山で始まり、ついに平成二十六年四月六日、「全国結縁行脚」を実施。本尊の三鈷杵と千年不滅の聖灯と木製の撫で三鈷（一メートル）と幟を奉持して北海道からスタート。各県をバトンタッチしながら一年後に帰山。この時に結縁された全国名簿は、伽藍に新しく再建された中門の二階部屋に保管されています。なお、高野山開創記念として『弘法大師を歩く』（宝島社新書）を発行しました。

令和五年「弘法大師御誕生千二百五十年」は『空海散歩』全十巻の刊行です。ご生誕記念として全真言宗に執筆を呼びかけてスタート。著者と共に、お大師さまのことばを深く考える七年の散歩に恵まれました。

（近藤堯寛）

西聖《せいせい》は信じ難きを能く信ぜしむ（性霊集六　藤大使亡児）

【釈尊は信じ難き仏法をよく人々に信じさせる】

◉釈尊のことばとは　釈迦《しやか》（釈迦族の王子）は生後すぐに母を亡くしました。悲しみさえ知らなかった時の事です。しかし成長するにつれて生母のいないことを知って寂しく思ったかも知れません。また結婚をして子供もいましたが、四門遊出《しもんゆうしゆつ》の故事のように、城外で老人や病人、死人を見て世の無常を感じ、その後で出家者に会い、老いや死に捕らわれない生き方があることを知って、王子の立場を捨てる決心をしたと言われています。

私達の多くは、自分の生活が安定していれば、とりあえずそれで落ち着いています。しかし釈迦は権威や財産を持っていても、それを空しいと感じ、城を出て、苦行や瞑想を重ねたのです。そして悩みや苦しみから離れる法則を見出しました。二十九歳で出家し、三十五歳で世の真理を悟ったのです。そしてそれ（中道・四諦・八聖道などの教え）を他の人々に説き、八十歳までを過ごしました。

周りの人が釈尊《しゃくそん》（釈迦族の悟りを開いた尊者）の言葉を聞いて、それを信じたのは、的確な諭《さと》し（気づき）があったからだと思います。人は、自分の知っている分野では説明が出来ますが、それを離れると説明することは困難でしょう。しかし釈尊は、世の有様や心の問題について、その法則を使って説明したのです。誰かの悩みや疑問、質問に対して、単に説得したのではなく、世の在り方の基本を示し、この世の有様を深く理解させ、分かり易く説いたのです。相手に合わせ、熟慮された答えであるが故に、答えを聞いた者は、納得してこの教えを戴いたのだと思います。

私達は様々な問いに対して、即座に答える事は出来ませんが、釈尊の言葉は的を射て分かり易いため、敵意を持っている者さえ信じざるを得なくなったのです。釈尊の説かれた言葉は、後世に「法句経《ほっくきょう》」等としてまとめられています。

さてお大師様も多くの活動をされています。教えを示す事柄の著述や、多方面にわたる社会活動などは有名です。しかし弘法大師の最終目的は、釈尊と同じように、人々の苦しみを救う事なのです。そして晩年には、衆生の救済を「誓い」とされています。信じられない事が、信じられるように私達を導いているのです。

（佐川弘海）

仏陀

ここに奇《あや》しき仁《ひと》います　これを没度《ぼだ》と号《なづ》く　身は塵刹《じんせつ》に遍じ　心は大虚に等し　談吐軌儀を失せず　思心《しじん》規矩《きこ》を越ゆること無し（性霊集七　華厳会願文）

【ここに尊き仏陀がいます。心身は広大無辺に広がり、説法は真理に則り、思想や行為は違うことがない】

◉**生滅を越えたア字**　冒頭のお言葉は、『華厳経』を説かれた毘盧遮那如来につき、その身は無数の国土に遍満し、心は天空にも等しく拡がる形而上的存在であることと、その説法・思想・行為といった人格活動に触れての側面が述べられています。この世界はつまり、そっくりそのまま毘盧遮那仏そのもの、という事です。この毘盧遮那仏が、密教に至ってより人格性が強調された大日如来となります。大日如来は無始以来の覚者で、そもそもから限りない愛情と智恵を具えておられる、そういう如来さまに出会うと私たちは直ちにその大いなる霊性に感化されて「私」の自我の殻は破れ、それまでの「私」は雲散霧消します。仏と手話を交わし、御名《みな》を唱え、心に仏を置けば、身口意三密相俟っての祈りは私を神秘的実在たる仏の生命へと導くのです。

さて星野富弘氏。事故に伴う全身麻痺から口に筆をくわえ詩画作品の制作を通じ蘇っていった方の、ターニングポイントとなったスケッチブックの最初のページには、片仮名の「ア」の字が記されています。「ア」字は私たち真言宗では教主大日如来を意味します。ある時、彼は友人に扶《たす》けられ満開の桜を賞《め》でた事がありました。たわわに咲き誇る桜の枝がグイと彼の顔に引き寄せられ――「私は　満開の花の中に埋《うま》ってしまった　湧《わ》き上がってくる感動をおさえることができず　私は　口のまわりに咲いたさくらの花を　むしゃむしゃと食べてしまった」（『愛、深き淵《ふち》より』）――。恐らくその時、彼は「ア」の声を発し続けていたに違いありません。

「疲れた人、重荷を負っている人は、わたしのところへ来なさい（私があなた方を休ませてあげます）」（マタイ伝十一章）、星野氏が高校生の時、実家の近くの墓地で初めて出会った『聖書』の言葉です。それから凡そ十年の歳月を経て、星野氏はこの言葉に再び出会い導かれます。無邪気であった少年の日、健康で跳ね回っていた頃既に、神はこの言葉を自分ひとりのために与えてくれていた、と感じたからです。「ア字本不生」――生滅を越えたア字に気付いた瞬間です。

（田中智岳）

仏陀

唐《おお》いなるかな三尊　六趣に耶嬢《やじょう》たり（性霊集八　公家仁王講）

【釈迦如来と普賢菩薩と文殊菩薩は、苦悩する者たちの頼るべき親である】

◉仏縁とは　華厳経は普賢菩薩の教えを説いたものです。しかも虚空尽き、衆生尽き、衆生の業尽き、衆生の煩悩尽きるまで、この願は尽きないと大決心を誓っています。文殊菩薩は大乗仏教の代表的な菩薩で、普賢菩薩と共に最高の指導者として、釈迦如来の脇侍として控える釈迦三尊の一つ、獅子に乗る単独像としても信仰されています。空に立脚するその智慧が文殊菩薩の特性であり、これが〈文殊の知恵〉の語に由来しています。

衆生が意思にもとづく生活行為によって生死を繰り返す六つの迷いの世界。地獄道、餓鬼道、畜生道、修羅道、人間道、天道の苦しみからこの三尊は救ってくださいます。

仏教の開祖釈迦如来と、慈悲の徳を持つ普賢菩薩と、智慧の徳を持つ文殊菩薩の釈迦三尊を拝する仏縁は、非常に貴重なものであります。京都市の種智院大学に密教画担当の中村幸真教授がおられます。京都市立芸術大学美術専攻科日本画科修了。主な画歴に孔雀明王像（京都・東寺）、戒壇巡り壁画（香川・善通寺）、正系現図両部曼荼羅（東京・西新井大師總持寺）など。

先生は僧侶、檀信徒の皆さんが拝む仏画を長年にわたって多数描かれているのです。特に總持寺に納められた正系現図両部曼荼羅（五メートル四方）は、構想から完成まで実に二十年以上を要しておられるとのこと。大曼荼羅を描く為の建物まで新たに建設されました。その建物は今、多くの仏画を描く生徒さんたちの仏画導場として利用されています。それぞれの仏画には、仏教の教理的背景と歴史的意味があり、「美しく描く」ことも重要です。仏画を拝む人々が、その仏画に依って安心を得て、信仰心を体得出来る機縁にもなります。仏画を描くには、その準備にかなりの期間を要し、さらに描く際には、いわゆる精進潔斎して取り組んでおられることと思います。

仏教の教えは八万四千あると言われております。この広大な教えを学ぶために、経典や宗祖の教えを読み込み、読経、写経、写仏、巡礼、瞑想等を日々実践していくことが肝要ではないでしょうか。真言宗は「三密修行」が基本です。手に印を結び、口に真言を唱え、仏さまの心と一体の境地となることです。

（菅智潤）

第二章 慈光

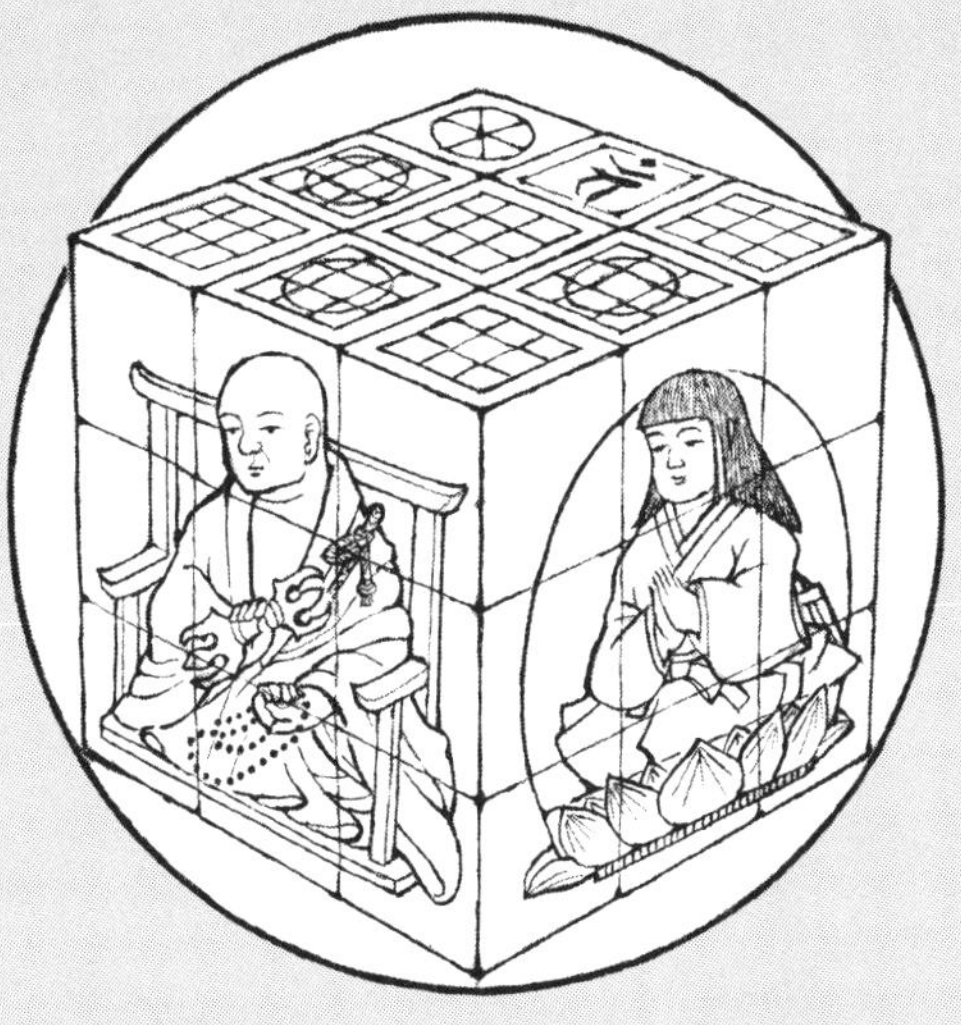

菩提樹下にして三十四心に断惑成仏す（十住心第五）

【瞑想によって、理論の迷いである十六心と感情の迷いである十八心を絶って成仏する】

◉四国遍路は見惑の八十八煩悩の断滅の道　ゴータマ・シッタルダ（お釈迦様の成道の前のお名前）は三十五歳の時、インドのラージャガハ（王舎城）の南西のネーランジャラー（尼連禅）河のほとりの一本の大きなピッパラ（畢鉢羅）樹――その木がその時以来、菩提樹と称されることとなる――の下にあって、大いなる解決に到達（成道）することを得て〝お釈迦様〟となられました。お釈迦様は成道の後、鹿野苑《ろくやおん》に行かれ、初めて五人の比丘に「四締」の法を説かれました。これを「初転法輪」といいます。

四国八十八ヶ所の中興の祖、真念は江戸時代中期の著述『四国偏礼功徳記』で「『四締』の中に見思の惑というあり、この見惑というに八十八使あり、この数をとって八十八ヶ所と定め、これを礼しめぐるうちに、かの見惑の煩悩を断滅するによれる数となん」と記しています。

見惑の八十八の煩悩を断つ修行は、「自利修行」の道で煩悩の波を静めるための自分との戦いであり、声聞（第四住心）、縁覚（第五住心）の段階であります。具体的には苦集滅道の四締のうち苦締、集締が四苦八苦の認識であり、また滅締・道締が八正道（中道）の実践であり、それが四国八十八ヶ所の修行（見惑を断つ）の道ということになります。次の修惑の十の煩悩を断つ修行は「利他伝道」の道で、教えを説き、苦悩する人々を救う高位の菩薩・仏（第六住心以上）の段階ということになります。

大乗仏教では、地獄、餓鬼、畜生、修羅、人間、天を六道、声聞、縁覚、菩薩、仏を四聖として悟りへの道、十界（六道＋四聖）が説かれています。

弘法大師は、見惑の修行に入って、法忍（八忍）と智忍（八智）の十六心によって、見惑の八十八の煩悩を断ち、修惑の修行に入って、九無礙と九解脱の十八心によって修惑の十の煩悩を断つ、十六心＋十八心＝「三十四心」によって「断惑」＝見惑八十八＋修惑十＝九十八の煩悩を断ち、「成仏」す、と説かれています。

（畠田秀峰）

成仏

五相の真言の加持によって大日尊の身と成る（十住心第九）

【五段階の瞑想や真言の力によって大日如来の身体となる】

◉イメトレするアスリート

一流のアスリートは最大限の力を発揮するため、周到なイメージトレーニングをすると言います。鍛え抜かれた身体能力と技量を最大限に活かし、完璧な演技をする自分の姿を具体的にイメージするのだそうです。さらには優勝した場面や、感動の様子さえリアルにイメージする。それらを繰り返し行うことで、最良のパフォーマンスが発揮できるといいます。失敗や負けるイメージは、最大限の能力を発揮することにはつながらないのです。

芭蕉さんは〝名月や池をめぐりて夜もすがら〟という名句を残されました。天空の煌々たる満月と池面に映る鮮やかな月影はどちらが本物か見分けがつきません。その風情には誰もが共感を覚えることでしょう。満月は円満なる人の心に喩えられますが、反対にひと月の間に満ち欠けする様子は、心の不安定さや弱さ、また、世の無常の様を表すようにも思えます。人の心は常に円満という訳にはいきません。

私たちの心の内面はそのまま御仏のお心であり、仏そのものだというのが密教の教えです。そして、自らの心は満月のように円満だと具体的にイメージする方法が示されています。それは深い祈りの中で仏との一体感を味わうことでもあります。①先ず始めに胸の前に満月をイメージしますが、それが雲に覆われてよく見えません（煩悩の雲です）。②その雲が次第に晴れていき、ありありと満月が姿を現します。③眼前の満月の中に仏さまの象徴である五鈷金剛杵が現れます。④満月の中の五鈷杵が大日如来の姿となります。そして自身の心中に入り自他一体になります。⑤遂には自分自身が大日如来そのものであるという実感を味わいます。

このように五段階のイメージを具体的に深めていくことによって、自分自身がそのまま仏さまだという境地に至り、さらに仏さまのお言葉でもある真言の力が加わって、円満なる仏の世界が開かれてまいります。

（河野良文）

成仏

秘密荘厳住心《ひみつしょうごんじゅうしん》とは　即ち是れ究境じて自心の源底を覚知し　実の如く自身の数量を証悟す（十住心第十）

【荘厳された仏の世界とは、自分の心を正しく自覚し、自身に内在する諸仏の模様をありのままに把握することである】

◉真理に近づく十段階

空海の著書に『秘密曼荼羅十住心論』というのがあります。この本には、仏教の真理に到達するまでの心の段階が十段階に分けて書かれています。住心というのは、それぞれの段階で目指す理想とする心の在り方を指しています。

第一「異生羝羊心」、第二「愚童持斎心」、第三「嬰童無畏心」。この三段階は、仏教の正しい教えに触れていない段階です。第四「唯蘊無我心」は仏の教えを聞いて悟る声聞乗。第五「抜業因種心」は誰からも教えられることなく独力で修行して悟る縁覚乗。この二つは自らの悟りを目的としたもので小乗仏教の教えに相当すると考えられました。第六以降は大乗仏教の教えに相当しています。第六「他縁大乗心」は私たちを取り巻く現象は実在していなくて、自分の心だけが実在しているとみる唯識派の思想です。第七「覚心不生心」は現象は有るのでも無いのでもない「空」の理論を理解できる段階です。第八「一道無為心」では、現象と真理はすべてが一つに溶け合って分けられないものであり清浄なものであるとします。第九「極無自性心」で顕教の究極的な立場で華厳宗が相当するとされています。第十「秘密荘厳心」でありとあらゆる真理をきわめた段階をさしており、ここに真言宗が当てられました。顕教は外側の塵を払いますが、密教は究極の真理を内蔵する扉を開くとされています。浅い教えから深い教えに進んでいく過程を追うことで、真言密教が大変優れているものであることを論証しています。

この名言は『秘密曼荼羅十住心論』の第十秘密荘厳心の冒頭にある言葉です。

空海は、いきなり悟りが開けるのではなく、第一から第九の段階を経ることによって悟りの境地にたどり着くとしています。「荘厳された仏の世界」とは第十の段階のことを指し、「自分の心を正しく自覚する」とは密教の言葉でいう「如実知自心」、すなわち自分の本性をよく知ることであり、「自身に内在する諸仏の模様」は誰もが自分の内にある仏性を指しています。

（大咲元延）

成仏

頓に三妄を越えて心真に入らしめん（宝鑰序）

【すみやかに迷いを解決して真実の心の世界に入る】

◉すみやかに迷いを解決して真実の心の世界に入る　帯にある「みんな、いつか、死んでしまう」のキャッチフレーズに惹かれ、『寿命図鑑』（いろは出版）という生き物から宇宙まで万物の寿命を集めた絵本を買いました。

私達は、生まれてから死ぬまで自分の思いどおりにならない苦しみに悩まされます。お釈迦様は「苦の原因は、自分の欲望の心の働きである煩悩が生み出している。諸行無常、この世のものすべて変わらないものはない。諸法無我、この世のものはすべて実体がない。これが絶対に変えられないこの世の真理である。煩悩が生まれる原因は、この世の真理を知らない無明《むみょう》にある」と説法されました。

無明から五根本煩悩の貪《とん》心、瞋《じん》心、癡《ち》心、慢《まん》心、疑《ぎ》心が生まれ、さらに六十心の煩悩が生まれ、五根本煩悩に二の五乗をかけると百六十心の煩悩が生まれます。

百六十心の粗い執着が麁妄執《そもうじゆう》です。この世のすべては実体であると執着する我執《がしゆう》をいいます。細妄執《さいもうじゆう》は、この世のすべては心のあらわれであると執着する法執《ほうしゆう》をいいます。極細妄執《ごくさいもうじゆう》は無明に執着する無明執で、これらを三妄執《さんもうじゆう》といいます。

顕教（仏教）の修行者は布施《ふせ》波羅蜜（財施・法施）、持戒《じかい》波羅蜜（戒律を守る）、忍辱《にんにく》波羅蜜（忍耐）、精進《しようじん》波羅蜜（努力）、禅定《ぜんじよう》波羅蜜（瞑想）、智慧《ちえ》波羅蜜（真理）の六波羅蜜を修行し、麁《そ》妄執、細妄執、極細妄執に各一劫の三劫を費やして覚りを開きます。これを三劫成仏《さんごうじようぶつ》といって、劫とはインドの時間の単位で、想像を絶する長さです。

お大師様は『秘蔵宝鑰』で「顕薬塵を払い　真言庫《くら》を開く。顕教は、煩悩を払うだけだが、密教は宝の蔵を自ら開き真理を見つけることができる」と説明されております。ありのままの自らの心を知り、印を結ぶ身密《しんみつ》、真言を唱える口密《くみつ》、瞑想に入る意《い》密《みつ》の三密瑜伽の修法による信心《しんじん》の功徳《くどく》力と、大日如来の慈悲心のお力添えの加持力と、宇宙に存在する六つの要素である六大（地・水・火・風・空・識）の法界力が一体になると、我々も大日如来であると体観して、現世で、速やかに、この身このままで、覚りを開くことができるのです。これを即身成仏といいます。

（伊藤全浄）

成仏

万徳の自性　輪円して足れり　一生に荘厳《しょうごん》の仁《ほとけ》を証することを得べし（宝鑰第十）

【あらゆる徳が私自身に備わっているから、この一生で成仏することが保証されている】

◉無事の人とは

この句では、私たちの心身は現世でりっぱな仏となることができますし、仏さんが宿って下さるので現世で成仏することが可能であると述べられています。私たちは、心身を悩ませる煩悩を持っていますが、その中にも、人間を人間たらしめる純粋な人間性が埋めこまれているといわれます。では、一度しかない人生において、無事に成仏することが保証されるにはどうしたらいいのでしょう。

私たちは平素、「無事」という言葉をよく使います。変わりのないこと、健康であること、平穏であることを意味する語でありますが、禅語としての「無事」は、仏や道や救いを外に求めない心の状態のことのようです。こんな禅宗の言葉があります。「無事是れ貴人なり、但だ造作する莫れ」（『臨済録』）。無事の人とは、こだわりを持たない人、執着をしない人であるようです。そうすれば、一生無事という。一生安楽は、何もおごそかな、むつかしいことではないといいます。人間は本来、内にこの尊い自己をひそめているのですから、外に探求する必要はない、と実感できたところが「無事」のようです。自分の心の中にある、つまらないものを捨てたらいいのであると、ありのままでいいと思うことが大切なようです。その日、そのときの今を生きて、今見えていることや聞こえていること、感じていること、それがすべてであると気づくことのようであります。それは、大自然の息づかいに合わせて伸び伸び生きることを指しています。ですから、貴人とは「貴ぶべき人」であり、貴ぶべき人とは「ほとけ」であります。

　つまり、生きることにおいても、いろいろと手を加えるな、そのままの本来の姿であれということです。自然の姿、私たちのありのまま、そのままの姿「造作する莫れ」が成仏するいちばんの近道のような気がいたします。

（岩佐隆昇）

成仏
法然《ほうねん》に薩《さ》般若《はんにゃ》を具足して　心数心王《しんじゅしんのう》刹塵に過ぎたり　各《おのおの》五智無際智を具す　円鏡力の故に実覚智なり（即身義／大日経開題　法界／同　関以）

【真理に目覚めた者は、仏の智慧が備わり、その智慧は無数の心模様になる。大日如来のその智慧は無限に広がり、鏡のように照らしあう】

◉即身成仏の秘訣　真言宗の特徴的な教義である「即身成仏」について、弘法大師空海さまの著作『即身成仏義』に書かれている有名な偈頌の後半部分で、成仏とは何かということが説かれています。

密教の中心仏である大日如来は、修行して成仏したのでなく、もともと自然に備わった仏であり、宇宙そのものだといえます。そこには一切の仏の智慧が備わっています。心模様は塵の数より多い、つまり無限大であります。そしてそれぞれが五つの智慧、つまり法界体性智、大円鏡智、平等性智、妙観察智、成所作智が際限なく備わっている。その智慧でもってお互いに照らすことで、本来の智者になることができるというのです。つまり、大日如来の智慧というのは、宇宙にあまねく存在しているものであるから、その智慧を完全無垢な鏡のようなもので受けることによって、人々は必ず成仏できるというわけです。この身このまま成仏できるという、即身成仏の教えが凝縮されているのがこの誦なのです。

では、どうすればその大日如来の智慧を受けることができるのでしょうか。人にはもともと仏性が備わっているというのが密教の考え方ですから、まずは自分自身に仏性があるということを自覚すること。そして宇宙にあまねく存在する智慧を受け止められるように、自分の心を汚れない鏡のように研ぎ澄ますこと。言葉でいうのは簡単ですけど、実践するのは大変ですよね。

けれども、普段の生活で、仏の教えを受け止めることができるように心掛けていれば、少しずつではあるかもしれませんが、自分の心が磨かれていくことと思います。まずは仏さまに近付くという確固たる信念を持って生活していれば、時間はかかるかもしれませんが、必ず成仏できると信じて実践してください。しばらくすると周囲から「できた人間だ」と思われるようになったらしめたもの。さらに続けていくといつか即身成仏できると信じて頑張ってください。

（柴谷宗叔）

我れ本不生を覚り　ないし因縁を遠離せり（即身義）

【万物は本来不生である。そのように悟れば、条件などの束縛から離脱する】

◉また何時か何処かで

何物も生ぜずまた滅びないという不生不滅。輪廻の世界から解放された世界観では、絶対的な存在はないという意味を持っているそうです。

ただ、在家の凡夫の身としては、身近な方が亡くなられるのはとても寂しいことです。二〇二二年六月にこの原稿を書いていますが、丁度一年前の六月十一日に四十年来知己を得ていた元武道館事務局長のM氏が他界されています。『山下柔道物語』の著者であり、武道館五十周年式典の際は、当時の天皇皇后両陛下に武道の解説をされ、東京オリンピックに向けて武道館の改修に尽力された方でもありました。私より五歳年上で、早稲田大学時代には空手部にて活躍され、若い頃の、高く跳躍して蹴りを入れている写真を見せてもらったことがあります。一九八七年にはオーストラリアのパースにて日本の古武道の演武会「ジャパンオリジン」を共に企画し、当時世界最大のエンターテインメントセンターにて一万人の観客の前で成功を収めています。

北の丸公園の武道館にお伺いすると、昼休みには食後に三十分ほど公園内を散策され四季の植物を愛でること、『徒然草』『方丈記』のような日本の古典や、『釈迦の言葉』に共感を覚えるといった話をしてくださいました。ご自宅に沢山の猫を飼われていて生きとし生けるものへの慈愛心の深い方でした。一時期熱心に筋トレをしていた私は、「重力に逆らわないで自然に年輪を重ねなさい」といったアドバイスを頂きました。お暇する際の力強い握手は年齢を感じさせないものでした。

昨年の三月ぐらいのことです。突然事務局長をお辞めになったとお聞きしたので、ご自宅にご連絡を差し上げました。ご本人が電話口に出られ、一度お会いしたい旨をお伝えすると、「今は時間がないのですが、またいつかどこかでお会いすることがあるでしょう」と、話されていました。結局それが最後の会話となり、奥様からの年賀状辞退のお葉書でお亡くなりになったのを知ったのは、年が明けてからでした。既に今生の別れを悟られてのお言葉なので、心に深く残っています。また何時か何処かで飛び切りの笑顔に出会えることを願って、合掌。


（花畑謙治）

成とは不壊の故に　不断の故に　不生の故に　不滅の故に　常恒の故に
堅固の故に　清浄の故に　無始の故に　無終の故に　これすなわち法爾所
成にして　因縁所生に非ざる（大日経開題　法界）

【成仏の成とは、壊れず、断絶せず、生滅せず、恒久にして堅固、清浄であり、始めも終りもなく、もともと成立していて、原因によって成立したのではないという意味である】

◉自分が仏に成るということ

『大日経』は正式には『大毘盧遮那《だいびるしゃな》成仏神変加持《じょうぶつじんぺんかじ》経《きょう》』と言いますが、お大師様はその題名の用語を詳しく解説なさっています。『大日経』を解説した『大日経開題』の中で、成仏の「成る」を密教的に解説なさったのです。

成仏という言葉は、人が亡くなったことだと思う方が多くいらっしゃると思いますが、ここでは仏に成るという意味です。お大師様は「成る」の解析のなかで、仏に成る資質は、誰もが生まれながらに持っているとおっしゃっています。

仏とは、さとった人とか目覚めた人だと言われます。よって仏に成るということは、誰もが持っている目覚めた人になれる資質に気づく、ということなのでしょう。目覚めた人とは老病死の苦しみからの解放を求めて出家したお釈迦様のように、年齢や身体や生きることへの執着からくる苦しみを超えることができた人だ、と言われます。自分の歳、自分の身体、自分の命かもしれませんが、それは自分では何ひとつコントロールできないことに気づかされます。コントロールできないことをいろいろと心配してもどうしようもないのでそれらへの執着を棄て、とても不思議な力や因縁によって生まれ生きていることに気づけた人が目覚めた人なのでしょう。

自分への執着がなくなれば、他の人への執着もなくなり、それに気づけば争いもなくなります。そして自分の今に大きな幸福を感じることができるのだと思います。自分の行いと発する言葉とその人の心が不思議な力で宇宙と感応するとき、目覚めた人になれるとお大師様は説いています。とても難しいと思われるかもしれないですが、日ごろの行動、言動や心のありかたを整えようと努力をすることで、誰もが目覚めた人に近づくことができるのだと思います。

（雪江悟）

成仏

成仏とは正覚正智　不生不滅　無始無終の義なり　これすなわち法爾所成の成にして因縁所生の成に非ず（大日経開題　衆生）

【成仏とは、正しい悟り、正しい智慧であり、生滅することもなく、始めも終りもないという意味である】

◉みんなもとから仏なのです

「成仏」とは「仏《ほとけ》に成る」ということで、仏の智慧を得ることです。そしてその智慧とは新しくできたり、後になって消えてなくなったりするものではなく、初めも終わりもなく、永遠にあり続けるものと説かれます。ですから私達はみんな、すでに知慧を得て仏に成っているのだと自覚しなさい、そして仏として生きなさいと、お大師様は教えておられるのです。

「愛しのローズマリー」（原題：浅はかなハル）という映画で、美人と付き合えと言い残した父の言葉を守り生きてきた会社員の主人公ハルは、背が小さく小太りで、女性にふられてばかり。ある日偶然エレベーターに乗り合わせた心理療法士に催眠術をかけられ、女性の内面の美しさが外見の容姿として見えるようになります。主人公は偶然出会ったローズマリーに一目ぼれ、魅力的な女性に見えましたが、実は非常に太った人でした。ボランティア活動をしていた彼女と共に火傷病棟を訪れた彼は顔に火傷を負った少女たちが美しい天使のように見え、彼女らと普通に接するのをローズマリーは見て、この人ならと付き合うようになります。その後催眠術が解けたハルは、現実を見てショックを受けますが、人の持っている心の美しさを見つけることができ、ローズマリーと生活を共にしたというユーモアたっぷりの内容で、外見よりも心が大切ということを表現する映画です。

世の中には同じ顔の人はいません、容姿も身体的特徴も様々です。お大師様は「すべての人にほとけの心が備わっているのだよ、外見だけで人を判断してはいけない、結局は心が一番大切」と教えておられます。その心とは、「相互礼拝　相互供養」つまり認め合い助け合いの心なのです。

（藤本善光）

覚とは不眠開敷　如実知見の義なり（大日経開題　降崇）

【覚とは、眼を見開いて眠ることなく、真理を正しく洞察するという意味である】

◉心眼を大きく開いて　見る　観る　視る　看る　毎朝、目覚まし時計にお世話になりながら一日が始まります。冬場の起床は辛く、あと五分と心の誘惑に負けてしまうことがあります。時計が鳴る前に目覚めると、気持ちの良い一日になります。

「覚る」、目覚めるは世の中の交々したことや森羅万象について、個々の心の目の開け方と経験、能力によって理解度も異なります。その理解度が進んでいけば、真理に目覚める〝覚り〟を得ることになります。

「幸せ」とは苦の無い状態で、〝覚る〟ことによって苦しみ、「四苦八苦」を離れることが出来るので、〝覚る〟ことこそ〝真のしあわせ〟だと信じています。

多くの仏教者は自分自身の眼、耳、鼻、舌、身（身体）、意（心）を駆使して深く観察、考察して心眼を開きながら賢明に日々を生きようとしています。

〝見る〟は眼に映る物の形や色を認識し、表面的な情報を伝えています。お風呂にお水を入れている時に、子供に「お風呂の水を見ててね」とお手伝いを頼んだにもかかわらず、湯船から水がこぼれている状態になりました。お母さんが「早くお水止めなさい」と怒っても、「お水を見ててね、と言われたからじっと見てたよ」と返答されれば次の言葉が出てきません。お風呂に水を入れれば水が溜まり水面が上昇して、ついには水が溢れます。お風呂に入るのに十分な水が溜まれば、止めなくてはいけません。

真冬に蛇口をひねると水が出てきません。どうしたんだろう？　気温の低下でパイプの何処かが凍結していることに気づかなくてはいけません。パイプが破裂してお水が漏れているかもしれません。水の出ない原因がわかれば手当てをして水道管の復旧を試みます。

「めざめる」ためには、私達の身近にある全ての事に対してもっと深く探求し、世界の有りのままの姿を心の眼を大きく見開いて「みる」＝見る、観る、視る、看るの実践が重要に成ります。睡魔に襲われた眠い目の状態を脱して、真冬の冷水で顔を洗い眠気から完全に目覚めた、大きく開かれた心眼で精進して参りましょう。（中谷昌善）

成仏

法体《ほったい》をこの身に示し　真理をこの心に表す（性霊集八　亡弟子智泉）

【仏身を私の身体に現し、仏の真理を私の心に表す】

◉仏となるとは　志を起こして仏門に入り、正しい修行と研鑽を積み、真言僧は密教世界の扉を開き中に入っていきます。最高の仏世界の中心、大日如来の世界に入るには修行者の正しい理解と覚醒を経て、大日如来やすべての諸仏間に自由に飛翔して同一化できる存在にまで修行者を高める必要があります。まさにこれを成し遂げることが弘法大師の説かれた即身成仏の思想の根本です。

それと共に真言宗では言語的な理解だけではなく、仏と一体化するために真言の力を用います。自分を高める言語と真言を用いた教相と修行を段階的に向上させる事相は、同時に研鑽を積み修行者を高めるもので分ち難いものです。修行者は最終段階に入ると宇宙の中心大日如来と一体化でき、曼陀羅世界を自由に飛翔できるのです。

弘法大師の密教は恵果から戒を授かった時にすでに骨格が出来上がっており、それからの行動は自分の教学の正しさを検証する行動であったとも言えます。

現代からの視点で弘法大師の教学を考えていきますと、我々は科学と教学の視点の違いに戸惑います。その戸惑いは弘法大師からというより我々の側のものであります。近代以降における理論体系を構築するにあたり、すべての革新的で永続的な力を持つ思想は異端の思想から始まります。そのすべてが批判や反駁に耐え、真に革新的で真実を表すものだけが賛同者を集め、社会の中心的な思想にまで高められて後世に残り社会を変革してゆきます。

然るに弘法大師の教学は最初から一貫して完成しているとも言えます。我々は真言学僧として、あまりにも弘法大師教学を神聖視してはいけません。世界的な偉人であり時代を超越しているともいえる弘法大師に、我々は多種多様な側面から光を当てる重要性を感じます。そういう姿勢から我々は一段と深い弘法大師の人間性や思想の深さを測ることができると思います。

（長崎勝教）

成仏

衆生もし悪業を作らずんば当《まさ》に是れ仏なるべし（異本即身義三／同六）

【あらゆる生命は、悪い行ないをしなければそのまま仏である】

◉誰も救ってなんかくれません

『空海散歩』の出版が始まって足かけ七年。振り返るといろいろな事がありました。私的な出来事はさておき、この間の大きな出来事は、新型コロナウイルスの出現と禍、ウクライナで戦争が始まってしまった事だと思います。毎日、たくさんの人が死にました。

ニュースで百人、二百人という単位で犠牲者の数が流れます。普通なら近しい人が一人亡くなっても、なかなか受け入れられないのに、だんだん神経が麻痺して、昨日よりは少ないなどと思ってしまう、なんと恐ろしいことでしょう。犠牲になったのが家族だったら、恋人だったら、友達だったらと置き換えると背筋が凍ります。

コロナウイルスに感染して死ぬかもしれない。戦闘員でなくても撃たれるかもしれない。原子爆弾のような大量破壊兵器が使われるかもしれない。無差別殺人に巻き込まれるかもしれない……恐怖が現実問題となりました。

　真面目に生きているのに、どうしてこんなことになるんだと叫びたくなりますが、この恐怖が起こりうるのが現実である以上、私たちはこれらと折り合いをつけていかなければならない。これもまた現実なのです。誰も救ってなんかくれません。

　友人のお母さんがコロナウイルスに感染して突然亡くなった時のことです。なぜ自分らが犠牲にと、友人は号泣しながら怒りをぶちまけました。仲の悪かった親族が感染して不用意に濃厚接触したからこんなことになったとも。怒りは憎しみを生み、止《とど》まるところを知りません。今はお母さんとの残された時間を大切にしようと止めるのが精一杯でした。

　この名言は、真言密教の根本である即身成仏について語られたものです。悪い行いをしなければ、生き物は全て仏です。諸々の悪業を犯さなければ、その身はそのまま仏であるという意味です。行動と言葉と心による様々な悪い行為は貪瞋痴の三毒によって生まれ、成仏の道を閉ざしてしまいます。大変難しいことではありますが、どんなご時世になろうと戒を守り、お大師さまの教えの実践こそが即身成仏への道と信じることです。皆がこのことに気づかなければ平和は訪れません。


（森堯櫻）

世間の三妄執を超えて出世間の心を生ずることを得　是れ即ち実相功徳の法身なり（真言二字義）

【世俗の迷いから目覚め、欲を離れた心が湧きあがれば、真実の功徳を具えた仏の人格となる】

◉三妄執

三妄執《さんもうじゅう》は「十住心」を以て説明されますが難しいので平易な例話をします。

私は、石垣島の親戚から依頼を受け、令和元年と令和三年に法事に出かけました。三年前は家も整理整頓され夫婦仲も良かったのですが、ご主人のパーキンソン病が悪化し、週三回デイサービスに通い、家の中は「ごみ屋敷状態」等、この家の異変に気付き気になっておりました。息子は、この家の隣で家庭を持ち生活しています。私は富山に戻り、「お父様大丈夫ですか、奥さんと何か問題が起こっていませんか」と電話をかけました。

息子は、「叔父さんに話を聴いて欲しかったが法事の場で我慢した。実はあの人、長年内縁の妻で三年前の法事後入籍したけど『家を片付けてください、御飯もインスタント食品はやめて欲しい』とお願いしても守らない、生活や服装は派手になり、年に何度も旅行に出掛けて、この前は新型コロナウイルスに感染し、親父、私の家族に大変迷惑をかけた。鬱憤《うつぷん》も溜まっていたので、親父と相談してこの機会だと思い離婚届を渡した。それ以後、私は半年余り家に入れない、事あるごとに『弁護士に言う』と親父と私を脅かし続け、親父は毎日怯えて生活している。あの人を早く家から追い出したい」と答えました。

私は、「感情的に動くのではなく冷静になって、先ず家を片付ける事、お父様が安全、安心、健康で過ごすことという目標を持ち、市民相談、社会福祉協議会、包括支援センターを訪ねて、環境改善の方法を相談して下さい」と諭しました。その後も息子は、私の色々な指示を素直に六か月間実行し、その結果、家の中はすっかり綺麗になり、お父様は表情が明るくなり、配食サービスを頂き健康的な生活をしています。息子さんは近所の方々から見直されましたが、奥さんは諸問題が発覚し、自ら離婚届を書いて家を出て行きました。

（糸数寛宏）

もし人仏慧《ぶって》を求めて菩提心に通達《つうだつ》すれば　父母所生の身に速かに大覚の位を証す（宝鑰第十／即身義）

【仏の智慧を求め、悟りを求める菩提心を決意すれば、この身体に悟りを得ることが保証がされる】

◉剣を持たれたお大師さま　拙寺の本堂地下には「戒壇廻り」があります。讃岐の善通寺さんや信州の善光寺さんの地下にも「戒壇廻り」があり、有名であるためご存じの方もおられると思います。

善通寺さんは御影堂の地下に百メートルほどのお廻りがあり、本尊さまは大日如来さまです。善光寺さんでは本堂内陣の地下四十五メートルほどのところに「極楽の錠前」が祀られています。参拝者は真っ暗な中を手で壁を探りながら進み、錠前に触れることによって御利益があるといわれています。

拙寺本堂の地下のお廻りは約二十メートルで、中間地点に「秘鍵大師」が祀られています。

「秘鍵大師」は、数あるお大師さまの尊像のなかでも珍しいもので、その由来は、『般若心経秘鍵』に見出すことが出来ます。この御文は、弘仁九（八一八）年に関東で大震災が発生し、世の中に疫病が蔓延したとき嵯峨天皇が自ら般若心経を写経し、その功徳を弘めるためにお大師さまが帝から請われて宮中で講話されたときのものだと言われています。『般若心経』の功徳を説くこの御文は、「文殊の利剣は諸戯を絶つ」というお言葉からはじまります。

「秘鍵大師」のお大師さまは、文殊菩薩さまの智恵の利剣を持たれています。文殊菩薩さまは、智恵の仏様です。その功徳は、仏の偉大なる完成された智恵によって煩悩を断ち切ることができる。その喩えとして剣を持たれているのです。その刃は日本刀のように片刃ではなく剣のように両刃であり、片方が自身の煩悩を、もう片方の刃が他の者の煩悩を断ちきる自利利他の象徴としてあります。そして、般若心経をお唱えし、経文のなかの真言の不可思議なる力によって煩悩の元となる根本的な無知を除き、この身このまま仏の真実の姿となると説かれるのです。

即身成仏された「秘鍵大師」のお姿を帝はお手彫りされました。そのお像は今でも帝が住まわれた嵯峨院、現在の大覚寺に祀られています。

（瀬尾光昌）

この身を捨てずして神境通を逮得し　大空位に遊歩して　しかも身秘密を成ず（即身義）

【大日経に、この身を捨てずに自由に行動ができる力を獲得し、仏の世界に遊ぶ身体を完成することができるとある】

◉大宇宙に遊ぶ

仏教の教えを学び、その教えに基づいて修行過程を実践していくうちに、たまに不思議なことが起きます。これを宗教体験と言いますが、その体験が重なれば尚更に学びたくなり、心の置き方、進む方向が定められて行き、導かれていくような気がします。

私はたまに不思議な夢を見ます。三十五年前、八年十か月間いた高野山から世間に出て自分を試したいと思い始めた時、夢の中に師匠が出てきて、「このお経のこの部分をよく読みなさい」と言われました。実際にその部分を読み解いてみると仏様の活動的な表現がなされていました。そこを学ぶうちに益々下山したくなり師匠に話したところ、「先日、名古屋から老僧が来ていただろう。もう高齢だから大師寺をお返ししたいとの話だったのだが、そこに行くか」と言われたので、三秒考えて、「はい」とご返事しました。一週間後に下見をして、二週間後には名古屋に来ていました。下山する前日に師匠が、「ほんとに行くのか」とびっくりしていました。

また、名古屋大師寺で二十年過ぎた時の夢では、庫裡新築完成間近い時、仏様が出て来られて、「この建物を『じょうれん』と名付けよ」「え、『常連』ですか」「否、『あおいはす』と書け」。「青蓮」「しょうれん」「じょうれん」と読める。驚きました。こんなことがたまにあり、お大師様がおそばにいて下さると感じています。

見出しの文では、神通力を獲得して大宇宙を自由に飛び回ることが出来る、と述べられています。私などは仏様に見守られて活かされているにすぎませんが、その信心を深めていき、仏になる為の秘密の道を歩ませていただくことで、このような時間も空間も自在になる世界が見えてくると示して下さっているのですから、ますます精進し大宇宙を優雅に軽やかに飛び回りたいものです。

（大塚清心）

真言法の中にのみ即身成仏するが故に　是れ三摩地の法を説く諸教の中に於て闕して書せず（即身義）

【龍猛菩薩の菩提心論に、即身成仏の修行方法が説かれているのは真言密教だけであって、他の教えでは著述されていないとある】

◉「この身」とは、色身の捉え方の違い

神や、人の王さまをも超える尊い存在、それが仏さま。歴史上仏に成った人はお釈迦さまただ一人で、実際にお骨も発見されて、神話や伝説の存在でないことも証明されています。

一例として名古屋市内の日泰寺というお寺には、タイの王室から贈られたお釈迦さまのお骨が立派に祀られています。

ところでお釈迦さまには三十二相八十種好といわれる偉人が備える身体的特徴があると言われ、仏像などにその特徴がよく活かされています。お釈迦さまは輪廻転生を繰り返すなかで、自らの苦行（自利行）や、多くの生きものたちを救う（利他行）な

ど福智の二資量を蓄えた果報として大人相が身体に備わったと考えられました。

二乗（声聞縁覚）の弟子たちは法（もの、身体）の有にとらわれたため、それを身につけるのに汲々として、本当の仏様の悟りの意味を自覚することなく無限に近い時間を必要とすると考えました。それに対して大乗の菩薩たちは法（もの）の空を観じていましたから、二乗の弟子たちよりも成仏は短い期間でかないましたが、それでもなお三大劫といって仏になるには多くの時間を必要としました。即身成仏を自身の一生に成し遂げたお釈迦さま、実は最後身あるいは最後心の菩薩と解されています。つまり長い輪廻の生涯を乗り切り、菩提樹の下で無事仏になられた、と解釈されています。

そこで密教徒の弟子たちは自らを第二のお釈迦さまと位置づけ、成道をモチーフとして、仏と自身の身と語と意の働き（三密）の冥合に着目した三摩地の法という修行法、つまり瞑想を通じて自心に映る仏様（法身仏）と一体となり、自ら仏作仏業を世のため実行することを発案された、と想像されます。

（山田弘徳）

即身成仏の四字を歎ず　即ち是の四字に無辺の義を含ぜり　一切の仏法はこの一句を出でず（即身義）

【即身成仏の四字を絶賛する。この四字には深い意味が含まれていて、全仏教はこの一句からぬきんでることができない】

◉ほとけになるには　即身成仏は、この身このままで仏となることで、死んでからの成仏でなく、この世に生のあるうちに成仏せよとのお大師さまの教えであります。

唐から帰朝されたお大師さまは、弘仁四年、宮中清涼殿にて嵯峨天皇と南都六宗の高僧の前でこの行を実践されました。従来の仏教は「三劫成仏」が定説で、成仏するには莫大な修行時間が必要でしたから、お大師さまの即身成仏には大層驚かれたことでしょう。

即身成仏に欠かせないのは仏さまの加持力であります。仏さまは衆生済度の御請願を立てられており、この御請願を実現する力が仏さまの加持力です。加持力は広大無辺でありますので、この世の中で及ばない所はありません。それなのに私たちが成仏出来ないのは、仏さまのことを疑ったり、身勝手であったり、私たちの心が仏さまの方にきちんと向いていないなど、修行が足りないのです。真剣な正しい修行により行者の心が整えば必ず仏さまの加持力によって成仏出来るのです。

シッダールタ王子は出家の後、様々な教団を訪ねて教えを乞われたり、難行苦行を行いましたが、いずれも成仏とは程遠いものでした。そして尼連禅河のほとりでまさに力尽きようとしていた時に、村娘から乳粥の接待を受けられました。そして気力と体力を回復され、菩提樹の下に静かに座して悟りを開かれ、お釈迦さまとなられたのです。

仏さまの加持力をいただく為には毎日欠かさず仏さまを拝み、心を静穏に保ち、困窮者には手を差し伸べ、共に悲しみ共に喜び、喜捨に励み、謙虚に生きなければなりません。これらの行を続けておられる方はまさに仏さまであります。この即身成仏の修行を実践することが大切であり、それを実践する人が増えれば世の中に幸せが増し、この世こそが仏さまの世界（密厳浄土）になるのです。

（亀山伯仁）

瑜伽とは翻じて相応と云う　相応渉入は即ち是れ即の義なり（即身義）

【梵語のヨーガとは、漢訳して相応といい、仏と私が互いに交じりあうことである。これが即身成仏の即の意味である】

◉この身　即ち　仏と　成る　長野県諏訪市には全国的に有名な諏訪大社があります。令和四年は諏訪大社式年造営御柱大祭、多くの方々に「おんばしら」として親しまれている天下の大祭が開催されました。この地には、かつては「神さまと仏さま」を共に敬い、共に信仰する神仏習合という思想がありました。私のお寺はかつての神仏習合の時代には諏訪大社と共に諏訪信仰の一翼を担っていたお寺です。その諏訪の神仏習合時代には、かつて現人神《あらひとがみ》である大祝《おおほうり》という神職が存在し、崇められていました。現在、私が研究している室町時代の神長官という神職の秘伝書にも神職が神になる儀式が記されています。それは、神と仏と人間の神職が互いに交じり合うことで、その神職は現人神となり私たちの前に姿を現すのです。神、仏、自然、すべてがその体に宿り、諏訪大明神になります。まさしく、「この身　即ち　諏訪大明神と　成る」方法が伝えられ、皆はそれを尊崇し、手を合わせていました。

その作法の中で瞑想が行われます。とても難しいですが、私が思うに、瞑想により「神仏と同じ心を持つ」、そして「神仏の一部である自身を認識する」ことで、神仏の何かしらの力が宿り、それがこの世に現れて神仏の姿となるのでしょう。

私たちの心は器です。仏さま、神さまも受け入れることができますし、鬼や魔をも受け入れることができます。その器の中を神仏と同じ心で満たすことができれば、自然と皆が手を合わせてくれる神仏に近づくのでしょう。少しでも、邪な心である鬼や魔が入ってしまうと神仏にはなれないのです。人が人たる所以はどうしても魔が存在してしまうところにあるのではないでしょうか。だからこそ、その心の器を神仏で満たし、魔を滅することができればこの身即ち仏になるのです。そして、その方法が瞑想なのです。お釈迦様も苦しい行を行いましたが、仏になることはできず、菩提樹の木の下で瞑想をした時に悟りをおひらきになりました。諏訪大明神になる方法も瞑想です。私たちは普段の生活の中で、心の器を仏さまで満たし、仏になることは難しくても、少しでも近づけるように心を見つめ瞑想をしてみましょう。

（岩崎宥全）

即身成仏

纔《わずか》にこの門に入れば　すなわち三大僧祇《さんだいそうぎ》を一念の阿字に超え　無量の福智を三密の金剛に具せん（大日経開題　衆生／同　大毘盧）

【密教に入門すれば、無限の時間を一気に飛び越え、阿字を一念するだけで無量の福徳と智慧をこの身に備えることができる】

◉**『空海名言辞典』でのQ&A**　私は師僧著『空海名言辞典』でのQ&A応酬方式を愛用中です。思いつきの質問Qを悉くお大師様にぶつけて、ランダムに得た名言の法味を嘗める方式です。目を閉じて妄執を観照しQを絞って、閉じた本の任意箇所を指でさします。目を開き、その箇所に日付やQを即座に記します。時には厳しい棒喝名言が当たり、キツいっ！　と思いきや、クスッと笑えるようなかわいらしい名言にも出会えます。ランダムがコツです。選り好みの心ではピッタリの答えを引き出せません。目を閉じるのは、視覚的に制御欲と執着を遮断する効用があります。無作為に『空海名言辞典』の大師名言に委ねて引くことです。

人生の煩悩は捨て切れるのか。三劫成仏の無限時間で、己の累世善根や功徳があるものの、罪業も無数に造ってきたはずです。今生のこの身このままの成仏には程遠いのか？　不精進の自分は朽木糞牆《きゅうぼくふんしょう》レベルだと落ち込んだ時に、Qは、「お大師様、この私をどう思われますか？」という拗ねっぽい問いでした。ランダムに出たAは「迷いに沈んでいることに気づけば、立ち直ることができるから驚くことはない。悟りへ昇る時も心を昂ぶらせることはない。どちらも淡々と修行すればよい」という回答でした。乾いた喉に清涼な甘露を得た感で救われました。名言越しのお大師様は師僧形で弟子の端くれの私という小僧の頭を撫で、「そう沈み込むな、昂ぶるときも大したことないさ、動かざる心を養いなさいよ」と、慈悲の諭しを下さったのです。さらなるしつこいQを出し、「無限の時間を飛び越える即身成仏の心法を獲得し菩提を証したい。今の本有に最も欲しがるのは？　時間に囚われる我が肉身は生きたまま一気に解脱するヒントは？」との妄執質疑のランダム名言解答は、「朝、昼、晩に本堂へ赴き、本尊の心を深く瞑想し、仏へ至る次第の手順に従って悟りに入る」でした！

（松本堯有）

三僧祇の遠劫を歴ず　一念刹那の頃に於て即心自覚の毗盧遮那仏の果を成ぜん（大日経開題　降崇）

【無限の時間を経ずに、そのまま心に即して大日如来の悟りが開く】

◉「気づき」を大切に

弘法大師空海の伝説に、八宗論というお話があります。弘仁四（八一三）年に、嵯峨天皇は空海をはじめとする仏教の僧侶を招き、仏教について話を聞きました。

各宗派の僧侶は、長い間の修行をしなければ仏にはなれないと説かれましたが、空海は、人は誰でもこの身このままで仏になれると説きます。他の僧侶は、そんなことはありえないと、空海の話を信じません。

嵯峨天皇は空海に、なれるというならやってみせよと言いましたので、空海は、手に印を結び、口に真言を唱え、心に大日如来を念じました。すると空海の体は金色に輝き、頭に宝冠を頂き、金色の蓮台に座した大日如来と同じお姿になりました。それを見て僧侶達はひれ伏したといわれています。

即身成仏は、真言宗における目標でもあります。今生きているこの身このままで仏になる。そこにはどのような意味があるのでしょうか。

この名言は、八宗論のエピソードそのものを説かれているわけです。釈尊（いわゆるお釈迦さま）が悟りを開かれるまでには、何度も生まれ変わる中で修行をしてきたというお話（本生経）もありますが、そういったことを飛び越えて、釈尊が悟りを開いた時と同じ状態には、そのまま心で念じることで大日如来の悟りの境地に到ることができるのだ、と説いているのです。

さて、私たちはそのようになれるのでしょうか。そこは私にはお答えしようのない部分ですが、一つ言えるとすれば、日々の暮らしの中に沢山の「気づき」があるということ。仏さまの教えがどういったものかを一つずつ理解していくことで、新しい「気づき」が生まれます。その「気づき」を大切にして、幸せを得られるよう努力を重ねていただければと思います。

（中村光観）

四果はこの生にして証す　未来の時を待たず（宗秘論）

【修行の成果はこの世で得るものであって、死後のことではない】

◉生きる、生かす、今というこの瞬間を輝かす　即身成仏《そくしんじょうぶつ》とは、今生《こんじょう》のうちに成仏することをいいます。顕教では輪廻転生を繰り返し長い時間が必要とされています。他方、密教（秘密仏教）では現世で仏の境地に至ると説きます。なぜなら、すべてのものは大日如来が姿を変えたものだからです。つまり、私たちには仏性《ぶっしょう》が備わっており、そのことに目覚めれば生きたまま仏に成ることができます。これが即身成仏です。本来誰もがこの身このままで幸せになることができるのです。

子供の頃に家族と一緒に高野山を訪れた時のことです。ある不思議な経験をしました。奥之院の御廟《ごびょう》で「御《ご》宝号《ほうごう》」（南無大師遍照金剛）を唱えていると、ひとりの修行僧に声をかけられました。「お帰り、よく迷わずにまたここまで来ることができたね」。その言葉を聞いて何だかとても嬉しくなりました。

私たち一人ひとりには大日如来のような慈愛に満ちたやさしい心（慈悲）、どんな困難や苦難にも立ち向かい人生を豊かにする勇気（智慧）が秘められています。

諸《もろもろ》の悪をなさず（諸悪莫作《しょあくまくさ》）、諸の善を行い（衆善奉行《しゅうぜんぶぎょう》）、自らの心を浄《きよ》める（自浄其意《じじょうごい》」）。常にわが身を清浄に保つことでさらにその大切なものを光り輝かせることが可能です。密教ではこの世が浄土であると説きます。すべての人に本来備わっている仏性が顕在化した世界、この世界が「密厳浄土」（大日如来の浄土）なのです。

したがって、過去のことを悔いたり嘆いたり、また未来を憂いて悲観ばかりしていてはその大切なものが見えなくなってしまいます。「今」というこの一瞬、一瞬を精一杯に生きる、生かす、そして、みんなで共に「いのち」（大日如来）を輝かすことが何よりも大切ではないでしょうか。それがこれまで何度も生死を繰り返し探し求めてきた本来の道、私たちの真実の姿、私たちの本当の「生き方」のように感じます。

高野山は密厳浄土、今というこの瞬間を皆で共に光り輝かせる仏の浄土です。

（雨宮光啓）

我則金剛　我則法界　三等の真言加持の故に五相成身し　妙観智力をもって即身成仏し　即心の曼荼なり（性霊集八　亡弟子智泉）

【私と金剛薩埵と法界の三つは、平等の観念で仏の位を目指し、真実の智慧の力によって成仏し、マンダラの世界に入る】

●空海とその恩師恵果との絆　千二百年前、空海は長安青竜寺で日本仏教の流れを変えた恩師恵果阿闍梨に出会いました。僅か半年で胎蔵と金剛界の両部灌頂を受けました。残念ながら、恵果和尚は悉く密法を空海に伝授して間もなく寂滅しました。密教の付法を受け、恩師を失ったときに、これは前世からの絆だったのではないかと、その不思議な縁を、まさに「虚しく往きて、実ちて帰る」という感激をもって嘆じました。帰国後、空海は恵果和尚の遺言通りに、密教を日本で大いに広めました。恵果の教えを現実社会で実践し、大成功でした。彼の著作を解析すると、重要なのはやはり両部の思想、瑜伽観法と即身成仏の確証、護国利民などで、恵果の思想の影響を受けていると見られます。
外道の密法は弟子に示さないのに対して、大日如来は平等に説法し、加持し、誰でもその知恵を身に付けられるようにしています。密教では呼吸を調整し、精神を集中して、瞑想によって、行者の身体（身）、言葉（口）、心（意）三つの働きが仏の三密と一体になり、即身成仏の状態になることを瑜伽と言います。身、口、意の三密が相応して、行者の身体がすみやかに本来自身の持っている仏身を表すことが即身成仏です。そして、行者の心が本尊となり、仏と行者がお互いに渉入して、瑜伽しあう状態を目指します。つまり即身成仏は瑜伽を離れると成立できないということです。即身成仏は現世で修行を繰り返して、生きているうちに仏と一体となり、悟りの宝庫が開かれるという教えです。その宝庫は、大日如来が宇宙に姿や身体の働きのお徳を表され、マンダラ世界の形で表現されています。そこにはこの世の真実、真理が示されています。空海が日本においてそれを宣布しようとしたのは、恵果の遺言にもあるように、国家に奉り、民衆の福を増すためでした。鎮国利人のためと言えます。この思想は師と弟子の努力によって、千年経った今でも多くの人々に影響しています。

（寛旭）

この六大　有情非情に遍ずるが故に即身成仏すと云うことを得る（異本即身義五）

【宇宙を形成しているものすべてが、人間や動植物、鉱物の中にゆきわたっている。だからこの身体が仏になれるのである】

◉幸せを配る　四つ葉のクローバーを見つけると幸せになるといわれています。クローバーは通常三つ葉ですが、まれに四つ葉になっているものがあり、珍しいので、めったに出会えない幸運を探すことにつながるのでしょう。四つ葉のクローバーの花言葉は「幸運」「私のものになって」で、四つ葉はそれぞれ、「希望」「信仰」「愛情」「幸福」を意味しています。

幸せを配る人がいます。散歩をしながら四つ葉のクローバーを探し、押し花にして本のしおりとして仕上げています。いつも手元にストックをしていて、気になった方には差し上げているそうです。たとえば「彼氏とうまくいっていない」「婚約者の親族が危篤になっている」「昨日、入籍したばかり」など、幸せになってほしいと願う方に差し上げています。

あるとき、「見つけるのは大変なのに、なぜ熱心に探すのですか？」と聞いてみたことがあります。喜ぶ顔を見たいからという返事が返ってくるかと思っていたら、「四つ葉のクローバーは仏さまだから」とはにかみながら答えてくれました。「お寺に行けば仏さまはまつられていて、たくさんの方が手を合わせています。仏さまに手を合わせるだけで私たちに幸せを分けてくださいます。四つ葉のクローバーを配ることで私もちょっと仏さまのまねごとができるかなと思って。幸せを分けることができるから」。

四つ葉には「希望」「信仰」「愛情」「幸福」の意があると書きましたが、配っている人には〝愛情〟が感じられます。愛情を注ぐことによって〝希望〟や〝幸福〟が増していくことを願う〝信仰〟が生まれているように感じます。

仏教では「山も川も草も木もことごとく仏性をもっている」と説きます。四つ葉のクローバーには仏さまが宿っています。四つ葉のクローバーで幸せを配る人は仏さまとして幸せを配っているのです。

（中村一善）

この一生の中に彼の三妄執を度して即生に諸仏の境界に入ることを得　何ぞ必ずしも三僧祇を経歴せんや（雑問答一八）

【この生涯で執着をなくせば、諸仏の仲間入りができる。必ずしも長い時間を費やして修行する必要はない】

◉仏の世界は近い　即身成仏とは、生きた私たちの身で仏となることが出来るという教えです。即身には「私たちのこの身ですぐに」という意味もありますが、「その身に即して」、つまり、その身に応じたという解釈も出来ます。ですから仏と言いましても、様々な次元がありますので、高い次元の仏にも成ることができるのですが、それはその人の修行の程度や理解、心の状態に大きく左右されます。

私が奉職します高野山高校は全国区の学校ですので、生徒は全国各地から入学してきます。地元の高校に行くという選択肢もありながら、あえて高校時代から親元を離れて高野山で高校生活をしようと、勇気を持ってきてくれる生徒がほとんどです。とはいえ、高校生ですから、心の迷いはもちろんあります。ですから、勇気をもって入学をしても、地元の友達、地元での生活を忘れられず、引きずってしまう生徒もいます。そういう生徒は、地元と高野山での生活を比較して、地元がいいと結論づけてしまい、なかなか本校に馴染むことができません。まさに心ここにあらずといった感じです。保護者はもとより私たちも大変心配しますし、色々と話を聞いたりしながら少しでも高野山での生活に気が向くように仕向けます。しかし、固まった心は簡単に動くものではありません。

しかし、地元の友達ともいずれは話が合わなくなってきますし、高野山での生活で少しでも楽しいと思える瞬間がありますと、地元への執着は解けて、高野山ファミリーとなることが出来るのです。

お大師さまのお言葉は、即身成仏のコツとして、執着をなくすことと言われています。執着をなくし、本校で馴染んで楽しそうに過ごしている生徒を見ると、お大師さまのお言葉通りだなと感じさせて頂いております。仏の世界は遠くにあるものではなく、私たちの身近にあるのですから。

（富田向真）

草木成仏

草木また成ず　何《いか》に況や有情をや（吽字義）

【草木ですら仏になることができるから、どうして心ある人間が成仏できないことがあろうか】

◉ど根性大根　道端のアスファルトの僅かな隙間から大根の葉がニョキニョキと……、どこから飛んできたのか、落ちた種が芽吹いて大根がなった、と世間で話題になったことがありました。「置かれた場所で咲きなさい」という言葉を思い出します。中国の故事にも「桃李もの言わざれども下自ずから蹊を成す」とあります。私たちは、動植物の生態、川の流れや大地の転変に、この世の真理を見ています。

お大師さまはこの文章の前後で、条件によって表れ方は違っても、本質の仏身が変わるのではない、と繰り返しています。仏教は「自覚」の宗教と言われます。成仏、つまり覚りを目的としているのです。しかし、このことが一番大切なのに、実は一番見落とされているかもしれません。覚りを意識しながら仏教に向き合っている人がどれくらいいるでしょうか？　まず自分の位置を知り、目的（ゴール）を定めなければ、道を誤ります。的外れな地図をもって歩くのは危険です。仏法は自然の摂理。自業自得とは決して悪い意味の言葉ではありません。科学、文明が発達すればするほど不可欠で、高度で、しかもごく自然な縁起の教えなのです。

そもそも成仏とは何なのか？　果たして私は仏さまの命を生きているのかと問えば、全く仏さまのように生きているとは言えません。仏さまのように生きていこうと思えば思うほど、全くかけ離れている自分の姿がそこにはあります。仏さまの命をいただいているのなら、本当に勿体なく有り難いことですし、それを生かせていないのなら、本当に残念なことです。申し訳ないことです。

それでも仏さまは、私たちを見捨てることはありません。宇宙の神秘を「真言」という響きに託して私たちに与え、共に苦しみ共に喜び、「救済」という仏さまの誓い・願いは決して止むことはありません。私たちは、仏さまのみ教えという最上不二の鏡をいただいているのです。これ以上のご利益はありません。これを信じ、耳を傾け、真言を誦持し、日々懺悔して感謝して、破れては繕い破れては繕い、いただいた仏さまのいのちを、精一杯生きねばならないのです。

（阿形國明）

水外に波なし　心内即ち境なり　草木に仏なくんば　波にすなわち湿《うるおい》なけん（吽字義）

【水があるから波があり、心が作用するから環境ができる。草木に仏の性質がなければ、波に水分がなくなってしまう】

◉本当の共存とは　私は家で猫と一緒に生活しています。猫は寝てばかりで何も考えていないように思います。しかし、猫にも考えがあって、家族の中でご飯をくれる人には甘えた声を出しておねだりしますし、暖かい場所、気持ちのいい場所を探して居場所としています。動物とはいえ、ちゃんと思いや考えがあるのだなと気付かされます。小さな虫であっても、甘い蜜があれば、そこに行きたいという意思をもって行動します。蟻などは、あれほど小さな中に意思を持っていると思いますと、大自然はすごいなと常々考えさせられます。

木や草でありましても、養分を吸い上げて、自分の成長のために分配していきます。

草木なんかに考えがないだろうというのは大間違いです。ちゃんと生きるための知恵をもって、存在しており、ちゃんと考えているのです。

私たち人間は、自己中心によるおごりと無知から、人間だけが考える知恵を持っていると思いがちであります。そのほかのものは存在しているだけで、人間が自由にしていいとさえ思っていることもあるでしょう。しかし、大自然と私たちは繋がっています。目に見えない小さな虫の営み、草木の営みの積み重ねが、様々なものを存在させ、私たち人間も存在できているのです。そういった、様々なものとの共存を意識して、生かすように考えるのが密教の考え方であり、その根本は、すべてに生かされているからであります。

猫も蟻も草木も、すべて意思をもって生きています。お大師さまは誰もが必ず仏になる種を持っていると示して下さっています。同じように生きる猫も蟻も草木も仏性を持っているのです。それに気付かず、ただ生きているだけのものと決めつけてはいけません。すべての生き物に仏性があると理解し、この地球上で一緒に暮らす命と捉えることから、本当の共存が始まるのであって、一方的な思いの共存は成り立たないと、お大師さまは戒めておられます。

（富田向真）

草木非情成仏の義　法身は微細《みさい》の身にして五大所成なり　虚空もまた五大所成なり　草木もまた五大所成なり（秘蔵記）

【心がないと思われる草木にも仏の性質がある。大日如来は微塵かつ宇宙大の身体であり、空も山も川も草もその現れである】

◉**草のいのちを**　田舎の寺では、毎年春から秋にかけて厖大な量の草を刈ります。広い境内で草刈り機を担ぎ爆音を鳴らして延々と草を刈っていきます。青々と元気よくせっかく生えた草ですが、伸びたそばから刃を当てて刈り倒します。刈った草は昔は牛に食べさせたり堆肥にしたりしていましたが、今は集めて焼いてしまいます。こんなこと意味があるのかな、草にもいのちがあるんだぞ、と思いながらも、隣家の田んぼの畔がきれいに刈ってあると、気になって草刈り機を回します。

高見順に『草のいのちを』という短編があります。戦後の無力感漂う世相の中、上海帰りの友人の家を訪ねた主人公は、特攻隊生き残りの友人の弟が自虐の念に浸り、しかし周囲は新しい世の中に嬉々として順応しているやたらとやかましい家の中で、人々の愚かさに戸惑い自らを鼓舞するように自作の詩を歌うという話でした。

「われは草なり　伸びんとす　伸びられるとき　伸びんとす　伸びられぬ日は　伸びぬなり　われは草なり　緑なり　全身すべて　緑なり　緑の己に　あきぬなり　ああ生きる日の　楽しさよ　われは草なり　生きんとす　草のいのちを　生きんとす」（高見順「われは草なり」一部割愛）。

　多くの人が死に、多くの人を殺し、たくさんの町が破壊され、悲しみ、怒り、無力感が覆う人の世間に向けて、草のつもりになって、勝手な人間の振舞いをよそに草は草のいのちを生きる、そんな意味かなと思いました。

　草刈りの時、この詩を思い出します。草にもいのちがある、何千何万という草を刈りながら、草のいのちを思うのです。結局は法然に生きる草が、自然に即した正しい生き方を私に教えてくれます。草は師であり、仏であり、宇宙の身体であるということです。草刈り機のエンジンを止めると、青い青い草の中、刈られた草の香りの中、一人佇んでいる自分にようやく気づくのでした。

（佐伯隆快）

第三章

円光

一一の字門万像を含み　一一の刀金みな神を現ず（宝鑰第十）

【マンダラの梵字の一字一字にはそれぞれの世界を表し、刀剣や金剛杵などにもそれぞれに不思議な力を持っている】

◉今こそ平和を願う

二十一世紀になってもなお、世界各地では戦争の惨禍が絶えることがありません。テレビやインターネットからは、平和な生活に慣れている私たちにとっては同じ世界で起こっている現実とは思えないような、戦いの様子や被害の状況がリアルタイムで次々と流れてきます。同時に、子供たちや弱い立場に置かれている人々の苦しむ様子も伝わってきて、それを見るたびに私たちの心も苦しくなります。多くの人々の不断の努力によって平和が築かれていることの大切さが、今ほど理解できる時もないでしょう。

今から十年ほど前、京都のコンサートホールに世界各地の優れた合唱団が集まるイベントがありました。そこで北欧のコーラスグループの合唱を聴く機会があり、人の声の持つ力に文字通り圧倒されたことがあります。演奏が始まると、三十名ほどの男女がホールの客席を包むように立ち、指揮者が客席の真ん中に位置します。その指揮者の糸をつむぐような指先に合わせて、一人一人が細く小さな声を出していきます。メンバーは決して力むことがなく、他の人の声を注意深く聴いているのがよく分かります。彼らの声はやがて大きな音のうねりとなりハーモニーとなって、ホール全体がキラキラした倍音の響きに満たされました。それまでに経験したことのないような感動が、私の背中を震わせるのを感じました。

この地球には、八十億の人間、さらには数えきれないほどの生き物が共に暮らしています。その生き物の一つ一つはかけがえのないいのちであり、それぞれがこの世界で自らの生きる証を持ち、自然の中で輝きを放っています。お大師さまは、曼荼羅の梵字の一字一字のそれぞれに世界が表されている、と説かれました。それぞれの世界が一つとなって大きな悟りの世界を描くのが曼荼羅だとしたら、この世界も一つの大きな曼荼羅といえるのではないでしょうか。一人一人の人間、一つ一つの生き物は小さな力しか持っていないとしても、それぞれの願いがいつか大きなうねりとなって、世界の平和につながることを信じます。

（曽我部大和）

四種曼荼四種智印その数無量なり　一一の量虚空に同じ　彼は此を離れず此は彼を離れず　猶し空光の無碍にして逆えざるが如し　故に四種曼荼は各《おのおの》離れずと云う（即身義）

【仏の全世界を表す誓願は無数にあり、その一つ一つの大きさは虚空と同じである。太陽や星が互いに関係を保っているように、すべては離れずに融和している】

●心は曼荼羅

曼荼羅といえば、密教寺院のお堂の中に掲げられた色鮮やかな仏画をだれもがイメージするでしょう。真ん中に、密教の本尊である大日如来がいらして、その周りを、たくさんの如来や菩薩、明王や神々が取り囲んでいる、そんなエキゾチックな図像を思い浮かべるのではないでしょうか。しかしお大師さまは、本当の曼荼羅は心の中にあるとおっしゃっています。

われわれの心は、「煩悩」と呼ばれる、自分のことばかりを一番に考える悪い部分に覆われていますが、煩悩を取り除いてしまえば、その奥に、他者を思いやる優しく善良な部分が隠されています。

ここ数年、私たちはコロナ禍という大きな苦難を経験しましたが、その初期においては、怒りや憎しみ、誹謗中傷、自分勝手な自己主張など、人間のさまざまな醜い煩悩があらわになりました。しかし、医療に従事する方々の自己犠牲の精神や、皆の忍耐、弱者へのいたわりなど、人間の温かいすばらしい部分にも、徐々に気づかされたはずです。

お大師さまは、心の中心にあるそんな善良な部分こそが曼荼羅であると説いておられます。

心の善良な部分を総合的につかさどっている「理性」は、中央の大日如来さまです。そこから、他者を慈しむ感情が起これば、それは観音菩薩となり、貧しい人々に何か施しをしようという感情は虚空蔵菩薩となります。また、誤った者を正しい方向に導こうとする感情が起これば、それは不動明王となるのです。

さあ皆で、自分の心の中にある曼荼羅を見つけ出しましょう！

（川崎一洸）

如来有智の画師は既に了知し已って即ち能く自在に大悲曼荼羅を成立す（吽字義）

【仏の智慧を備えた画師は、全世界の苦楽を知り尽くした上で自由に慈悲の大マンダラを制作する】

◉プロの仕事とは

私の周りには親しくお付き合いくださる仏師が多くおられます。仏師とは仏像や仏画を製作される職人さんです。彼らは、私が理想とする仏様のお姿を伝えると、そのイメージのままの形を表してくれるのです。仏像のお姿については、「儀軌」（仏様の姿や供養法を説いた典籍）の中に細かな決まり事が定められています。それには指一本の動きにまで細かな指示があって、これらには必ず意味があるのです。つまり指一本の表現を間違えただけで、その仏様のお誓いを表現するのには全く意味をなさないものなってしまうのです。ですから私も造仏を依頼するときには細かく「儀軌」を読みあさり、そこに書いてあることを先ず私が理解して、細かく仏師にお伝えするのです。もちろん仏師もこれらを既によく勉強されていますので、すぐに理解してくださいます。仏師たちの細かなこだわりは素晴らしいもので、例えば正面からは見えない仏像の背部にも細心の注意をはらって製作されています。また時折、「儀軌」の規則の範疇を越えない程度の遊び心を加えて細かな細工をしてくださることもあります。その仕事内容は、職人といいながら、まさしく芸術家ともいえます。

さて、時代劇などで僧侶が登場するとき、私たちはどうしても細かなことが気になってしまいます。違う宗派の法衣を着けていたり、着装の仕方が間違っていたり、訳の分からない呪文を唱えていたり……。挙げればキリがないほどです。「あぁ、世の中のお坊さんの見方とは、この程度のものなのかな」と思いながら観ています。逆に、専門家の指導を受けたことが見て取れる「よくそこまで調べたな」と感心するほどこだわって製作されたシーンに出会うこともあります。一般の視聴者からしたらどうでもよいことであり、脚本家が伝えたい真意には全く関係のないところでしょうが、そのどうでもよいことまで気になるのがプロであり、またこだわって整えてこそプロだといえるのです。人生のうちに何か一つでも、こだわりをもって追究できるものがあれば素晴らしいですね。

（大瀧清延）

曼荼の性仏は円円のまた円（大日経開題　法界）

【仏のマンダラ世界は、欠けたるところがない円形そのものである】

◉信頼の通貨　日本の通貨は円です。人生で一度もこの円、お金のお世話にならない日本人などいないことでしょう。

お金というのは非常に便利なもので、元々、物々交換から進化したものです。しかし、お金が交換する物品の代わりとなるには、その通貨に信頼がなければならず、その通貨の信頼というのは、取引をする人間同士が信頼を失っては成立しないものです。

世の中、リモート、オンラインの時代です。

しかし、これもお金と同じく、あくまで人間同士の関係を取り持つ一手段です。もし今後、紙幣や貨幣を時代遅れにするような最新のテクノロジーが出現しても、それは最終的には人間同士のつながりのために活用されるものだと思うのです。

そして、その人間同士のつながりには、お互いの理解、お互いの信頼、お互いの思いやりといったように、「お互い」という枕詞で始まることが必要です。

もちろん、時には激しく意見をぶつけ合うことも大切ですが、たとえ、いかに正論であっても、相手を一方的にやり込めるのでは、決して相手の同意は得られません。着地点のないまま討論を終え、勝った、論破したと誇っても、それは、論を戦わせるだけのことで、よりよい方向性を見つけるという本来の目的とは程遠いものだと思うのです。

時に仏様の教えは厳しく感じられることもあります。ですが、その教えは決して私達の逃げ道を塞ぎ、追い詰めるものではないのです。刃を喉元に突きつけるのでなく、ゆっくり軟球の丸いボールを投げかけるように、気付かせ、教えてくれるものです。曼荼羅の中には数限りないたくさんの仏様がいらっしゃいます。そして曼荼羅の中の仏様は、それぞれが角のない円で互いを傷つけず安定した世界を形作っています。

曼荼羅の世界とは、我々人間世界がこうありたいという理想郷であり、手本とすべき、説明図なのだと思います。現実世界で通貨が必要なように、あなたの世界と他人の世界がともに存在するための、信頼という名の通貨も失ってはなりません。

曼荼羅は我々にこのことを教えてくれているのではないでしょうか。

（亀月隆彦）

法身は形なしと雖も　これは是れ曼荼の相なり（宗秘論）

【仏には形がないけれども、そのままマンダラの形態をなしている】

◉ちからに学ぶ　人は救いを求めて寺社仏閣を訪れます。そしてそこでは仏として形ある仏像が参拝者を出迎えます。しかしこの名言は「仏には形がない」と言い切っています。もし形がないのなら、我々は何に向かって拝んでいるのでしょう。京都へ向かう新幹線の車内からチラっと見える東寺の中にそのこたえが隠れています。

東寺といえば講堂の「立体マンダラ」が有名です。それは「大日の光」大日如来を中心に仏のはたらきをあらわす曼荼羅を立体的に示しており、その美術的な壮大さと帝釈天の美貌に心奪われて本意がかすんでしまいがちです。しかし東寺には講堂の仏像による視覚的説明のみではなく、体感的にその本意を実感できる建物があります。五重塔です。五重塔も「立体マンダラ」となっていますが、この五重塔の曼荼羅の中心に大日如来の姿はありません。その代わり中心に「心柱」という一本の長い柱が五層の塔を貫くように吊り下げられています。姿はなくとも心柱こそが大日如来となっているのです。地震大国ニッポンにおいて、五重塔は倒壊を免れて耐えてきました。細長く頼りなく見える五重塔が倒壊しないのは、心柱が振れの力を一方向に偏らないように逃がしてくれるからだといわれています。この技術はスカイツリーにも応用されたそうです。また、心柱は礎石の上に乗っているだけで固定されていないので振れに対して自在に動きます。それはまさに大日如来が人々の願いに応じて自在に形を変えて曼荼羅を形づくるのに似ています。そしてその立体的な曼荼羅はただ目前に広がる仏の世界であるだけではなく、自身も含めたすべてが曼荼羅の中にあることを感じることで、大日の光の力に包まれて自身の「心柱《こころ》」を安定的に動かすことができ、曼荼羅の「息づかい《ひろがり》」を実感できるはずです。

「大日の光の力」は「智慧」の力といえます。「力」をひらがなにすると「ちから」で「智から」と当てはめられます。その「仏の智から」で何をなすべきかは「心柱《こころ》」が示してくれるはずです。私利私欲のみでは「心柱《こころ》」がバランスを失い、自らを見失ってしまいます。仏の智慧でこころを安定させれば、折れない自身が世界を支える「大黒柱」となって、「大宇宙マンダラ」は際限なく広がり続けます。

（中村光教）

自心の曼荼は有仏無仏　性相常住なり（理観啓白文）

【心の中のマンダラは、仏がいるときもいないときも、性質と姿は変わることがない】

◉澄んだ心で観ると　水は液体でありますが、冷やされると固まり氷となり、また温められると気体の水蒸気となります。

海の水が太陽の熱で温められ水蒸気となって空に上り、そしてそれが集まって雲になり、雲が集まると雨になって地上に降り注ぎ、やがて川の流れとなり、海に流れ込み、そしてまた温められて上空へと循環しています。

私たちの身体には、たくさんの水分が含まれていて、成人男性で体重の六十%、新生児で約八十%が「体液」とよばれる水分でできています。まさに人間は水でできているといってもよいでしょう。私たちの体内でも、飲食にて吸収された水分は、やがて身体を巡り体外へと排出されるという循環が行われます。

水は、液体、固体、気体と常に状態を変化させながら、この世界を循環していますが、それでも水という本質は変わらないものです。また水は純粋、浄化、再生というようなイメージに結びついており、清浄なるものの象徴とされます。

しかし、本質的に清浄なるものである水でも、床にこぼした水をスポンジで拭いて、絞ってグラスに注いだ水は普通に飲むことが出来ません。同じ水でありながら、同じ水ではなくなるのです。それは、床にこぼれた水は汚れていて、身体に悪いと認知しているからです。つまり本質的に清浄なる水でありながら、その本質を見失わせるものが混在すると、一転して真逆のものに変化してしまうのです。

我々の心でいうと、その汚れは貪瞋痴という三毒の煩悩であります。煩悩に囚われると自心を見失い苦しみに堕ちます。

明鏡止水という言葉のように、鏡のように波立たない澄んだ水のような状態の心で自らを省みて、自心の中には清浄なる世界、つまり仏の世界、曼荼羅が展開していることを悟ることが何よりも大切です。

（成松昇紀）

心の道場を観ずれば　すなわち大覚如来の身を見　身の曼荼を念ずればすなわち常住世尊の像に遭う（理観啓白文）

【心中を正しく観察すれば、偉大な如来の姿を見ることができる。身体にマンダラを思念すれば、永遠なる仏の尊容に会うことができる】

◉琉球の納骨堂　この名言の意味することは修行されている方々や阿字観の体験・授業などでよく耳にする内容で、それを実践するのは非常に難しいことです。

私は今から数年前に講談師の初舞台に立ち、翌年、奈良や沖縄でも大きな舞台に立ちました。ひよっこ新人には、考えられない大抜擢でした。今もその時の緊張を思い出すと、嫌な汗をかきます。講談の内容はハンセン病がきっかけとなり、世界中で今でも差別や偏見が残る病気の回復者のお話でした。その中で私に与えられたのは、「沖縄愛楽園」という療養所のお話で、戦争、病、差別や偏見に囲まれた、現世の地獄絵図のような内容です。

その公演をした折、何人かの回復者の方々と出会います。私のお粗末な講談に感動してくれ、人間の仕業とは思えないさまざまな出来事を彼らは私に教えます。回復者やそのご家族にとっては、現在も「一抹の恐怖と不安」が残るほどの経験です。そこから見えたのは、彼らの心にある信念です。それが善か悪か私は分かりませんが、彼らは常にその信念の下にいました。それが生きる術だったかもしれません。

そんな彼らの中で、数人の女性がとても印象に残っています。彼女たちに共通なのは「静かな優しさ」です。彼女たちの内側には常に「人を思いやる心」があり、残酷な過去に囚われず、常にありとあらゆる慈愛を周囲に与えます。だから彼女たちの周囲にはいつも誰かがいるのです。

彼女たちはもう高齢者ですが、いつも笑顔で私に答えます。「先輩方の恥にならないよう、生きようと思う。私もいつか、みんながいる納骨堂に入るのだから」と。曼荼羅に描かれた世界が示す慈愛の一部を琉球の風のように私たちに与え、その生き方で教えてくれるのです。

（伊藤貴臣）

百千の真言は即ち一心に列《つらな》り　恒沙の曼荼は即ち一身に布《し》けり（理観啓白文）

【無数の真言はこの心につらなり、無限のマンダラがこの身に広がっている】

◉心と身に観じる悟りの世界

日々お唱えする『理趣経』の最後には、回向の句があります。回向とは、この功徳が一切衆生にめぐってゆきわたるように慈しみ、祈ることです。この回向の句に「同一性故入阿字」という一文が最終行に記され、すべて「阿」に入っていくと結ばれています。この究極の一文の中の「阿」とは、真言です。『理趣経』をお唱えする際、一字一句の文字を大切に声に出して発声すると同時に、一字一句を梵字の「阿」字を心に観じるようにしています。文意を理解するだけでなく、大日如来の功徳ある文字としての梵字の「阿」を、一字一句に観じて唱えることで、仏さまとの一体感を覚えます。

この「阿」の意味する一つに、空《くう》の思想があります。空とは、何も無いということではありません。空は独り勝手には存在しないということです。言いかえれば、様々にかかわり合って生まれては滅しているので、そのものに実体がないということです。しかし、現実は何かが有るから存在するわけです。目に見えない世界で、何かが存在していることはまちがいないはずです。いつも時間とともに消滅をくり返し変化しつづけていて捉えられないものです。こうして、実体が無いのですが、清らかな存在として積極的に認めている考えを、本不生《ほんぷしよう》と云います。

空と本不生の意味を達観した「阿」を、一字の真言としてお唱えする行が阿息観という瞑想法です。この瞑想法で関わり合うすべてが「阿」の世界として体得できます。父母の縁や、勝れた縁のつながりで生まれたかけがえのない我が命が「阿」であり、広大無辺にひろがる「阿」の悟りの世界と平等であるとして理解できるのです。

お唱えする『理趣経』の一字一句に「阿」字を観じることとは、この一身に悟りの世界を観じることになります。父母所縁の身で「阿」の悟りの世界の真っただ中に在るのです。日々『理趣経』を読誦することによって、得難い仏縁に触れ、親しく法味を嘗めて、法悦歓喜せずにいられません。

（阿部真秀）

法界宮に遊んで胎蔵の海会を観じ　金剛界に入って遍智の麻集《ましゅう》を礼す（性霊集二　恵果碑）

【仏の宮殿で遊べば、海のように広がっている諸仏を眺めたり、無数の智慧の宝庫を礼拝したりすることができる】

◉託すもの、託されるもの

「どちらが好きですか?」。私が高野山に上がってきて間もない頃、お寺のあちこちを案内してくれた僧侶が本堂にかけられた曼荼羅を見上げながら、そう尋ねてきました。本堂には二つの曼荼羅がかけられており、一つは異形の鬼のようなものまで描かれていてどこか雑然とした印象があり、もう一つは円と方形を多用して描かれたシンメトリーなものでした。「こちらの方が好みですね」。整然とした印象のある幾何学模様のような曼荼羅のほうを向いて、私はそう答えました。

真言宗のお寺の本堂にはこのように、向かって右に胎蔵曼荼羅、左には金剛界曼荼羅といわれる二つの曼荼羅がかけられています。曼荼羅というのは言葉だけではなかなか表現することが難しい仏様の世界や教えを図柄によって表したものといえます。細かい説明は省きますが、胎蔵曼荼羅は仏様の慈悲を、金剛界曼荼羅は仏様の智慧をあらわしています。この二者に優劣はなく、むしろ不可分なものとしてとらえられています。

きっと先人達はこの曼荼羅を仰ぎながら、経を読誦し、悟りへの道に至ろうとしたのでしょう。ある人は念願かなって悟りを得、後進が続いてくれることを祈り、またある人は志半ばで倒れながら、志を継いでくれる者たちにバトンを託し、そういった様々な想いが織り込まれながら、拝まれ続けたのだろうなと本堂の曼荼羅を見上げるたびに思います。

仏様の教えは全貌が大きすぎて、学べば学ぶほど、かえってわからないことが増えていくようにも感じます。さながら、濃霧の中を手探りで歩いているような気分で、とてもとても遊ぶなどという心境には程遠いものがありますが、いつかはこの霧が晴れてくれることを願いながら、私もまた曼荼羅に祈りを捧げています。（髙田堯友）

双円の大我は如如を一居に起し　五部の曼荼は智智を諸識に韞《つつ》めり（性霊集六　天長皇帝橘寺）

【大日如来は真理を端的に示し、マンダラはすべての智慧を含んでいる】

◉この世界　先日、宇宙についてのテレビを見ていました。この宇宙にはいくつもの星があり、いくつもの銀河があり、そして、いくつもの宇宙があると。気が遠くなります。また、私たちより小さな世界も存在しています。ウイルスなど小さな世界もまた果てしないのです。

その大きな世界より大きく、小さな世界より小さなものがあります。それは私たちの心なのです。私たちの心は果てしない大きな世界をも超え、もっともっと大きな世界を創ることができます。小さな世界でも然り。どんな大きな世界でも、想像することでより大きな世界を創造し、どんな小さな世界でも、想像することでより小さな世界を創造することができるのです。私たちが想像し得るだけの世界が広がるのです。

それは、どんなに小さな世界でも、どんなに大きな世界でも。
私たちが生きるこの世界も同じなのかも知れません。宇宙の真理である大日如来が想像し得る世界が創造されており、大きさも小ささも果てしないものなのでしょう。そもそも、仏さまからしたら大きい小さいという概念すらないかも知れません。私たちはその一端を知り、すべてを知った気でいるだけではないかと思います。

この世界の真理は果てしなく、そして私たちの想像を超え、私たちの知識を超えたものなのです。そのような難解のものは言葉で表すことが難しく、どうにかして私たちにも理解できるようにしたものが、曼荼羅なのです。仏さまや図形、文字などあらゆるものを使いこの世界の真理を表しています。また、世界を一つの仏さまで表したり、多くの仏さまで表したり、様々な表現を使い真理を説いています。

密教では経典を読み解いて悟りに近づく方法もありますが、修行や体験、そして直観的に悟りに近づく方法も大切にしています。曼荼羅を通して、この世界の在り方を感じてみることもできるのです。あなたには、この世界がどのように映るのでしょう。曼荼羅があなたの心に作用して、あなたの世界をより輝かせる道を教えてくれるかもしれません。

（岩崎宥全）

点塵の身雲は本標を執《と》って輻側《ふくそく》し　恒沙《ごうじゃ》の心数《しんじゅ》は供器《くき》を擎《ささ》げて駢羅《へんら》たり（性霊集七　奉為四恩）

【マンダラには、無数の仏が誓いの旗を翻して群衆し、おびただしい眷属が供物を捧げあって並んでいる】

◉私たちはマンダラの仏になることができる　『大無量寿経』には、法蔵菩薩が五劫思惟し、四十八の誓願を発し、その全てを成就して、阿弥陀如来に成仏したことが説かれています。その第十八の本願は、「あらゆる衆生が至心に信楽し、我が国土に生まれたいと願って、十回念仏し、もし生まれないならば、我は仏にならない」という誓願です。法蔵菩薩はこのような誓願を発して、自らの体が大慈悲心によって真っ赤に染まるまで修行し、あらゆる衆生を往生させる仏国土（極楽浄土）を建設し、その教主、阿弥陀如来になりました。このように誓いを持って仏になります。マンダラには、無数の仏が誓いの旗を翻して群衆しています。

衆生救済を誓わずに仏になることはできません。誓いの旗は仏の象徴です。私たちはマンダラを見ることで仏の姿や象徴を知り、誓願の活動に思いを致します。マンダラの仏はかつて私たちと同じ人間でした。「阿耨多羅三藐三菩提の無上の悟りを開く心を発し、衆生救済の誓願を実行する心を指標とし、戒体とし、常に憶念し、堅持し、生まれ変わっても仏になるまで忘れなかった」(『菩提心論』)のです。私たちも同じようにマンダラの仏を目指し、菩提心を発して修行することができます。お大師さまは、私たちにマンダラの仏と結縁するための灌頂を授け、真言密教の修行を教えました。

真言密教の修行はマンダラの仏と結縁する灌頂から始まります。修法の中で入我我入の秘観によって、私たちはマンダラに座します。その時、おびただしい眷属が供物を捧げあって並び、マンダラの仏が相対して、私たちに無上菩提に安住せしめる利益を施します。そして、私たちはマンダラの仏と一体無二になることを目指します。

人生の目的とは何かという問いから、私は密教を学び始めました。今はこの答えを得て生きています。私たちの人生の目的とは仏になることです。これがお大師さまの密教の教えであり、お大師さまの願いであり、誓願に他なりません。　(細川敬真)

金体を曼荼の海会に証し　蓮躬《れんぐう》を瑜祇《ゆぎ》の心殿に得たり（性霊集七　笠大夫先妣）

【金剛界の智慧はマンダラの諸尊によってそれぞれ表現され、胎蔵マンダラの仏は真言行者の心中に在る】

◉**高岡散歩**　高岡大仏や国宝瑞龍寺で有名な富山県高岡市は、あの「藤子不二雄」誕生の地でもあり、市内にはドラえもんの像やギャラリーが点在しています。「藤子不二雄」が二人の漫画家の共同筆名であったことは、よく知られています。氷見市の曹洞宗の古刹に生を受けた安孫子素雄少年（後の藤子不二雄Ⓐ氏）は、父の逝去によりお寺を出ることになり、引っ越し先の高岡市で藤本弘少年（後の藤子・F・不二雄氏）と知り合いました。まさに運命の出会いですね。

藤子漫画は子ども向けという印象が強いですが、実は大人向け作品も数多く手がけていて、私も十代の多感な頃に乱読しました。

ただ、二人の作風はずいぶん異なります。というより正直、私は子ども心に、F氏の作品のほうがかなり上質だと思ってきました。短い物語の中に世界の不条理や諸問題、そしてアッと驚く結末まで盛り込まれ、その巧みさにうなったものです。

かたやⒶ作品は『笑ゥせぇるすまん』を始め、実に直情的で理不尽な展開ばかり。Ⓐ氏自身が「漫画家になれたのは藤本君のおかげ」と述べている通り、「藤子不二雄」が世に出た原動力はF氏の物語構築力によるところが大きかったかもしれません。

とはいえ藤子漫画の魅力がF氏だけで成立していたかというと、これは全く違います。例えば初期の共作では、白く爽やかな主人公をF氏が、どす黒い敵役をⒶ氏が分担することで、光と闇の劇的なコントラストが生まれました。実はⒶ氏は己の内面の恥部や醜さを紙上にえぐり出すことに長けていた。でなければ後のⒶ作品もこれほど愛されなかったはず。やはり「藤子不二雄」は二人でなければならなかったのです。

ちなみに、この「二つのようで二つでない」という状態、思想を《不二《ふに》》といいます。特に真言宗では、金剛、胎蔵の二つの曼陀羅を並べるなどして不二を表現します。光と闇。体と心。男と女。表と裏。世の中には便宜上二つに分けられるけれども実は《不二》であるものがたくさんあります。「F」と「Ⓐ」はまさに《不二》。あ、コンビ名の「藤子《不二》雄」って、あるいはそういう意味だったりして。


（坂田光永）

法界の浄体は月輪に乗じて以て厳然たり　摂供の侍者は金蓮を擎《ささ》げて以て宛爾《えんじ》たり（性霊集八　笠左衛佐亡室）

【金剛界の大日如来は月輪に厳然と坐っておられ、その周囲には菩薩たちが金剛の蓮華を所持してひたすら供養を捧げておられる】

◉ある夏の佐渡の追憶　幼少の頃、佐渡島の母の実家に滞在した時の話です。仏間の窓からは日本海が眼前に広がり、右手には荒々しく聳《そび》え立つ岩山の上に、波切観音堂（昭和五十七年建立）が見え、夜には水平線上に漁火《いさりび》が見える風景が、特に印象に残っています。その時は、久し振りに訪れた嬉しさのあまり、私は近所に出かけた折、旧知の人との再会で時を忘れる程話が弾み、帰りが遅くなってしまいました。

帰る途中、私を捜していた母方の祖父が私の姿を見るなり、「どこさ行っとった！」と声を荒げました。その時の祖父は、いつもの優しい祖父からは想像もつかない程、険しい眼差しで、私はどう謝ったらいいか解らず、沈黙のまま祖父と家路を歩いていると、祖父がつぶやきました。「わしはお前の靴だけを捜しとった……」。

実家に帰り、祖母と母からも怒鳴られ、玄関口で肩をすくめましたが、祖母と母はどこか悲しい表情をしています。祖父もよく見ると同じ顔をしていました。母が私を仏間に招きました。「実は話していなかったけど、お母さんには弟がいて、八歳の時に溺れて死んでしもたんよ、その時も遊びに行っていつまでも帰ってこんかったけん、私たちや、近所の人みんなで探したんでよ……」。子どもながら私は、自分の至らなさでいたたまれない気持ちの中、気付きました。帰り道の祖父の言葉の意味、仏壇にまつられていた古い男児の遺影が、母の弟だったことに。

私はそれから、何度も仏壇に手を合わせると、自分のいのちにも多くの人の縁起、願いがあり、自分だけのいのちではないと自然に発憤興起の念が生じました。それ以来、私は母方の先祖を拝むと、ご先祖さまは仏壇にまつられていた大日如来とともに、私たちを厳然たる姿勢で見守り続けているのではと感じます。

この名言は、惜しくも亡くなられた奥方様を拝まれる多くの僧が整然と並ぶ様子が、仏の世界を表現した曼荼羅にたとえられます。誰もが定まった場所で身《からだ》・口《くち》・意《こころ》を清め、いのちをいかす役割を果たせば、この世も大日如来の浄土です。

（村上慧照）

金蓮の冒地《ぼうぢ》は心殿に会して不変なり（性霊集八　弟子僧真体）

【金剛界と胎蔵界の大日如来は悟りの殿堂にいまして不変にして不動である】

◉お不動さまの秘密　密教には不動明王という仏さまがいます。大日如来が衆生を教化する際、通常の姿のままでは教化できないので忿怒相をもって現れたと言われている仏さまです。不動明王の元々のサンスクリット語でのお名前は、「アチャラ・ヴィッディヤー・ラージャ」となるそうで、アチャラ（अचल [acala]）が不動、ヴィッディヤー（विद्या [vidyā]）が明、ラージャ（राजः [rājaḥ]）が王をそれぞれ表します。

それでは、アチャラ＝不動とはどういう意味なのでしょうか。なぜ不動明王は不動だと言われるのでしょう。不動の菩提心を表すという説もありますが、このようにも考えることができるのです。不動明王が動くためには動くためのスペースが必要です。つまりは自分が存在していない場所や空間がなければ動くことができません。密教では、過去も現在も未来もこの世もあの世も含めた時間や空間の制限にとらわれない宇宙の全てが仏＝大日如来そのものなのです。宇宙の隅々までが余すところなく仏体そのものだとしたら大日如来の化身である不動明王の移動できるスペースはありません。ですから不動なのです。不動という二文字、アチャラという一言の中に宇宙の全てであることが表されているのです。宇宙の全ての中には、もちろんあなたや私も含まれています。密教においてはあなたや私も大日如来や不動明王の一部です。言い換えるならば、私たちの身体における細胞の存在のようなものかもしれません。一つ一つの細胞は小さいですが、全ての細胞には大日如来のＤＮＡが宿っています。細胞におけるＤＮＡにあたるものは仏性です。どんな人にも、どんな生き物にも不動明王や大日如来と同じ仏の本質が宿っています。

　ここでひとつ不動明王の秘密をみなさんにお教えいたしましょう。怒りに満ちた恐しい顔で岩の上にたたずむ不動明王さまですが、よく見ると頭の上には蓮のお花を載せています。蓮は泥水の中でしか花を咲かせません。不動明王の頭の上の蓮の花は、自分の身体は泥の中に置いても私たち衆生を必ず悟りの世界へ導くという強い誓いのシンボルなのです。

（小西涼瑜）

秘密曼荼羅は衆生の心中に在れども　作意思惟の時を待って初めてこれを開発《かいほつ》する者なりと（理趣経開題　将釈此経今略）

【諸仏諸菩薩のマンダラは私たちの心にある。この教えを深く思索することによって初めて仏心が開かれる】

◉**こころのマンダラ**　唐の元和元（八〇六）年九月のある日、国子監博士職だった著名詩人韓愈が青龍寺探訪の際、東塔院の壁に描れた曼荼羅絵図を目にしました。密教曼荼羅の豪華絢爛さ、かつ神秘的で摩訶不思議な様に震撼させられた心境を、『遊青龍寺』の詩文として書き上げました。これらの曼荼羅図像は、恵果阿闍梨が生前に人に描かせたものばかりでした。韓愈が青龍寺を訪れる半年前に、恵果の弟子空海が留学の旅程を終えて帰国したばかりでした。もしも空海の出発が半年ほど遅れていたら、きっと秋の周遊で訪れる韓愈に出会ったのでしょう。互いに初めてあの曼荼羅絵図を見たときの感想を語り合ったのかもしれません。

空海が初めて曼荼羅を目にした時の心境は計り知れないのですが、密教の弘法に励む後半の生き様から見ても、ずっと曼荼羅と切っても切れない縁だったのです。八〇五年、空海は恵果阿闍梨に導かれ、胎蔵、金剛界の曼荼羅入りを果たしました。投花は二度とも大日如来に当たりました。その後、恵果阿闍梨は、日本に持ち帰ってほしいという願いを込めて、愛弟子空海のために、皇室御用の絵師李真など十人余りを集めて、十数幅ほどの曼荼羅づくりを急がせました。帰国した空海は、そのうちの九幅の曼荼羅を南都の東大寺灌頂堂に安置し、京都の東寺講堂で立体曼荼羅を建立しました。中務省での在任期間中でさえ、高野山上の大塔や西塔の営造プロジェクトの工事進展を気にかけていました。

我々は弘法大師の著作の中からも、大師の曼荼羅に対する認識を読み取ることができます。『秘密漫荼羅教付法伝』というタイトルにもあるように、密教の主な教えは曼荼羅教で、曼荼羅は真言行にとって最も重要な教えであります。また、『十住心論』を細かく最終章まで精読していけば、きっとあることに気づくはずです。最高である第十住心は、実は、即身成仏した後の心になります。大師はそれを「心の曼荼羅」あるいは「自心の仏」とも称されています。

（洪涛）

法界

大空とは仏の境界なり（十住心第九）

【仏の境地は空そのものの世界である】

◉音曼荼羅の世界（追弔和讃の響き）

人のこの世は永くして　変わらぬ春と思えども
はかなき夢となりにけり　あつき涙のまごころを
みたまのまえに捧げつつ　おもかげしのぶも悲しけれ
しかはあれども御仏に　救われて行く身にあれば
思いわずろうこともなく　とこしえかけてやすからん
南無大師遍照尊　南無大師遍照尊

「追弔和讃は名曲中の名曲である」。今でもこの言葉が私の心の中から離れません。故立葉了照先生が大学の講義で言われたこの言葉が、追弔和讃をお唱えする前にいつも私の心に語りかけてくれるのです。金剛流御詠歌には、難しい節回しや歌謡法が使われた名曲がたくさんありますが、ここまでシンプルな節回しで人々の心に響く追弔和讃のメロディーと歌詩は、まさに名曲中の名曲です。私のお寺では、お通夜の時にこの追弔和讃をお唱えします。お通夜の席でお唱えします追弔和讃には、必ずお世話になったお檀家さんの思い出がそれぞれに蘇り、仏の世界への旅立ちを後押しします。同じ曲のはずなのですが、故人その方、その方の特別な追弔和讃の響きとなるのです。

立葉先生はご遷化される半年前、車いすと点滴の姿で最後の講義をされました。「私は最後に皆さんと一緒に御詠歌をお唱えしたいのです。もう声を出してお唱えすることは難しいけれど、このカスタネットで拍を取るので一緒にお唱えしましょう」とおっしゃり、私ともう一人の学生さんが前に出て立葉先生の隣で習った御詠歌を順番にお唱えしました。

皆それぞれの命と心と声が響き渡った九十分。もう二度とないこの九十分。しかし、今でも私の心にはしっかりと残っています。あの世もこの世も大日如来の世界そのものです。そこに心がある限り、仏の世界でつながり尽きることはありません。

（加古啓真）

法界

一切の世界は本よりこのかた常に是れ法界なりと了知して　即時に大悲心を生じたまう（十住心第十）

【全世界は真理の現れであると仏は了解しておられるから、この宇宙は大悲の心で満たされている】

◉ご先祖さまと乗り切るコロナ禍　お大師様の目指す密厳国土とは凡聖不二の世界といい、仏様も私達も共に過ごす理想のお浄土の世界です。

私は幼い頃、両親がお仏壇にお茶湯、お仏飯をお供えして手を合わす姿をよく見ていました。時折頂き物があれば、まずはご先祖さまにお供えをして後でお下げしたものを分けて頂いていたのを覚えています。故人となった仏様はご供養を重ねるうちに、やがてご先祖さまとなって一族を慈愛をもって見守り、繁栄や幸せを願って下さいます。

昨年コロナ禍で延期となった結衆行事、十夜大法会のご案内にお檀家さんを廻った時、この様なお話を聞きました。

その方は、人と接する仕事を長くされています。一昨年に七回忌のご供養に併せて二百五拾回忌の法事を営みました。コロナ禍になると来る人も減り、周りの状況やニュースを見る度に不安になり、仕事や生活の先行きに不安の日々を送っていました。その様な中でもその方はお仏壇のご先祖さまにお供えを欠かさず、般若心経をお唱えする毎日を送っていました。ある日、仏壇の繰り出し位牌に目がとまりました。初めて我が家のお厨子の中の沢山のご先祖さまを見て大変驚かれたようです。現代は高度な文明社会ですが、そうでない時代から継承されて今の生活があり、自分達から子ども達にも繋がっていくということに気付かされ、胸に込み上げる思いがあったと話されていました。お位牌を見て命の繋がりをひしひしと感じ感謝して手を合わせた時、何かに守られている様な気がして勇気づけられたとも話されました。

あらためてご先祖さまとの繋がりをありがたく思い、日々のお勤めもより一層熱心になり、平穏な社会生活を送っておられるようです。

私達は現実生活の中で辛い局面に陥っても、この宇宙の仏様の慈悲のご加護で満たされていることに気付けば、不思議と立ち直ることができるものなのでしょう。

（天谷含光）

法界の浄心は十地を超えて以て絶絶たり（大日経開題　法界）

【全宇宙の浄土は菩薩の最高位をはるかに超えて厳然としている】

◉仏さまがいらっしゃる

私たちの日常の暮らしの中で、真理を求めるとか、真理の探究とかいう精神的な働きが話題になることがあります。真理は存在しているというその時、私たちが意識している真理というのは何なのでしょう。仏さまの存在、仏さまの世界を理解するまえに、この身近に存在している真理とは何か、その内容を考えてみましょう。

まず文字の意味ですが、真理の「真」は、まこと、正しい、自然のままなど、「理」は、おさめる、ただすなど、宇宙の本体という解釈があります（諸橋徹次による）。ですから私たちの日常でも「真理は不偏、不変、普遍に存在している」などと使われ、実態は確認できないけれども存在はあるという共通の認識で通用しています。諸橋先生の『大漢和辞典』では、「まことの道理を真理という。密教では、さまざまな現実のすがたやことがらが、本質はそのまま乱れることがないので理といい、だからその道理を正しく心に受け止めることを真という」（著者意訳）と説明しておられます。簡単に言えば、「自然そのまま」が真理と言えるでしょう。

　ここに法界というのは仏法の本体であり、仏さまの住まい、仏の世界ということです。真理の世界です。空海さまはそれを易しく理解してもらうために、曼荼羅をもって仏のすがた、仏のはたらきの世界を説明されました。その仏さまの清らかな心と働きは、さまざまな戒を受け修行して菩薩となった仏たちをはるかに超越して、厳然と優れていると仰せられています。菩薩の最高位もはるかに超えて世間からもかけ離れた存在で、地球誕生のそのときすでに存在しておられ、私たちのいのちの誕生の時から厳然と存在しておられるのです。いわば、私たちのいのちの源泉であり、私たちが仏の子であるという所以でもあります。ですから、現在も自然そのものが仏であり、自然の森羅万象が仏の働きなのです。大日経を説かれるにあたって、まず、その本尊の大日如来がどのように存在しておられ、その働きがどのようにすぐれていて厳然として比類ないものであるかということを説明され、全宇宙が本来浄土であるということを述べておられます。

（野條泰圓）

法界

法界の身雲　恒沙の性徳　形として形ならずということ無く　像として像ということ無し　一切の形像を以て一切の法性塔となす（大日経開題　法界）

【諸仏諸菩薩の無数の徳は、湧きあがる雲のように形のあるなしにかかわらず、すべての物体を真理の姿にしてしまう】

◉法界とは真言宗の覚りの境地「入我我入」であります　僧侶が平素仏前で修する理趣経の中に、修法でも最も尊い入我我入観があります。「仏我に入り、我仏に入る」。これは僧侶だけの覚りであってはならないのであって、多くの信者さんが平素、仏さまを供養し、礼拝する時の心得であり、観念でなくてはならないと思われます。これこそが、まさに真言宗の覚りであり、信仰の真髄と言えます。

覚りというものは、程遠いものであり、なかなか凡人にはそれを得ることができないように思われていますが、実はそうではなく、信仰を求める人にとっては、容易に体得できるように、お大師さまが私たちに覚りの教えをお示し下さっているのであります。

「本尊曼陀羅に座して我と相対したまえり。本尊、わが身に入って加持護念したもう。我また本尊の身中に入って恭敬供養し奉る。本尊と我れと一体無二なり」と教えられております。「いつも仏さまと向き合っている」という態度姿勢が真言宗の教えであります。

宇宙のいのちである本尊大日如来さまを始めとして多くの仏さまは曼陀羅の世界にあって、私たちの合掌に応えて下さる。そればかりでなく仏さまは私の身中に入って導きお護りくださる。私も仏さまの身体に入って供養し礼拝させていただく。仏さまと私が一つに成ることができ、ここに信仰の極致があります。

「仏我に入り、我仏に入る」という信仰観こそ真実の信仰の尊さであります。入我我入といっても一般には何のことか判らないと思われますが、これが真言宗の覚りの境地を端的にあらわしているのであります。このような尊い悟りの信仰を、大切に胸の中に秘めて、信仰の尊さと仏さまの有難さを感じていただきたいものです。

（安達堯禅）

法界

重円の性海は風水の談を超え　双如の一心は言心の境に非ず　大我はその朗月を都とし　広神はその心宮に住す（法華経開題　重円）

【完全なる真理は流転する世間を超え、悟りの心は言語では表わさない。大日如来は名月に象徴され、大神が心の中に留まる】

◉出会いが人間と人生を大転換させる　私の母親に、ある夜突然に若者を抱いた不動明王が「我を祀れよと」とご降臨され、夫と共に半世紀前頃より無経験の寺づくりを始めました。母親達の全力投球のうしろ姿を見て、私も息子に商売を任せ、覚悟を決めて高野山に入り僧の道を歩む事になり、人生の大転換と大変身を決断しました。

大自然に恵まれた高野山と空海大師と密教に惚れ込み、二十年前より寺子屋塾を立ち上げ、寺修行で若者たちの体と頭と心を鍛える人間教育に力を入れ、自己変革し、使命に生きることに挑戦しています。

この度令和五年、あこがれの空海様の御誕生一千二百五十年大祭が高野山で催されます。その記念に真言密教者の宝物を目指す『空海散歩』全十巻が出版され、空海様への最高の御礼としてお供えされます。

この『空海散歩』は空海研究の第一人者と言われる桜池院住職の近藤堯寛氏と氏を支える白象会のメンバーと筑摩書房のご尽力で出版されました。平成十七年に出版された近藤住職の『空海名言辞典』と共に大変な力作で大好評です。

そこに熱心なる密教者の有難い法話も多数掲載され、密教の布教にも大いに貢献されることと思います。筑摩書房の大いなるご支援をいただき感謝いたします。『空海散歩』は全国の図書館の蔵書とされるそうで大変有難い事です。

小生にもスペースを与えていただけて、あこがれの真言密教と空海について更に深く学ぶことが出来ました。最後に不動尊と出会い、人間離れした空海様と真言密教に出会い、私の人生を良い方向に大転換が出来、感謝感激です。残りの人生全身全霊で人間教育に取り組んでまいります。心より御礼申し上げます。

（井本全海）

法界はその体　その心は空の如し（金勝王経伽陀）

【仏の世界こそ本体であり、その心は空のようである】

◉宿命に負けない　宇宙をお体とし無限に生き給える大日如来の霊的躍動の世界が仏で、そこには決まった色、決まった願いなどありません。決まった色や願いがあるならそれしか入れず、極めて微細な世界になってしまいます。

この宇宙を構成している六つの大きな力の地大、水大、火大、風大、空大、識大は互いに妨げあうことなく円やかに溶け合い、常に瑜伽《ヨーガ》の状態にあります。瑜伽によって仏の世界に入り自己を深めるのを建前とするのが真言密教です。ですから瑜伽観法で大日如来を表す阿字を本尊とする阿字観、満月を本尊とし菩提心を形で観ずる月輪観など密教独自の瞑想法が発達したのです。

瞑想をして自己を深めようとする心とは一体何か、一般に心とは脳髄にあると言いますが、そんな小さな部位に心は収まっていません。

愛媛県今治市の大下島にある森繁久彌氏自筆の詩碑に、「碧く澄んだ広いもの　それは海だ　しかしそれよりも広いものがある　それは空だ　しかしそれよりもまだ広いものがある　それが人の心だ」とあります。

心は虚空の如く大きく、肉体を越えた大宇宙の内に具わっており、個々の業因によりそれぞれの意識の上に織り出され、十人十色の人格が形成されていくのです。ですから現在の生活は、無限の過去からの業因の果報で、この因果の鉄則を動かすことは出来ませんから、密教は言わば宿命論です。それでは私たちは宿命の業力に追われるだけの人生か、と言うとそうではありません。

自らの宿命が暗いものであったなら、それに対する心の捉え方と努力でいくらでも未来を輝かしいものにできる、我が田に水を引くようですが、その手掛かりを与えてくれるのがお大師さまの真言密教です。

真言は真実なる言葉で、私たちが意思伝達で使う言葉ではなく深層意識、即ち法界に作用する言葉で、これを唱える事によって心は暗い宿命に負けない金剛心を得ることが出来、その生活のまま大安心に住する事が出来るのです。

（篠崎道玄）

法界

万法の主となるが故に心王と名づく　法界を国とし色身を舎《いえ》とす　今既に人身を受得すれば心王は中に処するが故に名づけて舎とす　これを仏の止住の処と名づく（一切経開題）

【仏はあらゆる真理の核であるから心王と呼ぶ。心王は真理を領土とし、姿や形を家とする。ここに人間の姿としてあるのは、心が家であるから、仏はこの心に居住する人というわけである】

●仏さんはどこにいる　「移り行く　はじめも果ても　白雲のあやしきものは　心なりけり」このような古歌が詠まれています。もともと仏さんの住んでいる世界、こころの真理の世界というところは、雲一つない大空のように波風の一切なく、変動することはないと言われています。この仏さんが人間の心になぜ留まるかを考えてみますと、人間って、心に迷いが起きてくる生きもののようで、「あやしきもの」であるようです。

「修験道」の皆様が、大峰山などを「六根清浄、お山は晴天」と唱えながら登っていきます。これは、ご存知と思いますが「眼・耳・鼻・舌・身・意」による「六根」で「根」は機関とか根元の意味があります。感覚作用を起こす対象です。そして、認識の対象としての「色・声・香・味・触・法」を「六境」と呼びます。つまり、人は、六根で感覚作用を起こし、六境によって、それぞれのものを認識します。これらの六根・六境による心の作用により、私たちは、衣食住すべてにわたって、執われが生まれます。この執われの心を交通整理するのが仏さんの役目です。

先人からの言い伝えが存在いたします。「恐ろしきものはどこにある、邪見の人の胸にすむなり」。人生は上がったり下がったりするのが常でありますが、誠実な生き方を「日を累ね、月を積む」ことが大切であることを教えてくれます。また、履物を揃えるように、心を揃えることが大切なようです。

運がいいとか悪いとかよく耳にしますが、「運」とは「はこぶ」とも読みます。運は誰にも同じように向っています。着実に足を運ぶ努力をした者だけが、ふさわしい運をつかむことができるようです。どんな運にめぐりあえるかは、その人の運ぶ「まごころ」のようです。仏さまは、これらの様子を鏡のように反映すると伝えられています。

（岩佐隆昇）

法界をしかも体と為し　虚空をもって仏心と作《な》す（宗秘論）

【真理の世界を本体とし、虚空を仏の心とする】


◉画竜点睛を欠いて惑う　真言宗開祖の空海（弘法大師）さまが入唐された目的は、青年時代に出遭った真言密教経典「大日経」の奥義を知ることとされています。

予想される大海の荒波、船の難破、漂流をも厭わず目標を定めたお大師さまの揺るがぬ志が窺い知れます。

昔からよく知られた日本昔話に「ウサギとカメ」があり、人生の有り様によく譬《たとえ》られてきました。遥かに遅れてノロノロと歩む「カメ」とは逆に、余裕あるかの如く昼寝する「ウサギ」です。只管、ノロノロ歩く「カメ」は寝込む「ウサギ」を横目に追いこして、結果「ウサギ」より先にゴールします。ここで何が勝敗の分かれ目になったのか考えてみます。

「ウサギ」の思考はノロノロ歩く「カメ」のことだけで、所謂煩悩から派生する〝油断〟が生じています。一方「カメ」はゴール（目標）に視点を注ぎ続け、当然ながら「ウサギ」に勝ちました。

この昔話の要諦は、双方の目標の有無にあると言えます。煩悩から生じる〝油断〟が災いして目標すら持たなかった「ウサギ」の安易な行動が、「カメ」の当然の〝勝利〟を導きました。

生きていれば躓《つまず》き不安に苛まれることもあるでしょう。生きることの意味や価値を気付かせ、考えさせる、古来から変わることのない〝真理〟は煩悩に覆われるこの世の〝真実〟として永遠です。偽りのない真実のことば（真言）こそが宇宙空間の広がりの中に満ち溢れる隔たりのない仏心〝こころ〟です。

お大師さまは常住不変の限りなき〝虚空〟について、〝悟りの世界はいつもそこにある〟と諭され、「わからないものはそのままでいい」とも述べておられます。「ウサギとカメ」の「カメ」は〝仏のこころ〟に包まれた偽りのない法界の真理に添うように目標にたどり着きました。

この世は理屈、理論に翻弄されないひとの〝こころ〟を護持して安心、安穏へ誘う仏心に満ちています。

（湯浅宗生）

法界彩《いろ》を発《おこ》して海会の影森羅たり　丹青暉《ひかり》を交えて塵刹の像駢塡《へいてん》たり（性霊集七　笠大夫先妣）

【法界は色彩を放って諸仏が集まり、赤や青の輝きを放って無数に並んでいる】

◉真心の法事　笠の仲守大夫は、亡き母の一周忌法事のために大曼荼羅を制作し、さらに若干の大日経を書写しました。なぜならば、生前の母は、香を薫じ、読経の日々でしたが、曼荼羅と大日経を写すという願いを果たせずに逝去してしまったからです。仲守大夫は母の遺志を継ぐために、天長元年十月二十二日の一周忌に間に合うように、中国から日本へ新しく請来された大曼荼羅と大日経を写しました。

金剛界微細会の七十二尊が描かれた曼荼羅を仏間正面に祀り、浄書された大日経をお大師さまに託して法事が始まりました。そしてお大師さまは、仲守大夫の熱い孝養に応え、大日経の講話もなされました。このときの願文の一節が表題の名言です。願文は、曼荼羅の色彩と構図を対句にして説明されています。

Ａ「法界發彩」（法界彩《いろ》を発《おこ》して）に対して、「丹靑交暉」（丹青暉《ひか》りを交えて）

Ｂ「海會之影森羅」（海会の影森羅たり）に対して、「塵刹之像駢塡」（塵刹の像駢塡《へいてん》たり）

金剛界大曼荼羅の諸尊Ａは、光を屈して、赤、青、黄金の色彩が輝き、そして、Ｂの諸仏諸菩薩は機能的に整然と並んでいます。仏間に飾られた最新の曼荼羅には、目も覚めるような絢爛たる仏の世界が描かれています。法事の参列者は、見たこともない曼荼羅の美しく珍しい幾何学模様の仏の世界に見惚《と》れ、法悦に浸っています。

この願文には、曼荼羅の色彩と諸尊が十数文字の対句によって、金剛界微細会の構図がまことに要領を得て説明されています。最新の真言密教が仲守親子によって理解され、お大師さまは深くお喜びになったことでしょう。深淵にして簡潔に表白された一周忌の願文から、お大師さま渾身の作意が伝わってきます。

仲守大夫の亡き母は、諸仏が居並ぶ曼荼羅の世界へ、香煙に添えられながら赴いていく姿を参列者たちは目撃したことでしょう。初めて拝む曼荼羅の諸仏諸菩薩に合掌しながら、自分もこのような親孝行をしたいものよと、読経の声に浸っています。まさに密厳浄土の一周忌の法事です。

（近藤堯寛）

遍照

霧を褰《かか》げて光を見るに無尽の宝あり　自他受用日にいよいよ新たなり（宝鑰序）

【霧を払いのけて光を見れば無尽の宝が現れる。すべての人々は、この光をいただいて日々に新しい世界を開いていく】

◉願いは多く、実現は困難　大人は、小さな子どもに、「大きくなったら何に（どんな職業に）なりたいか」を尋ねる事があります。子どもは色々夢を持っていて、○○の選手になりたい等と、華やかな場面が多い分野はそれなりに憧れの対象となります。しかしその中で、小さな時の夢に進める者はほんの一部で、やがて様々な事情で到達出来ず、違う道に進む事になります。

また時には、「自分に合う仕事を探している」と言う事も聞きます。しかし年を重ねた人は「仕事に自分を合わせるのだ」と言います。努力と我慢で続けられればそれは幸せな事です。しかしそれぞれに個性があるため、続けられない事もあります。

迷い悩む事は、時として変換点や出発点にもなります。何かのせいにして怨《うら》んだり悔《くや》みを引きずらなければ、幸せだと思います。願い事が叶わなくてもいいじゃないですか。違う事を探しましょう。うまくいく方が少ないのだと思いましょう。

　私達は悩みや悲しみを持っていて、それが一時的なものであれば、通り過ぎれば安堵しますが、また別の悩ましい事が大小様々に次々と生まれてきます。

「幸せな人に宗教は要らない」というような意味の言葉を聞く事があります。この時の宗教とはどんなものなのでしょう。不幸の中から願いを叶えて貰うため（御利益《ごりやく》目的）のものなのでしょうか。一時的に身を寄せる場所のように思われているのかも知れません。宗教は、何かをしてくれるものではありませんが、絶対的な力を持つような存在に、ついつい願いの成就《じょうじゅ》を期待してしまうのかも知れません。しかし、不幸だからと祈っても御利益は降って来ません。

　信仰は喜びの中からも生まれますが、多くは悲しみの中から形作られるように思います。信仰とは、教えを信じ、仏様を敬うことなのです。もし願いがあって、たとえそれが叶わなくても、何も不幸だと思わず、安らかに過ごせるのです。謙虚な気持ちで仕えていれば、いつしか霧を払って宝を見ることが出来るのです。

（佐川弘海）

遍照

一切の色像の悉く高台の明鏡の中に現ずるが如く　如来の心鏡も亦また是くの如し（即身義）

【いかなる姿も鏡が写すように、如来の鏡も全世界を写している】

◉観の目つよく、見の目よわく

田植えを終えた棚田の一枚一枚に月が影を落としています。静かに澄んだ水鏡が景色をそのまま映すように、迷いの無い心にあってみ仏はすべての物事を洞察しておられる。「澄む」と「住む」は同じ根を持つ言葉である、とは詩人谷川俊太郎の指摘です。妄動止《や》む事の無い心を「住《とど》め」、自心の内外をいつも「澄《す》」ませておく事が、この世において仏を見るという事に連なっていきます。

さて、山岡鉄舟といえば幕末から明治にかけて激動の時代を駆け抜けた維新群像の一人ですが、剣、禅、書にも抜きん出た才を発揮しました。鉄舟は九歳で剣を志し、二十八、九歳の頃には剣を構え対峙すれば即、相手の力量が分かるようになったといいます。それから更に十数年、道を極め彼が会得した事は、力量の上下は相手の側にあるのではなく自分自身が作り出す妄念である、という事です。勝敗に拘《こだわ》る時、相手の腕前に対し抱く侮《あなど》りや怖《おそ》れは、本当は自分の心に生じる妄心です。心が波立つとその心模様は様々に歪んで現れますが、変事に臨んで泰然たる心を持《たも》つよう努める事こそ剣の極意だと言うのです。エンマ大王の浄玻璃《じょうはり》の鏡には、私どもの心の偏《かたよ》り、歪みがもろに映し出される事でしょうが、その歪みを正すには心の描く虚像の奥底に秘められた自分の本当の心の姿を知る事が必要です。

宮本武蔵の『五輪書』に「兵法の目付《めつけ》」について述べられていますが、「観」と「見」が取り上げられ、「観の目つよく、見の目よわく」と、物事の現象を追う「見」より「観」を重視している事が見て取れます。馬頭観音、愛染明王といった仏が持つ第三の眼は、諸々の神々を折伏《しゃくぶく》するが為のものですが、両眼の判断を超え物の真実を見つめるところにその存在意義があるといえます。心を如何なる状態に置くかは、成仏道の肝心です。心の散乱妄動を止め、静かで浄らかな境地が生み出す智恵の眼で世界の真の姿を眺める事です。如来の加持力を信じ、み仏に心を安んずる事が真言宗の「安心《あんじん》」です。汝の心中によく覚れるものあり、「よく心を知れば、これ仏なり」(一切経開題)とお大師さまは仰っています。

(田中智岳)

遍照

円明《えんみょう》の心鏡《しんきょう》 高く法界の頂《いただき》に懸って　寂にして一切を照らして不倒不謬《ふとうふびゅう》なり　是くの如くの円鏡《えんきょう》いずれの仏にか有らざらん（即身義）

【仏は円形の鏡のように、全宇宙を平等かつ完全無欠に照らしている。このような鏡はすべての仏に具わっている】

◉光にあふれる瞑想と祈り　世界情勢は目まぐるしく変化し、彼の国の侵略戦争の悲しいニュースを聞く度に、誰しもが心を痛めています。ある方は、優しい心から、平和な暮らしをしている自分自身を責めて、体調を崩してしまうほど悩んでもいます。あるアーティストは、自分自身の表現方法で戦争を憂い、平和を訴えてくれています。

そんな時には、仏さまのおちからに頼ることも大切な手立てです。小さな我々が独りでできることは限られていますが、瞑想と祈りによって、自分自身の心にも安らかさが生まれてきます。

先日、夜空を見上げると、まんまるのお月さまが煌々と輝いていました。静けさと際だつ明るさが一切を照らし、いまこの瞬間に出会えたことを思うと、仏さまのお恵みのようで幸せを感じました。私の日々の瞑想の中で、この空の彼方の満月が、大きなたすけになります。慈しみの光を照らしてくれている仏さまのはたらきは、たとえていうならば、夜空のお月さまなのです。私自身、大変未熟な者ですので、毎日の瞑想で雑念妄念が起きた時に、円いお月さまを思い浮かべます。すると心の中にお月さまのような輝きが観じられます。それをなるべく長く保てるように努めています。「円明の心鏡」という表現は、満月のような仏さまのはたらきのことです。しかも、それはたった一つではなく、周囲の人々、広く世界中の人々にもあり、また、樹木、木の葉、草や花々、地を這う虫、飛ぶ鳥、身近な動物たちといったすべての命に輝いているのです。そして、あまたの円い光が重なり、互いに照らし合って広大な円明となり、世界中が壮大な光に包まれているというのです。

自分自身の力が及ばない、むしろ自分ができないことのほうが多いものです。しかしながら、仏さまのお力をお借りしてできることがあります。戦争で犠牲になった人々や無念最期を遂げた人々をお救いいただけるように、「円明の心鏡」という仏さまの慈しみの光をやさしく大きくひろげ、瞑想しお祈りすることです。　（阿部真秀）

世間の日はすなわち方分あり　もしその外を照らすときは内に及ぶことあたわず　明《みょう》一辺に在って一辺に至らず　またただ昼のみに在って光り夜を燭《てら》さず　如来智慧の日光はすなわち是くの如きにはあらず　一切処に遍じて大明照を作《な》す　内外方所昼夜の別あること無し（大日経開題　衆生）

【太陽光線は照らす方向があって、明るさは一面だけで、裏面には届かなく、昼のみで夜は照らされない。しかし、如来の智慧の光はすべてに届き、内外、方角、昼夜の区別がない】

◉仏の国をつくる　埼玉県川口市真言宗智山派地蔵院小室裕充前住職（一九三一年生まれ）の実践されていた活動の一端を紹介いたします。

①「真言友の会」主要活動――一九六八年に、全国の真言宗僧侶から募集して「真言友の会」を結成し、現代に生きる弘法大師信仰をどう目指すか、その教えを生かせる信徒を育成していくことを活動の主眼にし、実践されました。

同年、機関紙「真言友の会」創刊（月刊）。一九六九年紀要第一号刊（年刊）。会員

五十余名。一九七二年「大師信仰に生きる――大師民話集」刊、四千部発行。一九八〇～八六年「弘法のことば」刊、二千部発行。

②研究、出版活動――智山教化研究所、智山伝法院の研究員として二十年間にわたって教化の研究に取り組まれました。論文四十四本を発表。主な著作は『文書伝道の手引』『弘法大師の著作に学ぶ』（共著）、『同行二人』『現代の大師信仰』『十三仏のまつり方』『百観音霊場ご詠歌』など。

③寺院活動――「檀徒を信徒」を主眼にして活動されました。葬儀、法事、棚経、祈願での自坊の活用。写経会、写仏会、法話会、万灯会、御詠歌、巡礼、遍路等檀信徒と共に行う活動を実践。初詣、節分会、花まつり、除夜の鐘、子ども文庫などの行事、活動を地域の方々と共に実施。

これらは、小室前住職の日々の信心であり、研究活動に裏打ちされた成果なのです。弘法大師の教えである人々を幸せに導く活動に添うものであります。

（菅智潤）

遍照

重陰昏蔽《こんぺい》して日輪隠没《いんぼつ》すれども壊滅《えめつ》するに非ず　猛風雲を吹いて日光顕照らすれどもまた始めて生ずるに非ざるが如く　仏心の日も亦また是くの如し（大日経開題　衆生）

【暗雲が垂れこめば太陽は遮られるけれども、太陽はなくなったわけではなく、風が吹けば雲は去って陽が射す。再び太陽が照らすけれども、新しく太陽が生れたのではない。仏の光もこれと同じで、常に照らされている】

◉もともと失ってはいない　どうしてさがす必要があろうか　四国遍路はそのルーツを縄文時代にまでさかのぼることが出来ます。日本列島に限らず、地球上には子どもが大人になるための、本当の自分を探すイニシエーション（通過儀礼）があり、現在でもその必要性がなくなったわけではありません。

オーストラリアの先住民アボリジニの社会では、「適齢期に達した少年は弓矢を与えられ、自分で食料や寝場所を確保しながら、荒野の中で数か月から半年の旅をする」ウォークアバウトというイニシエーションがあります。また、ヨーロッパでもスペインのサンティアゴ巡礼は、今はキリスト教の巡礼とされていますが、キリスト教伝来以前のケルトの、本当の自分を探すイニシエーションを今に伝えています。

名言の「仏心の日」とは、右のイニシエーションの「本当の自分」に当たります。人類は有史以前から「仏心の日」（本当の自分）を探して旅に出ました。

私の住職する安楽寺の宿坊に泊まられた方で、フランス在住のマリーさんという女性がおられます。二〇一三年に一人で四国八十八ヶ所をお遍路されました。徒歩での五十一日間、道中では自然の厳しさに打ちのめされ、くじけそうになる場面が何度もあったそうです。そのような中で阿波、土佐、伊予を打ち終え、讃岐の国に入った時、「すべてはもう、あるじゃないか、『今、ここ』に。—中略—きみの存在の日常のなかにあるんだ」と内なる声を聞きます。そして、パリの自分のアパルトマンにたどり着き、「わたしが地球の東の果てまで道を歩きに行かなくてはならなかったのは、『自分の家』に帰るために、だったのかもしれない」と述懐されています。

（畠田秀峰）

無明煩悩戯論《けろん》重雲の為に覆障せらると雖もしかも滅する所なく　諸法の実相三昧を究竟して円明無際なれども増する所なし（大日経開題　衆生）

【無知、苦悩、議論の暗雲に大日如来が隠れても、光は消えない。瞑想によって真理が究め尽くされたとしても、大日の智慧の光が増量するわけではない。常に、一定に照らされている】

●この世は常に照らされている　〝昼のお星は目に見えぬ。見えぬけれどもあるんだよ。見えぬものでもあるんだよ〟。明治の詩人、金子みすゞの詩の一節としてよく知られています。私たちは自分の五感を通じて物事を認識しますが、認識できないものはないものと判断してしまいがちです。しかし、実際自分が知らないだけ、分からないだけということはたくさんあります。

ある人曰く。「私たちは学ぶことで知識が増え、理屈がわかり、随分賢くなった。しかし、その広がった知識の分だけ知らない部分が増えてくる。知識の輪が大きくなればなるほど、その外側は知らない世界なのだから」と。

空の旅で雨天を嘆いていた人が、飛行機が上空に出ると「やあ天気になった！」と喜んだという笑い話があります。地上は雨でも雲の上で太陽はいつも輝いているのです。そして光は地上に注いで生きとし生ける万物を育んでいます。ところが、残念ながらその光には影ができ、光が届かない部分が生じて完全とはいえません。しかし、大日如来という仏さまの光は常にすべてを照らし、届かないものとてない。宇宙の真理を象徴して、あらゆる方向、あらゆるところを照らしているから大日と言うとされるのです。更には、その光は時間や場所、相手によって増えたり、減ったりするものではなく、常に一定だというのです。

私たちが無知であり、怒りや欲望にかまけて煩悩の巷に苦悩し、発展性のない戯論に明け暮れる様子は、まさに黒雲に覆われた太陽のようなものです。常に照らされていることに気づくか気づかないかはこちら次第ということになりましょう。地上に飛び交うさまざまな電波を私たちは直接感知することはできませんが、受信装置の周波数を合わすことで、音や映像をキャッチできます。

煩悩の黒雲に覆われ、壊れた受信装置のままだと気づこうにも気づけません。心を静めて自分自身を見つめることで、大日の光を感受する心が開かれます。（河野良文）

遍照

如来の智慧の日光はすなわち是くの如くにはあらず　一切処に遍じて大照明を作《な》す　内外の方所　昼夜の別あること無し（大日経開題　降崇）

【如来の智慧の光は太陽とは異なり、内外、方向、昼夜にいきわたる大照明である】

◉刹那於崖淵　仏教は過去二千年余りの時間の中で、様々な時代に対応してきました。インド、中国、日本と伝わる〝一切経八万四千の経典〟は、我々の「生」「生活」「死」のすべてに対応しています。どうしても、私たちは本能的に「死」だけにとらわれがちですが、仏教の視点からみればそれは誤りです。そもそも「生」「生活」「死」は、境目のないループになっているため、「死」だけを切り離して考えることなどできません。無理に切り離してしまえば、そこに残るものは絶望と怖れだけです。仏教とはそのようなネガティブなものではないのです。

たとえば、大切な家族を不慮の事故で失った人は、火が消えるように未来をあきらめてしまいます。その人の「営み」は枯渇していきます。しかし、そこに毘盧遮那の光があたります。そのときにこそ、本当の「生」を得るといえるのではないでしょうか。ある意味でその人は開悟したわけですから、周囲の者が枯れ木に水をあたえるように布施して元気になってもらい、布施する者も徳を得る。これこそ経典の本義であり、仏の慈愛です。

昔いたお寺にこんな人がこられておりました。数か月ほど前に美人と結婚したばかりだというのに、「なぜか妻に対して日々のイライラが溜るので御祈願してください」という。私はこのようなことから、本来、人は他者に依存し、家族や地域や社会への承認欲求において生きているということを学びました。

お経には書かれていないこともたくさんあります。私は今でも、迷っている人に出会うと「決してあなた一人じゃないですよ」と伝え続けています。知らず知らずのうちに、自身の心を牢屋に閉じ込めていませんか。もし動けなくなったら、大師に丸ごと預けてください。自ずと道は示されるはずです。

（後藤証厳）

遍照

日閻浮提《えんぶだい》を行くに一切の卉木聚林《きぼくそうりん》その性分に随って各《おのおの》増長することを得世間の衆務これによって成ずることを得　如来の日光も亦また是くの如し法界に遍じて平等に無量の衆生の種種の善根を開発《かいほつ》したもう　世出世間の殊勝の事業《じごう》これによって成弁することを得ずということなし（大日経開題　降崇）

【太陽の運行によって草木や森林の生態が成長し、社会が流動している。如来の日光もこれと同じである。真理の世界にいきわたり、平等かつ無限に生命の活力を開発する。全世界の勝れた事業はすべて仏光によって成しとげられている】

◉**大宇宙を観ずる**　合掌して、一心に光明真言を好きなだけ唱えて、御本尊大日如来様におすがりする気持ちになって下さい。「オン　アボキャ　ベイロシャノウ　マカボダラ　マニ　ハンドマ　ジンバラ　ハラバリタヤ　ウン」。すべての仏様に通じる広大無辺の功徳があって、いかなる機会にでも唱えることが可能な真言です。

光明とは大日如来様の光で、すべてのものを照らす除闇遍明《じょあんへんみょう》、森羅万象のありとあらゆるものが生かされて何もかもが成就する能成衆務《のうじょうしゅうむ》、光は永遠に尽きることがない光無生滅《こうむしょうめつ》の三功徳があります。

大日如来様は生きている仏様です。宇宙の生命の根源であり、いつも絶えることなくいかなる場所、いかなる形、いかなる姿、いかなる音で私達に説法されておられますが、私達はそれに気づかないだけです。

大日如来様の説法を私達が聞くにはどうすれば良いか、それは私達が両手で印を結ぶ身密、真言を唱える口密、心を仏様の境地に精神統一し瞑想に入る意密の三密瑜伽行を修法して大日如来様の身口意の三密と入我我入、一体となって我即大日と観ずることなのです。

昭和三十五年に開館した明石市立天文科学館にある東ドイツカールツァイス社製のプラネタリウムは、平成七年に起こった阪神淡路大震災の被害にもあわず、令和四年の今も元気に働いています。久しぶりにプラネタリウムに行き、プラネタリウムは大日如来様の世界をヴァーチャル・リアリティに表現したものではないか、この中で瞑想するのも良いかもしれないなと感じました。

（伊藤全浄）

大日金剛峯は微細《みさい》にして自然《じねん》に住し　光明常に遍く照らして　不壊《ふえ》清浄の業《わざ》あり（金剛頂経開題）

【大日如来はいたるところにいまして、光明をいつも照らし、清浄にして壊れない働きをされている】

◉深呼吸をして大空を見上げてみると　私たち人間は、困ったとき、途方にくれた時には、背中を丸めてズボンのポケットに両手を入れて、とぼとぼと下を向いて歩きます。身体の調子のわるいときに通院していた病院の先生から言われました。病気というものは、心の変調から、身体の変調に移ると。この変調を客観的にみつめられる方は、大事に至らぬケースが多いと申されていました。悟りとは、気づきとも申します。自分の身体の調子の優れない時には、大空を見上げる勇気が欲しいものです。なぜならば、「大日如来」を始め、大空の東西南北に遍照の仏さまが私たちを見守ってくれているからです。

大日金剛峯（大日如来）というのは、存在するあらゆるものの拠りどころである永遠不変の智慧であるといわれます。東方には菩提心を示す「阿閦仏」が控えております。南方には「宝生仏」よる徳性が示されています。西方には、西方極楽浄土の「阿弥陀仏」が見守っていてくれます。北方には、因果関係を離れてはたらくものとしての「不空成就仏」が待機していてくださると『空海全集』に述べられています。
『『大日経』入門』の著者、頼富本宏先生によれば、「三句の法門」が述べられていますところの「仏のいわく、菩提心を因とし、大悲を根とし、方便を究竟とす」とは、「最高の真実は、さとりのこころを出発点とし、大いなる慈悲を基本とし、それらを応用する手だてを究極の目的とします」の意だと述べられています。そして、『大日経』の金言としてもっとも生き続けているのは、第三句の「方便を究竟とす」にある、と説かれます。「方便」が大切なようです。『法句経』にも記されています。「うるわしく、あでやかに咲く花でも、香りの無いものがあるように、善く説かれたことばでも、それを実行しない人には実りが無い」。謙虚で素直な行為を生活信条としている方々には、日がいつも、明るく照らすようです。

（岩佐隆昇）

遍照

諸仏の身は千燈の同時に照らして障碍《しょうげ》せざるが如し　ただ仏と仏とのみ乃《いま》しよく見知したもう　凡夫の肉眼は見ることを得ず（秘蔵記）

【諸仏の身体は、多量の光が同時に照らしてあって融けている状態である。それは仏と仏が互いに承知しあっていて、凡夫の眼では見ることができない】

◉見えない仏さま　「あなたは仏さまを見たことがありますか？」「お寺の本堂にお祀りしている、大日如来や阿弥陀如来のことでしょう。いつも見ていますよ」「あれは仏像であって仏さまそのものではないですよ」「じゃ、仏さまって見えないの？」

そう、仏さまは、私たち凡夫の肉眼では見ることができないのです。あくまでも心の眼でしか見られません。観念的な存在なのですね。大日如来は宇宙そのもの。そこから生み出された数多くの仏さまがおられますが、同様に見ることができません。そこで、私たちにも分かり易いように仏さまの存在を絵で表したのが曼荼羅。さらに立体的にしたのが仏像というわけです。

では、仏さまには実体がないのでしょうか。拝めば助けてくださる仏さまは一体どういう存在なのか。それぞれの仏さまに役割があって、得意分野を持っておられる。そういう風に教えられたのではないでしょうか。いったいどこにいらっしゃるの？　それに対する回答がこの文章なのです。真言密教のさまざまな疑問点などについて解説された『秘蔵記』の五字の真言「アビラウンケン」の解説の部分に書かれています。

仏さまとは目に見える身体を捨てた虚空のような存在で、宇宙の遍く真理のような存在だというのです。そして千億の光が互いに照らしあったようなまぶしい状態なので、仏さま同士では存在が確認しあえるのだけど、一般人には見えないということを言っているのです。車のヘッドライトを真正面から当てられるとまぶしさで車が一瞬見えなくなるのと似たようなものでしょうか。

ですから、仏さまを見ようとすれば、肉眼でなく、心の眼で見なければなりません。そうすることによって、宇宙の真理、つまり仏教の教えが見えてくるはずです。多くの仏さまが多くの真理を説いておられる。それらが互いに助け合って、さらに上の真理を知ることができる。そうした心の眼を持つように心がけてください。

（柴谷宗叔）

慈尊まさに身を現じたもうは　月の池沼に臨むに似たり　蓮の塵に染まざるが如し（宗秘論）

【弥勒菩薩の尊容は、月の影が池に映るように、蓮華が泥に染まらないように、おごそかに現れる】

◉見逃した弥勒菩薩　釈迦入滅後五十六億七千万年後に衆生を救済するために兜率天から下界に下ってこられるという弥勒菩薩。日本では広隆寺と中宮寺の半跏思惟像が有名です。どちらも国宝に指定されており、製作年代は七世紀と推定されています。地球の歴史は四十六億年といわれていますから、これから十億七千万年後の世界ですね。

今から五十年以上前の話になります。私の父は当時国鉄の機関士で、仏教関係の書籍を読み、休日の京都、奈良の寺社巡りを趣味としていました。西国三十三ヶ所の御朱印を掛け軸にしたときは、祖父母に渡す分も含め、三本程を担いでお供をすることもありました。

奈良斑鳩の里、法隆寺の隣にある中宮寺に参詣した時のことです。暗い堂内に父母と大勢の参観客と一緒に入って行ったことを今でも覚えています。暫くして外に出た私は、父に「有名な弥勒菩薩はどこにあるの」と尋ねました。父は、「いまの、お堂の中の右手にあった像を見なかったのかい」と、不思議そうに答えてくれました。大勢の人々に気を取られて、モナ・リザ、スフィンクスと共にアルカイックスマイルの典型として世界三大微笑像と呼ばれる漆黒の像を見逃してしまった訳です。まるで、徒然草第五十二段の石清水八幡神社に参詣しないで極楽寺と高良神社を回って満足して帰ってしまった僧侶のような有様です。

そんな父は、五十四歳で退職した年にオーストラリアへ旅行後、癌でなくなってしまいましたが、母は九十一歳でまだ現役美容師として仕事を続けています。私自身は、不思議なご縁で、五年間のオーストラリア駐在を皮切りに、香港、北京と合計二十年間の海外勤務を経験し、今も、癌を含めた医療用医薬品関係の会社で働いています。

五十年前にお姿を現さなかった中宮寺の弥勒菩薩（如意輪観音）は、父を忍んで再度中宮寺に参詣する布石を私に与えてくださったのかも知れません。

（花畑謙治）

遍照

一月虚空に処するに　影千万の水に分つなり（宗秘論）

【空に浮かぶ月は一つであるが、水面に映る月は幾千万にも影を落す】

◉真理を映す満月の光

『宗秘論』は正式には『五部陀羅尼問答偈讃宗秘論《ごぶだらにもんどうげさんしゅうひろん》』と言い、お大師様が問答形式で密教に関する疑問に答えていくものです。何百もの仏さまたちは、宇宙の真理そのものである大日如来が、様々な働きに合わせて現れたものと考えられています。曼荼羅にはとても多くの諸仏諸尊などが描かれていますが、それらの諸仏がそれをよく表しています。そして大日如来の真実の教えはすべての人に平等であり、その真理を知り教えを実践することで、過去、現在や未来にわたるあらゆる空間で、仏に成ることができると説かれています。

月輪観《がちりんかん》という満月を瞑想する瞑想法がありますが、自分の心は本来けがれなく清浄だという真理を映す鏡が満月だと考えられています。お大師様は大日如来の真実の教えがこの宇宙に伝播していく様を、ひとつの満月が何千もの真理の光になって、多くの水面に広がっていく様子で説いていらっしゃるのではないでしょうか。

大日如来は宇宙の真理そのものですから、命あるすべての存在だけでなく、すべての物の中にも宿っていると考えられています。お大師様は、我々の心のありかた次第でそれを感じることができるとしています。大日如来の絶対的真理の光は、満月が多くの水面を照らすように、地球上のあらゆるものに降り注いでいるのです。とても難しい教えだと思いますが、この地球の全ての生きとし生けるもの、山河などの自然、そしてすべての物に不変で絶対的な真理があると考えただけで、自分の周りを取り囲むすべてが全く違ったものに見えると思います。存在することが真理ですから、それを尊重して壊してはならないのです。だからそこに争いは無くなります。

満月が世界中の様々な場所の水面に映るように、人間として絶対的な真理に基づいた行動は、国境を越えて世界中に伝わっていくのだと思います。被災地や戦災地で人道的支援活動に専念する人たちや、自らの命を顧みず患者を救おうとする医療従事者などの真理に基づいた行動は、感動とともに世界中に伝わり、多くの人が行動を起こすきっかけになりました。自らが満月の光になる生き方はとてもハードルが高いですが、これを機会にともに考え続けたいと思います。

（雪江悟）

遍照

本来無去《むこ》にして鎮《とこしな》えに満月の宮に住し　如今《いま》不生にして赫日の台《うてな》に常恒なり（性霊集七　平城東大寺）

【仏は欠けることのない満月の心殿に浮かび、太陽のように空高く時間を超越して輝き続けている】

◉実は、みんな一人一人が光り輝く大日如来なのです　「大日如来は、自分と遠く離れているのではなく、実は自分の身体なのである。そして大日如来の本体つまり智慧の教えが自分の心の中にあり、それは心という月の宮殿にあって、太陽のように常に輝き続けているのだ」とお大師様は説いておられます。

一般的に大日如来は、熱とエネルギーを地球上に降り注ぎ生命を育む太陽に例えられます。ですから私達は、大日如来の光明というものが自分から離れた遠いところから私達を遍く照らしているのだと考えがちです。

新型の遠隔操作無人探査機によって、パプアニューギニアと日本の間にある海溝の深さ四千メートルの深海で海底火山によって生まれた珍しい生態系が発見されました。

煙突状に突き出た熱水噴出孔の周りに、毛の生えたカタツムリのような生き物やカニやエビ、そのほか多くの生物が群がっていました。火山の吹き出し部分の周りにはバクテリアが繁殖し、それを餌にする小さな生物が周りに生き、またそれを食べる貝やエビの類が生きているのです。太陽の光が全く届かない深海でも、地球の内部の溶岩が火山となり、吹き出す熱水によって生物が活動しているのです。地球の外側からではなく、内側からのエネルギーによって命が生まれ育まれているのは驚きです。

私達一人一人が大日如来であり、実は自分の心という大日如来の宮殿から目に見えない仏の光明が外に向かい、それが、仏の心となって優しい眼差し、微笑み、ねぎらいや励ましの言葉として、人に安らぎを与えるのです。

「心に宇宙が広がるよ　悩んだことがちっぽけ過ぎる……心に太陽がある限り何があってもどうにかなるよ……今日の願いは明日の希望に……元気出して行こう！」（NGT48『心に太陽』秋元康作詞より）。若者にも分かるいい歌詞だと思います。

（藤本善光）

遍照

海目彩《いろ》を発し　山毫光《さんごう》を放つ（性霊集八　林学生先考妣）

【仏の眼は海のように輝き、白毫の光が山の高みから放たれている】

◉救いの光を宇宙の隅々まで　遍照は弘法大師が唐の都、長安（西安）の青龍寺で恵果和尚から真言密教の奥義を授けられ、灌頂の壇に入った時に授けられた灌頂名「遍照金剛」の一部でもあります。「遍照金剛」は真言宗のご本尊様、大日如来の別名でもあります。また「遍く照らす」の照らす光は仏の慈悲、智慧、救いを表しています。

私達の身近な自然の光と言えば太陽や月です。地球上のすべての自然界の営みは太陽と月の光が無ければ存在することが出来ません。人工の光となれば白熱電球、蛍光灯と時代と共に新しい照明器具が開発され、現在は消費電力が少なく明るいＬＥＤのような半導体による効率の良い省エネの物に変わりつつあります。それでも本堂では昔馴染みの植物油を使ったお灯明やローソクを使うお寺も有ります。

暗闇は、苦しみや迷いの世界を表し、光、光明は仏の智慧、救いや導きを表します。

自然の光でも人工的な発光体でも、その下に手をやると必ず影が出来ます。部屋の隅々まで影を作らずに光を照らす事は出来ません。ところが仏の慈悲の光は影を作らず部屋の隅々、世界の隅々、宇宙の隅々までも届く救いの光、光明なのです。

光を科学的に分析すると電波と同じような波だとされます。その長さによって色が変わり、波長によっては特定の物質をも通り抜ける事が出来るそうです。またそれらの性質を利用し工夫すれば新しく色々な発見が可能となります。現在、目に見える物は信じるが、目に見えない物は信じない人が多いようです。そう言いながら目に見えない電波を使った携帯電話やスマホには夢中です。電線の中を流れる電気や電子も目に見えません。ラジオやテレビ、パソコンも、こういった目に見えない電波や電気の働きがあって私達の大切な日常生活が支えられています。

仏さまの澄んだ目と眉間からの慈悲の光、光明が宇宙の隅々まで影を作ることなく放たれていますが、それに気づく人の少ないこと。遍照の救いの光を受けるには信仰のスイッチを「オンボウジシツタボダハダヤミ」とオンにし、心のチャンネルを「オンサンマヤサトバン」と合わせれば世界のどこにいても受信可能となります。

(中谷昌善)

遍照

無明の他《た》たちまちに自明に帰し　本覚の自《じ》たちまちに他身を奪わん　無尽の荘厳　大日の恵光を放ち　刹塵の智印　朗月《ろうげつ》の定照《じょうしょう》を発《ひら》かん（性霊集八　万灯会願文）

【無明に沈むものたちよ、心中の仏に気づいて闇を破ってほしい。絢爛に荘厳された大日如来の光や、諸仏の智慧による名月が衆生を照らしているから】

◉希望の光　弘法大師の願いは大日如来の誓願に皆が早く気づき、その世界に向かってほしいという思いです。その当時、自分たちの国を富ませるためには特に農業の生産性を上げることが重要でした。弘法大師は唐での経験を参考に、讃岐の農民の願いをかなえるため満濃池の改修に尽力し、農民の生活を助け豊かにしました。また腐敗した統治機構を改革することも必要でした。弘法大師はありとあらゆる不条理を知っており、変革の重要性を認識していました。それを承知の上で大日如来の世界をこの世に体現する密厳国土建立を優先し、その実現にまい進しました。大日如来の仏国土をこの地上に建設することが一番大切であり、ほかの困難な課題はそれが達成すると自然と解決するか緩和されると信じていました。弘法大師にとり、日本人を幸せにするには大日如来の世界密厳国土を早くこの世に建立することが喫緊の課題だと考え願っていました。

仏の命は無限ですが、人の命は限りがあります。弘法大師は大日如来の曼陀羅世界を日本に体現するために、最大の優先事項として高野山を大日如来の世界の中心に据えて密厳国土建立に尽力します。弘法大師の志はのちの時代の真言僧に、そして現代にも脈々と引き継がれております。弘法大師は何という構想力と実行力の持ち主なのでしょうか。自分の志のため日本のため、何から始めるか一つ一つ優先順位をつけ、物事を推し進めていきました。弘法大師が種をまき、育み、最優先とした真言密教の確立と密厳国土建立の誓願は大きく花開き、我々日本人の思想や生き方に変化を与え、日本人を幸せになるよう変えていきました。弘法大師の生き方と行動は日本人特有の善なる価値観を育み、文化や芸術の域まで美意識を高めました。日本人に生きる灯を照らし続け希望を与えた偉大な人物が弘法大師です。その中心の思想が大日如来の世界へ皆を導き、幸せにする教えの道です。

（長崎勝教）

伽《が》梵《ぼん》の慈月　水在れば影《よう》現《げん》す（高野雑筆二）

【仏の慈悲は月光と同じであるから、心が清らかな水面であれば投影される】

◉田毎の月　私は、まちなかで生まれ育って、自然とはあまり縁なく暮らしてきました。三十五年前に、周りは田んぼ、夜は星がたくさん見え、蛙や虫や鳥の声が聞こえる環境に引っ越してきました。よい意味で、見ると聞くとは大違い。休日にふれる程度だった自然も、その時はそれなりに心地よかったのですが、自然いっぱいの中で暮らすと新たな感性が芽生えてくるから不思議です。

田植えが近づくと田に水が入ります。美しい季節の到来です。小高いところから田園風景を眺めると、水田が鏡となり、周りの景色が映っています。田毎の月という言葉は知っていましたが、満月の夜などは映り込んだ月の光が反射してなんと美しいことか、田舎に住んで田毎の月にすっかり魅了されてしまったのでした。

調べてみると、田毎の月とは、長野県千曲市にある姨捨山のふもとの千五百ほどの水田に映る明月のことだそうです。ここは観月の名所として昔から知られていて、松尾芭蕉や小林一茶など俳人もいくつか句を残しています。

さて、水田が水鏡となる景色に心を奪われた体験が潜在意識にあったのか、この名句を読んで最初に浮かんだのが田毎の月の景色でした。

お大師さまの言葉のとおり、仏の慈悲は、月の光がすべてを照らしているのと同じように、遍く万人に注がれています。水を張ったばかりの水田は、まだ藻類もはびこらず鏡のような状態です。田毎の月を喩えにするなら、これを私たちの保つべき心の状態とイメージするとよいと思います。

イメージがわかなければ、器にきれいな水を張り、月を映してみてください。心が、きよらかな水で満たされた田の水面のようであれば、月は投影されます。仏の存在やその本質である慈悲の心が、月という具体的な形となってそこに現れて、眼で見ることができるのです。受け皿が大切、受け皿の問題ということです。

歌川広重の浮世絵「信州更科田毎の月」も有名ですが、こちらは小さな水田全てに月が描かれています。私は、広重の表現に共感を覚えました。

（森堯櫻）

如来の光のみ一切処に遍じて内外方所昼夜の別あること無し（雑問答四）

【如来の光は、内外の方向も昼夜の区別もなく、すべてを照らしている】

◉闇と暗　高野山真言宗では奥の院「頌徳殿《しょうとくでん》」にて本山布教師による法話が一日六回行われています。私が出仕した時の体験です。

高野山は海抜約九百メートルに咲いた大きな蓮の花の形をした霊場です。一般的に「仏像」の仏様は殆どが蓮台にいることから、蓮の花イコール仏の世界を表していると考えます。この様な観点から高野山は仏の世界と言えます。滞在中は仏様の世界を体験して頂きたいと挨拶した後、十五分程の布教を終えて聴衆の方々からの質問を受けることにしました。

一人の女性が「心に残るお話を聴かせて頂き、有り難うございました。私は先程、奥の院にお参りさせて頂きましたが、気になったのは参道沿いの石燈籠に刻まれている文字に、徐暗遍明と徐闇遍明の二種類があったこと。どう違うのか、どちらが正しいのか説明をして頂けないでしょうか」と言われました。

突然の質問に戸惑いましたが、その石燈籠はどこの辺りにありましたかと尋ねると、「暗い」方は新しいお墓がある所、写真業界先賢万霊之碑だったと思う、「闇」の方はお大師様の御廟前にありましたと言われました。

私は、「その建てられている場所が重要です。〝暗い〟の方は、私たち凡夫側です。自分の心の中にある無明、つまり貪、瞋、痴をお大師様が取り除いて悟りの智慧〝明〟に導き、守ってくださる。〝闇〟の方は仏様側、つまり大日如来（お大師様）の智慧の光は遍くすべて照らし闇を消し私たちを護って下さっている」と私見を述べました。

その女性は「有り難うございます。奥の院の古い石畳の参道を歩き、奥の院に近づくに随って空気が変わり、清らかな霊気を感じました。弘法大師様は闇の方で私たちを見守っておられ、私たちが南無大師遍照金剛とお唱えすることが暗の方で、お大師様が、衆生を悩み苦しみから救って下さる事がよく理解でき気分がすっきりしました」と言われました。私は一般参拝者目線の質問によって気付かせて頂き勉強させられました。

（糸数寛宏）

遍照

如来の光は遍く法界を照らして平等に衆生の善根を開発《かいほつ》す（雑問答四）

【如来の光は宇宙全体を照らしているから、すべての衆生は善根を芽生えさせることができるのである】

◉**モンテンルパの父**　ある年、高野山からの命で巡回布教に赴いた岡山の美作は、黄金の稲穂輝く晴れの国でした。中国山地より緩やかに南へ傾斜する津山盆地は、南に中部高原を配する米作地帯の河岸段丘で、独特の風景を醸し出しています。

折しも台風が、近畿から中国地方へUターンしてくる予報が出され危惧していましたが、聴く人尋ねる人みな「まあ、大丈夫でしょう」と答えが返ってきます。直前の台風で拙寺の境内の銀杏の大枝が折れ、手水舎の屋根瓦と蠟燭舎の屋根を壊し、大きな被害を受けた者として、台風の進路に敏感になっていたのです。

実際訪れてみると、台風のコースであったのに、この地域はほとんど風雨の影響がなかったそうです。そんな土地柄の美作には、高野山を本山とする真言寺院が集って美作八十八ヶ所霊場がつくられており、それぞれの組寺には、檀信徒協議会が設けられ、密教婦人会や御詠歌講と相俟ってお大師さまの遺風が残る素晴らしい地域となっていました。そのような信仰心厚く、人の情けに篤い土地柄が「モンテンルパの父」と呼ばれた僧侶を生んだのです。

『あゝモンテンルパの夜は更けて』と渡辺はま子さんが悲哀に満ちた歌声で唄ったのは、大戦後、フィリピンはマニラ近郊の刑務所に服役する日本人B級戦犯死刑囚がつくった詩であったのです。死刑囚のなかには、以前に赴任していたからとの理由で直接戦闘に関与していないのに無実の罪を着せられた人もいました。

フィリピン全土から戦犯として集められた百数十人の日本人、台湾出身の人が収監されているその刑務所へ、教誨師として本山からの反対に遭いながらも赴任し、任期の半年以降も刑務所の一隅に住まい、囚人の食事を分けて貰い、約四年間ずっと彼らを支援し励ましたのが岡山は美作の加賀尾秀忍師であったのです。命を懸けたその活動は、囚人の本国帰還へと結実し、多くの者が無罪となりました。そして、元死刑囚の人々は、救済のみ光をもたらした師を「モンテンルパの父」と呼び慕ったのでした。

（瀬尾光昌）

遍満

金剛界大悲胎蔵両部の大教は　諸仏の秘蔵即身成仏の路なり　普《あまね》く願わくは法界に流伝して有情を度脱せんことを（付法伝第二）

【金剛界と大悲胎蔵マンダラの教えは、諸仏が秘蔵する即身成仏の道である。広く社会に伝えて人々を救うことを願う】

◉**伝承**　子どもの時、よく伝言ゲームをして遊びました。一つの文を次から次へと口伝えしていくと、五人を超えたぐらいには内容が変化しはじめ、十人目ぐらいになると、まったく逆の意味になってしまう事もあり、その面白さにみんなで大笑いする遊びです。たった一行の文でもいい伝えることはなかなか難しいものです。

師匠のお母さんから聞いた話ですが、高野山伽藍壇上の金堂は大正以前二階建てだったそうですが、昭和元年十二月に落雷で出火して焼失しています。その時は、ものすごい火の勢いであったことと、大きな火の玉が金堂中心から天に向かって真っすぐ登っていったのを目の当たりにしたそうです。

その後、昭和七年九月に再建され、平成二十年に高野山開創千二百年記念大法要が行われました。その記念事業の一つに、金堂ご本尊『薬師如来（阿閦如来）』（高村光雲作）の御開帳がなされたのですが、何しろ五十年以上御開帳が無かったために、まず鍵が何処にあるのか判らなかったらしいです。しかも、ご本尊を見た人が誰もいなくて、「本当に安置されているのか?」と、ドキドキしながら開扉したそうです。

この様に、伝えていくことに右往左往する私達ですが、お大師様は師匠の恵果阿闍梨から総ての法を受けられ、それはあたかも一瓶から一瓶へ一滴も漏らすことなくなされたと、表現されています。マンダラの教えは、時空を越えた宇宙の教えですから、伝え手と受け手の心の有り様が完全に一致した知識と感性を持っていなければなしえない事です。そして、広く世間に広めることで人々を救うとありますから、このマンダラの教えをありがたくも今私たちは受け取っているのです。大いに味わい、大事に守り、また次に伝えなければなりません。それにはしっかり受け取る為の実践をしましょう。

（大塚清心）

大虚《たいこ》寥廓《りようかく》として万象を一気《たいき》に含み　巨《こ》壑《がく》泓澄《こうとう》として千品を一水に孕《はら》む　誠に知んぬ　一は百千が母たり　空は即ち仮有の根《もとい》（十住心第七／宝鑰第七）

【広大にして静寂な虚空は万像を含んでいる。澄みとおる大海は無量のいのちを抱いている。このように、一は無数を生み出す母であり、空は現象を映す根源である】

◉小宇宙としての人体　大宇宙の始まりをビックバンといいますね。それは高温高密度の状態から大きく膨張することによって、低温低密度になっていったとする「膨張宇宙論」のことで、宇宙開始時の爆発を意味します。その始まりは一三八・二億年前の出来事と考えられています。

ところで、仏教の世界観を説く「倶舎論」という書物には、「世界のはじめに一塵の風が吹いた」とあります。おそらく爆風のような凄まじい波動風を意味しているものと想像されます。キリスト教でも「はじめに言葉ありき」と聖書に記されてありますが、言葉は「声を発する」ことから考えますと、やはり風力と関係ありそうです。

「声字実相義」という弘法大師さまの著作があります。その中に「五大に響きあり」と、五大の一つである風力に繋がる声や文字、つまり概念や風力などがこの世界を形成していることに通じています。

ちなみに私たちの命は母の胎内に宿った受精卵という一つの細胞の塊りから始まります。細胞分裂を二度三度と続けて、約四十六回の分裂を経て六十兆個の細胞からなる人体を形成しているそうです。因みに大人一人の細胞数は世界人口八十億人の約八千倍に相当し、人ひとり作っている細胞数は地球約八千個分の人口と等しいという事実に驚きを隠せません。まさに私たちの存在は小宇宙の体をなしていると言えますね。

また、胎児の成長を促している原因の一つに呼吸が大きく関係しているものと考えられています。

風力という大宇宙開闢のドラマが、私たち小宇宙の人体にも多大なる影響を及ぼしている不思議に感動を覚えるものです。

（山田弘徳）

遍満

近くして見難きは我が心　細にして空に遍ずるは我が仏なり（十住心第七／宝鑰第九）

【もっとも近くにあって気づき難いのは、私の心である。自分の心は、微細にして虚空に遍満している仏である】

◉仏はそこにおられる　昨年のお盆のことです。檀家のおばあさんから連絡が入りました。なんでも、十九年飼っていた愛犬がたった今息を引き取ったので、檀家まわりの時に「枕経《まくらきょう》」をあげてほしいとのこと。私も大の動物好きなので快諾し、ワンちゃんの亡骸《なきがら》に対してお経をあげたとたん、音楽がいきなり鳴り響いたのです。葬儀会場でBGMが流れますが、まさにあんな感じです。最初はおばあさんがCDを大音量でかけているのかと思ったのですが、デッキなどどこにも見当たりません。

首をひねりながら、二巻目のお経をあげたとたん、今度はかぐわしい花の香りが鼻をつきました。コロナ対策でマスクをしたまま読経をしているのですが、そのマスクを簡単に通過し、それこそ目のくらむような強烈な香りです。甘い花の蜜の香りもぷんぷんします。念のため確認すると、その香りは、なんとお仏壇の中からしてくるのでした。お仏壇に花のお供えはなく、バナナとミカンがあるだけ。そしてお仏壇の中心には、ここは元々天台宗のお宅だったため、阿弥陀如来のお軸がかかっています。

「ご住職、うちの犬は極楽に行っただろうか？」。おばあさんの質問に対し、「絶対間違いありません！　このワンちゃんは極楽往生しました。『阿弥陀如来がお迎えにいらっしゃると、色とりどりの花が咲き乱れ、甘い花の蜜の香りがし、そして妙《たえ》なる音楽が鳴り響く』と阿弥陀経というお経には書いてありますが、本当にそのままです。たった今私が経験しましたので、太鼓判を押します！」

お大師さまが「仏さまは私たちの心の中におられる」と書かれておられますが、本当にそうなのだと思います。ただ素直に信じればいいものを、人間は理屈が多くてすぐ疑い、道に迷いがちになります。その点、余計なことを考えない動物のほうがいいようです。屁理屈をこねていては、あんな見事な成仏ができるわけがないでしょう。

（佐々木琳慧）

遍満

一一の声　一一の字　一一の実相は法界に周遍し　一切諸尊の三摩地門《さんまじもん》陀羅尼門《だらにもん》となる（十住心第十）

【一一の声や文字ならびに実相は、真理の世界に満ちあふれて、あらゆる仏の心や言葉となっている】

◉真言とは　それはサンスクリット語での、マントラといわれる言葉であります。嘘、偽りのない言葉で仏の言葉、仏の世界の言葉とされます。

お大師さまは『般若心経秘鍵』において、「真言は不思議なり　観誦すれば無明を除く　一字に千理を含み　即身に法如を証す」と書かれています。その意味するところは、「仏の言葉である真言は、本当に不思議なものである。心を一点に集中して真言を心から読誦するならば、煩悩の原因である無明をとり除くことができるのである。なぜなら、真言の一文字一文字に人智をはるかに超えた仏さまの真実の智慧が含まれているからで、この身このままで悟りにいたることができるのである」であります。

そして、とても大切なことがあります。言葉には魂が宿るのです。ですから、仏さまの真理の智慧を説いている真言を観誦するから、無量の功徳が注がれるのです。

お大師さまが、毎日悩み苦しむ私たちを導くために説かれた「十善戒」という戒律があります。その十の戒律のうち四つも、言葉についての戒律を示されており、それほどお大師さまは言葉が重要なものと考えておられたのだとわかります。その四つとは、「不妄語」、決して嘘をつかない。「不綺語」、決して心にもないことを言わない。「不悪口」、決して人の悪口を言わない。「不両舌」、決して二枚舌を使わない。この四つの戒律は、私たちがこの社会でより良く生きていくためのとても大事な、そして必要なものなのです。

ところで、私たちの毎日を振り返ってみると、なにげなく素晴らしい言葉を使っているということに気が付きます。それは「ありがとう」という感謝の気持ち。「おめでとう」という相手の幸せを喜ぶ気持ち。「大丈夫ですか?」という相手を思いやる気持ち。他にもたくさんの慈愛に満ちた言葉を私たちは思いを込めて使っています。それこそが私たちには仏性が備わっている証しです。お互いのことを思いやる言葉こそ私たちの真言であり、仏さまの言葉ともなるものだと思うのです。

(木藤清明)

遍満

大虚心なけれども万有これに容《い》り　大地念なけれども百草これより出づ（宝鑰第四）

【虚空には心はないけれども、あらゆるものが内蔵している。大地にも心はないけれども、様々な草が生えてくる】

◉隣人の心はいかに　この聖語は秘蔵宝鑰の中で、憂国公子が、仏法は国家の為には大切であるのに仏法を重んじない人が多いのはなぜかと問いかけたのに対し、玄関法師が挙げた例のうちの一つです。益も無益もこの世に存在し、薬草も害草も大地より出てきますから、仏法を守る人もそうでない人も、益を成す人も害を成す人もこの世に共に存在するのです。

高校の天文学の授業で教師が一枚の表を提示しました。太陽系近くで観測できる恒星の明るさや温度質量を合わせたグラフでした。縦軸と横軸の間に観測した恒星を一つ一つドットで記したものでした。大部分の恒星は直線状に記されていますが中には大きく外れた所に位置するものもありました。教師はそれを指差しながら、「星も人間も同じようなものだ。善きも悪しきも突出した者が必ずいるんだぞ」と。

この世の人間を一人一人善悪を物差しにして表に表すと、恒星の分布図のようになるのではないかと思いました。大多数は善良でも、人の道を大きく外した人や普段は普通に過ごしていたのに何かの拍子にスイッチが入って暴力を振るう人が実際にいるのです。通り魔事件、詐欺、強盗、煽り運転など。自暴自棄や欲望に任せた行為は皆に大きな迷惑を及ぼしてしまいます。大多数の人は心でやましいことを考えても自制心が働き実行しませんが、行動力が自制心を超えてしまった場合には事件が起こってしまいます。電車で横に座った人の心はどうであるかは外から見ても解りません。

人は父母の縁により仏の世界から心の根底に仏種（仏さまの心）を宿してこの世に生まれてきます。成長過程で優しさや思いやりを学び、人に対して愛情をもって接することができるのです。未だそうでない人は仏種が発芽していないからでしょう。早く自分の中の仏種に気づいて発芽させる努力が必要だと思います。隣人愛を持って心を豊かにそして大らかに生きる、そのような心構えが必要です。

願わくは仏様の心でこの世が満たされますように。

（亀山伯仁）

遍満

この所生の法は上《かみ》法身に達し下《しも》六道に及ぶまで　麁細《そさい》隔てあり大小差ありと雖も　然れどもなお六大を出でず　故に仏六大を説いて法界体性と為したまう（即身義）

【上は仏から下は地獄まで、様々な形になって派生されている。しかも、地、水、火、風、空、識の六種の要素である六大からは離れていない。それゆえに、六大こそが大宇宙の本質であると仏は説く】

◉すべてに宿るもの　世界遺産に登録されてからというもの、海外からの旅行客で埋め尽くされている感のある高野山ですが、日本人の参拝者が増える時期が年間を通して数度あります。桜の咲く時期と紅葉の時期がその最たるものだと思います。確かに、ここぞとばかりに咲き誇る種々の桜花や見事なグラデーションで秋を彩る紅葉は大変見ごたえのあるものです。

それ以外にも、都市圏では見られないような満天の星空、どこからか聞こえるウグイスの鳴く声やキツツキが梢をつつく音、雪が積もった早朝の張りつめた静寂など、四季それぞれに風情があります。高野山で暮らすようになって数年が経ちますが、いまだにその美しさにはっとさせられることがあります。

このように現実世界に現象として発生するものはすべて、地、水、火、風、空の五大によって生じると、かつては考えられていました。そこに識（心）を空海様はお加えになられました。物質的な根本原理である五大と、それを認識するための精神とが合わさることで、はじめてこの世界は明確な輪郭をあらわすのです。

私たち人間には高い精神性が備わっていますが、その弊害としてついつい「心」というものが自分達にしか無いものだと思い込んでしまっています。ですが、実際には草木の一本に至るまで、それが大日如来様の命のあらわれであるが故に全てのものに心が宿っています。この世界がこれほど美しいのは存在しているすべてのものが自分の中に心を隠し持っているからなのだと思います。心というものは目で見ることは出来ません。ですが、確かにあるものです。あらゆるものに宿る心を感じることが出来た時、仏様が伝えようとされていることを悟ることができるのでしょう。（髙田堯友）

遍満

平等の三密は法界に遍じて常恒なり　五智四身は十界に具して欠けたること無し（声字義）

【如来の働きは全宇宙に遍満し、完成された智慧が地獄から仏界まで及んでいる】

◉密教の綜芸《しゅげい》　十代の時、バンド活動に明け暮れました。毎夜に興す技藝の時間。反逆の詩＋爆音。仲間と共に新鮮な感覚に酔いしれたことが思い出されます。時には演奏中に熱意あまって、「この野郎、ちゃんと演奏しろ馬鹿、おまえ最悪なんだよ」「阿呆」と罵り合うことも多々ありました。今にして思えば、お互い若くしてなんと相手に対し残酷だったのだろうかと思います。悪演奏をすべて相手のせいにして、甘えていたわけです。しかし手段こそ適切でなかったとはいえ、メンバー全員がバンドの音とパフォーマンスによって観客から何か身の毛のよだつようなものを引き出そうとする心意気は大したものだったと思います。うまくいった時にはバンドが個人を超越するような心持ちになることが起こるのでした。あたかも、互いの真心と真心から生ずる真の交渉を描き出す密教曼荼羅のようでありました。このような交渉状態と無関係なまま仏陀になることは難しいと思われます。これは月輪観等によって得られる精神といえるのではないでしょうか。どこまでいっても自と他の境界がなくなっていく感覚。密教は学問としても余り有るものですが、歪《いびつ》に一方だけが満足するというような状態では、何処まで行っても相互交渉とはいえません。単なるパワハラです。良質の演奏とは、心と実技が相まって音が出るのです。まさに声字実相の感覚、真言密教の真髄のようでございます。

密教は教えません。手取り足取り教えないということです。「不自由なき生活を送る者に何を教えろというのか。彼等が自ら密教しなければ、大悲門など開く道理もなし」と、大師のお声が聞こえてきそうです。我々は甘え甘えて苦を背負うのでありまず。友人に甘え、恋人に甘え、家族に甘え、師に甘え、道具に甘え、街に甘え、国に甘え、星に甘え、神仏に甘える。私はこれら一切を懺悔します。自身がそのようなモノと未来際に決別しなければ、いかにして大日如来の光に照らされることができるというのでしょうか。生きる力を失った人々を前にして、寄り添うことはできても自由にすることなど出来やしないのです。

（後藤証厳）

遍満

法身の三密は纖芥《せんかい》に入れども迮《せば》からず　大虚に亙《わた》れども寛《ひろ》からず　瓦石《がしゃく》草木を簡《きら》わず　人天鬼畜を択ばず　いずれの処《ところ》にか遍ぜざらん　何物をか摂せざらんや（吽字義）

【仏の身体は細かい塵のなかに入っても狭くはなく、虚空にひろがっても広すぎることはない。仏の心は瓦、石、草、木、人、天、鬼、畜生の別なく、あらゆる場所に遍満し、あらゆる物体に収まっておられる】

◉雨粒に収まる仏心

人々の都合や心境で本来清浄の雨もネガティブな印象になります。雨天のせいでテンションが下がり体調が悪くなったなどの愚痴も耳にします。「足元が悪い中……」という雨天挨拶さえややワルイ響きがします。雨嫌いは瞋恚《しんに》の意識で、それで不機嫌になり、人間関係にも波及しかねないです。雨は、仏身で私と同じ法界の仏性もち同士だと発想を変えれば、煩悩の炎も清涼味になるかも知れないと思いつつある日、徒歩中に大雨に遭い全身が濡れました。「私は雨よ、雨こそ私。私が風よ、風こそ私！」の即興囁きで雨中を歩いて三十分以上でしたが、気分爽快でした。自己暗示が効いたのかも知れませんが、心の模様次第で雨を観る眼も異なってきたとわかりました。渇水時になれば、嫌われ役の雨も甘露や黄金並みに重宝されてきます。

私は雨上がりの草むらを虫の目線で観察するのが好きです。草や苔はミニチュアの森のようで、奔走中のアリやジッとするごま粒大の虫の姿が見えます。雨粒が数珠のように草の茎や葉に肩を並べてキラキラします。放射状の草にびっしりつく雨粒の群れがシャンデリアっぽくみえます。細長い葉の上に端座する一列の雨粒も、球体鏡のように周りを映し出します。小虫らがやってくるのをじっと待つ雨粒には、仏の慈悲がこもっている感じがしました。下へ垂れ落ちれば大地を潤し、上へ昇り消えれば空気を潤します。極小虫達からすれば、人間界の巨大な燃料タンク、いや、無色透明な水タンクながら、小虫たちが舐め、ついばみ、吸っても、崩れず裸球体を保ったままで、有情非情を問わず、水を無償提供するわけです。その情景を凝視した私は、仏の遍満性、慈悲平等の心が雨粒の形で体現する姿に感動せずにいられなかったです。

（松本堯有）

遍満

一字一文法界に遍じ　無終無始にして我が心分なり（心経秘鍵）

【経文の文字や文章は真理の世界に広がり、私の心は無限の時空間に繋がっている】

◉宗論はどちら負けても釈迦の恥　キリスト教の聖書、イスラム教のコーランなどと異なり、仏教には八万四千の法門と称される多種多様な経典が存在します。しかし、それぞれに説かれている内容は決して一様でないため、どの経典を拠りどころとするかによって様々な宗派が誕生することになります。例えば、真言宗は『大日経』や『金剛頂経』などの密教経典を拠りどころとする宗派です。

ならば、どうして仏教には多種多様な経典が存在するのでしょうか。それはお釈迦様の教化姿勢に起因しています。そもそも、お釈迦様は法を説くに際し、対機説法という手法を用いました。対機説法とは相手の機根（能力や資質）に応じて法を説くことであり、医師が患者の病状に応じて薬を処方するのと同様であることから、応病《おうびょう》与薬《よやく》とも呼ばれています。

その後、お釈迦様が亡くなると、弟子たちが聴聞した内容を持ち寄って編集しようとの動きが生じます。これが結集《けつじゅう》です。一回目の結集はお釈迦様の入滅後すぐ、摩訶迦葉《まかかしょう》が座長となって五百人が集まり、阿難《あなん》が経典の責任者、優波離《うぱり》が戒律の責任者となって行われました。さらに、百年後には第二結集、二百年後には第三結集（南伝）、紀元前一世紀には第四結集（北伝）が行われ、これによって様々な経典が誕生することになります。すべての経典の冒頭が「如是我聞《にょぜがもん》」（かくの如く、我聞けり）で始まるのはそのためです。

当然、経典の内容が様々ですので、やがて各宗派は膨大な量の経典を形式、方法、内容などによって体系化する教相判釈《きょうそうはんじゃく》を設定し、自宗が拠りどころとする経典こそが、お釈迦様の真意に適ったものであると主張するようになります。しかし、行き過ぎた教相判釈は、一方で他宗を誹謗する過度な宗旨論争（宗論）の要因にもなり、世俗的な対立構図を育成する結果となります。江戸時代の有名な川柳に「宗論はどちら負けても釈迦の恥」（『誹風柳多留《はいふうやなぎだる》』）というものがあります。心の時代と言われる二十一世紀、経典は宗派同士の諍いの種としてではなく、人々の心を満たすお釈迦様の知恵として活用してほしいものですね。

（愛宕邦康）

遍満

団団たる性月は十界に映じて虧《か》けず盈《み》たず　蔚蔚《うつうつ》たる智蓮は四生を載せて以て常に開き常に鮮かなり（大日経略開題）

【月のような胎蔵マンダラの諸仏はすべての世を円満に照らし、森のような金剛界マンダラの仏たちはあらゆる生命に活力の息吹を与えている】

◉遍く照らす堅固な教え　真言密教の教えは、大日経と金剛頂経という、二つの経典が元になっています。

大日経は胎蔵（界）、金剛頂経には金剛界という二つの世界が説かれています。お大師さまは、唐（今の中国）で、恵果和尚《けいかかしよう》からこの二つを一度に受け継ぎました。実は、恵果和尚が一行阿闍梨から胎蔵（界）、不空三蔵から金剛界という、両方の教えを受けた人物であり、千人はいたというお弟子さんの中で、両方を授けたのは空海と義明というお弟子さんの二人だけだったそうです。

この名言は、大日経について講義を行った時のものですが、胎蔵（界）の大日如来は「遍照《へんじょう》」という別名があります。遍く照らす、全ての世界を優しく暖かい光で「遍く照らす」という意味があり、それは、全ての生きとし生けるものの生命を照らすということです。一方で、金剛界の「金剛」とは金剛石のように固いものであるということ。密教の教えはそのように堅固であることを示しています。

お大師さまが両部の灌頂を受けた時、どちらも投げた華が中央の大日如来に落ちたといわれます。その様子をご覧になった恵果和尚は、お大師さまに対し、「遍照金剛」という灌頂名をお与えになったそうです。現在、私たちは御宝号として南無大師遍照金剛と唱えます。これは、お大師さまに帰依します、おすがりしますという意味合いなのです。

お大師さまはまさしく両部の御本尊、大日如来とご縁を結ばれている証であり、日本に帰って真言密教を広めることは、宿命とも言える大きな使命だったのかも知れません。私たちは、その光に照らされて、さらに金剛界曼荼羅の大日如来からは生命のエネルギーをいただいて、この世界に生きているのですと説かれています。森羅万象全ての生命を愛おしく思う大日如来のような心を持ちたいものです。（中村光観）

道の本は無始無終　教の源は無造無作　三世に亘って変ぜず　六塵に遍じて常恒なり　しかれどもなお示す者《ひと》なきときはすなわち目前なれども見えず　説く者《ひと》なきときはすなわち心中なれども知られず（法華経開題／梵網経開題）

【道は始めも終わりもなく、教えはもとからあって作られたものでもない。真理は時空間のいずれにも存在する。しかし、説く人がいなければ目前にあっても見られず、心中にあっても知ることができない】

◉いのち、時空を超えたメッセージ

森羅万象すべてのものは六大（地・水・火・風・空・識）が融通無碍に混ざり合うようにして成り立っています。六大は万物の本源であり、物質と精神（心）が溶け合うように存在しています。始まりも終わりもなく誰かによって作り出されたものでもありません。こうしたあるがままの姿を「真《しん》如《によ》」といいます。宇宙の真理であり実相、この世の真実の姿です。

以前、若き日の空海が修行した室戸岬を訪ねたことがございます。虚空蔵菩薩の真言を唱え続け明星（金星）が口の中に飛び込むという不思議な体験をしたと言われている場所です。私も同じように大海原を目の前にして、ただひたすら「真言」（真実の言葉）を唱えました。　やがて太陽が手に届くほど近くになり、波や海風と共に呼吸をし、空と海を分け隔てていた水平線がなくなって、まるで一本の草木のようにたたずむ自分を感じました。すると、これまで出会ってきた大勢の人たちの顔が次々と浮かび、もしかしたら、大日如来がいろいろな姿や形に変化して目の前に現れていたのかもしれません。

ある時は、お釈迦様やお大師様に、ある時は、御師僧様や諸先生方に、父や母、兄弟や姉妹、親戚や親類、親友や友人あらゆる人々に姿を変え巡り会っているのです。人は心に迷いや不安、苦しみがあれば自らその大切な存在を見えなくしてしまっているのかもしれません。

また近いうちに室戸崎（むろとのさき）を訪れたいです。「五大にみな響有り」「六大無礙にして常に瑜伽なり」。かけがえのない一期一会の出会い、かけがえのないメッセージを探しにあの空と海に会いに出かけたいものです。

（雨宮光啓）

実相は三世間に周遍して　平等平等にして偏党なし（金勝王経伽陀）

【真実は世界に通用し、平等にして偏見がない】

◉大日の光を借りて、自分なりの輝く舞台を作ろう　密教では、大日如来は宇宙万物の根源で、宇宙の真理を表すと見られています。仏様の身口意の働き（三密）は宇宙全体に行き渡っており、一切の衆生を平等にして偏見がないということです。ここの「実相」というのは宇宙の真理を表す「真実の言葉」、大日如来の説法そのものです。大日如来は音声文字で説法します。その文字は法身毘盧遮那仏の三密の働きとして法界に遍満して、常恒に加持の力で衆生界に働きかけます。私たちは無辺の宇宙に存在しています。如来の慈悲は太陽の光のように、常にこの世のすべての場所と衆生に平等に降り注ぎます。

一方で、如来の力は法界に遍満していますが、どれほどの加持が受けられるかは衆生それぞれの根機次第、すなわち我々の信心次第です。信心の確立は悟りへの大切な鍵です。信心を植物の種と喩えれば、通常の修行や努力は肥料や水のようなもので、大日如来の働きは日光のようなものです。あらゆる条件が揃ったら、信心が強ければ強いほど、大日如来の光を多く受け、種の成長が速くなります。つまり、加持というのは一方的な外力ではありません。諸仏菩薩と衆生との間にある相互感応の双方向の関係です。言い替えれば、仏力加持が強調しているのは諸仏と衆生とのお互いの繋がりで、作用と反作用の具体的な表現であり、どちらかが一方的に行った独立した行為ではありません。従って、この遍満している「加持力」の本質は、仏や菩薩からの「贈り物」ではなく、衆生の身口意の三業に対する相乗作用です。信心があれば、仏の力と相応して、加持を得ることができ、仏と一体になれます。

日常生活でも同じです。自分の能力を発揮できる仕事が何時でもあるわけではありません。表舞台の仕事もあれば、裏方仕事もあります。どんな仕事でも信心をもって、力を尽して能力を最大限に発揮することによって、裏方仕事でも、自分なりの輝く舞台になれるに違いありません。自分を信じて、幸せになれる力があると信じていけば、きっと不思議な力が導いてくれるでしょう。

（寛旭）

吾が三業本来清浄にして法界に遍じ　他の衆生の三業も本来清浄にして法界に遍ず　我が三業と他の三業と相障碍《しょうげ》せずして法界に遍ず　譬えば千燈の光明の相障碍せざるが如し（秘蔵記）

【吾れも衆生も、その働きは本来清浄にして真理に通じ、相互に障りがない状態である。それは無数の灯明が互いに照らして溶けあっている状態である】

◉明かり　高野山奥の院の弘法大師ご廟の前には、たくさんのロウソクが灯されています。そのロウソクの火は、たね火となる大きなロウソクからいただいた火でみなさん灯しておられます。

弘法大師が、「私（弘法大師）も、みなさん（衆生）も、その働きは、本来清浄にして真理に通じ……」とおしゃっているように、ロウソクも大きさは様々ですが、明かりを灯すということにおいては、同じ働きをしています。たね火が小さくても、大きなロウソクに火を灯すことができますし、逆に大きなロウソクも小さなロウソクに火を灯すことができます。

「人間の本体は『たましい』である」と教わってきました。その「たましい」は、本来清浄であると大師はおっしゃっています。ロウソクに例えると、自分はどんなロウソクなのか、自分にはどのような天性（個性）が備わっているのだろうと、真剣に考えることが大切です。真っ白なロウソクなのか？　赤いロウソクなのか？　それともカラフルなロウソクなのか？　人それぞれ姿かたち性格は違いますが、ロウソクのように明かりを灯す、人として世の中を照らす（お役に立っていく）ことが必ずできます。

「自分は小さいロウソクだから……」と卑下することはありません。どんな人でも必ずお役に立つことができる、本来清浄であると大師はおっしゃっています。ありのままの自分を知っていくことによって、より一層お役に立つ人に変わっていけます。そのことは、他人をも尊重していくことにつながります。自分をありのままに知り、他人を尊重していくこと、まさに、無数の灯明が互いに溶け合っている状態です。

（福井清光）

一一の諸塵は実相なり　実相は法界海に周遍す（秘蔵記）

【数々の煩悩はそのまま真理の姿であり、その真理は世界にゆきわたっている】

◉煩悩は心の声　煩悩にどのようなイメージを持っているでしょうか。辞書を紐解けば、「煩悩とは、身も心も煩わされる心のはたらき」とあります。身も心も煩わされること、たとえばお金も時間も気にすることなく自由気ままに生きていたいという望みでしょうか。煩悩は自分の中に住み着いている恐ろしい魔物のようなイメージがあるかもしれません。

でも、煩悩を深掘りして自問自答してみると、煩悩に対して違った見方ができます。海外旅行は、文化の違う場所に身を置いて日本の良いところを見つけたいという知的欲求であったり、自由に使えるお金を今の十倍手に入れたいのは、教育費に制限を掛けず、子どもの将来における選択肢を広げたいという親の願いだったりします。煩悩は心の声であり、決して心に住む恐ろしい魔物ではないのです。

お大師さまは仏教を志し、我が身を仏教のために捧げたいと心に誓ったときからずっと持ち続けた心の声があります。大学での勉学よりも仏教を志したいと決めたときも、変わらず持ち続けた心の声は、「密教を日本に弘めることによってすべての人を救いたい」という信念でした。

お大師さまが命をかけて日本に伝えた密教により、高野山は一二〇〇年にわたり守り継がれています。お大師さまの心の声は高野山奥之院から私たちに向けてくださり、海のようにあらゆるところに満ちあふれています。高野山奥之院へお参りすると何とも言えない雰囲気に包まれます。これはお大師さまの心の声が満ちあふれているからです。

（中村一善）

遍満

天より地より雨のごとく泉のごとく　浄より染より雲のごとく煙のごとし
地に下り天に上り　天に上り地に下る（三教指帰下）

【仏の偉大な徳は、天より雨のように降り、地より泉のように湧いてくる。浄不浄を問わずに、雲や煙のように天地にゆきわたっていく】

◉大自然の営みを感じる　最近は農家でも季節に関係なく作物を栽培する技術が進んでいます。夏の太陽を再現するため、科学者が夏の太陽の光を調べ、それと同じものを再現して植物に当てることができるのです。季節や昼夜関係なく太陽の光を当てることのできる技術で、季節を問わず野菜や果物が取れるというのです。

太陽を再現する技術力は素晴らしいものです。しかし、その開発や稼働にどれほどお金がかかっているのでしょう。野菜や果物がいつでも手に入ることは有難いことですが、その技術の裏側には、大きな手がかかっているのです。そもそも、日照に誰か使用料を払っているのでしょうか。不思議なことに、誰も支払わなくとも、有難くも私たちに降り注いでくれているのです。水も、コンコンと湧き出て、私たちを潤してくれます。雨水が山に染み渡り、大自然によって濾過されてめぐってくるのです。水の循環は知られていますが、そもそも、そのようなシステムは誰が作ってくれたのでしょうか。そう考えますと、私たちは、不思議だけれどもあり難いものに囲まれて生かせて頂いているのです。科学者の方は、研究すればするほど、我々が素晴らしいものに囲まれていることに気付いておられます。草木や昆虫にしても、我々の技術で作ることは到底無理なのですから。

そういった不思議なこと、我々では説明できないことを、昔の方は「大日如来」と名付けたのです。「大日如来」といいましても、そういう人物や神様がいたというのではありません。私たちの身の回りにあります大自然の営みを「大日如来」と名付け、私たちはその中で生かせて頂いていると密教では解釈するのであります。

目先のことだけにとらわれた生活をしておりますと、素晴らしいものに囲まれていることに気付く視点を失ってしまいます。最近ソロキャンプが流行ってきていますのは、大自然を純粋に感じたいという心が求めていることなのかもしれません。

（富田向真）

目に溢《み》ち耳に溢ち　黄《おう》に満ち玄《げん》に満てり（三教指帰下）

【仏の姿とその説法は、大衆の視覚と聴覚を満足させ、天地いっぱいに感動があふれている】

◉満ちた世界を感じる

お大師さまは著作の三教指帰の中で、お釈迦さまの説法に期待を寄せて集まる全ての生き物たちが、発せられたそのお言葉に感動している様子を切々と書かれております。その内容とは、この世は一と多が互いに融け入っていること、絶対的と言われる本体と相対的な現象とは同じであること。つまり、一元的な見方はできないこと、モノごとの尺度はとらえ方によって自在に拡大も縮小もできるということを意味するものでした。

私自身も仏教を学習させていただく中で、近年モノごとを多角的に見ることの大事さを痛感するようになってきております。モノごとには必ず対があります。それこそ有るがあれば無いがあります。善があれば悪があり、表があれば裏があります。更には男性がいれば女性もいて、出会いがあれば別れもあり、そして生があれば死もあるのです。それはこの世の全ては表裏一体であり、両方を知ることでモノごとの本質をしっかり理解することができるということを示します。

宮崎駿さんの漫画版『風の谷のナウシカ』の中に興味深い一節があります。万物の王たる王蟲《おうむ》が主人公のナウシカにこう言います。「我が一族は個にして全、全にして個……」と。これはそれぞれが単独で生きているように見える個体であっても、同時に集団としての意識も持ち合わせる。つまり、自然ともいえる外なる宇宙の中に内なる宇宙があり、そして逆に体内ともいえる内なる宇宙の中にも外なる宇宙が内包されているということが言われているように感じます。

密教ではこれを「金胎不二《こんたいふに》」という言葉で表します。この感覚は普通の生命の定義を遥に超えたスケールの大きい宇宙や自然自体を命と見る生命観を示すものではないでしょうか。

この世は元より全てが満ち満ちています。お釈迦さまやお大師さまの説法は降り注ぐ慈雨であり、全てを内包する「大日の光」なのです。

(山本海史)

遍満

生は無辺なれば行願極りなし　天に麗《つ》き水に臨んで　影を万億に分つ（性霊集二　恵果碑）

【苦しむ生命は無数であるから、これを救う仏の願いも極りがない。空に輝く太陽があらゆる水面に投影することと同じである】

◉願いと出会い　お大師さまのお師匠さま「恵果和尚」は唐代随一の高僧で、当時三代の皇帝に師事され、「三朝の国師」と称されました。その死に際し、恵果和尚を讃える碑文をお大師さまが代表して書かれています。

この銘文の中で、自分が唐に来たことも日本に帰ることも自分の力や意思ではない、と述べています。そして師匠は最期に、この子弟関係はこの度だけの縁ではなく、深い宿契があるのだと弟子空海に告げています。このお二人の出会いは後の世に多大な影響を与えます。このお二人の出会いがなければ、宗教に留まらず、世界の歴史が変わってしまっていることに間違いありません。

わたしは僧侶になりたての頃、密教の神髄なんて何一つとしてわかってはいませんでした。最初はこんなに大それたものを学んでいるとは微塵も思っていませんでした。ただいつしか、お大師さまとお話がしたいと思うようになりました。どうしてもお大師さまにお尋ねしたい、と真面目に一生懸命そう願っていると、ある時お大師さまも修行された、宮島は弥山という山中で、独り三密加持を修する機会をいただいたのでした。その百日間、生死をかけた日々のノルマの他に、毎日奥之院にお参りし、毎日懺悔百礼し、毎日お大師さまの著作を読誦しました。あっという間に歳月は流れ、ますます霧は深まるばかりですが、宇宙の神秘を蔵する三密加持には「必ず仏さまの願いがある……救いがある」という確信は、何物にも替え難い信念となってわたしは支えられています。この修行を無事に成満できたのは東京真成院の織田隆弘先生と隆深先生のお陰です。読者の皆さまにも是非ご縁のありますように……。

この度、弘法大師御誕生千二百五十年を祈念して企画されたこの「空海散歩」は、わたしにとって大変な勉強になりました。一言一句悩み苦しんで推敲を重ねた時間は、お大師さまがくださったプレゼントだと思います。機会を与えてくださった近藤堯寛先生をはじめ発起人の皆さまに深く感謝申し上げます。

（阿形國明）

遍満

ここに大聖有《ま》します　薄伽梵と号す　太虚を孕んで体とし　繊塏《せんがい》を豁《ほがらか》にして都を建つ（性霊集六　東太上願文）

【薄伽梵と呼ばれる仏は、宇宙を呑みこんでおられる身体であり、かつ塵芥のなかにも仏の国を建設されている】

◉大日如来の生き方　真言宗のお坊さまたちが最も唱えられる『般若理趣経』というお経では主人公として「薄伽梵」が何度も出てきます。薄伽梵とは密教の中心の仏さま、大日如来さまのことです。お経によって、薄伽梵とも呼ばれています。

大日如来さまとは大宇宙であるといわれます。そういわれても難しいです。大宇宙の中に地球があり、地球の中に大自然があり、大自然の中に私たちがいます。私たちの身体の中にもたくさんの細胞や細菌があります。時々、私は細菌も細菌の社会があるのかなと考えることがあります。大きな地球を一つの生命体と見れば、その中で生きている八十億人は、細菌のような存在なのです。我々人間にさまざまな営みや紛争があると思うと、私たちの身体の中の細菌も社会を形成しているのかなとか、争い合っているのかもしれないと考えてしまいます。そのような空想のような話ですが、風邪をひいた時に、抗生物質というお薬を頂きました。抗生物質は身体の中の悪い細菌をやっつけるので、ずっと飲み続けたらもっと健康になるのではと思いますが、そうではないようです。私たちの身体には適度に細菌がないと、身体は維持できないようです。つまり、私たちは細菌と共存して生きているのです。私たちと細菌、地球と私たち、宇宙と地球の関係なのです。そういった相互の関係で全てが成り立っていて、地球から見れば、それを包み込む宇宙は大日如来。私たちから見れば地球、大自然は大日如来。細菌たちから見れば、私たちは大日如来なのです。

大日如来は摑みどころのない、難しいものに思えるかもしれませんが、お互いが大事な存在であり、微妙なバランスで存在しあっているのです。そのバランスを、一方的に無くそうとすると、その本体もなくなってしまいます。嫌なことを排除せず、生かそうとする生き方が密教の生き方であり、相手の長所を見つけ、認め合いながら共存することに気付くのが大日如来の生き方なのです。

（富田向真）

近くて観難《み》く　高くして感じ易し（性霊集六　式部笠丞）

【仏は近くにありながら気づきにくい。しかし、心を静寂にすれば高みにある仏を感じることができる】

◉**不放逸**　朝、目を覚まして本堂に行き、灯明を点けて線香を立て合掌すると、もう他のことが気になりだしました。今日の予定はどうだったか、事務所に引き返しスケジュールを確認、締め切りが迫っている空海名言の文章の続きが思いつかず、パソコンを開いて見るものの他のニュースが目に入り、そういえばウクライナの戦争はどうなったかな、大谷選手はホームラン打ったか、などとどんどんわき道に逸れていき、仏前の灯明も消し忘れ、果ては外に出て草刈りをしています。忙しくしているようで、実は仏さまからどんどん遠ざかっている自分に愕然とします。

お釈迦様は、クシナガラで涅槃に入られる前に最後の説法をされました。

「この故に比丘よ　放逸《ほういつ》たるなかれ　我は不放逸を持っての故に　自ら正覚を致せり

無量の衆善もまた不放逸によりて得らる　一切の万物　常に存するものは無し　此れ是れ如来の末後の所説なり」（大般涅槃経）

放逸とは、仏様の道を手放して横道に逸れることで、放逸《おこたり》とも訓じます。私は自らの放逸を戒めるために、この釈尊の遺誡を書にして軸装し、いつも座る密壇の横壁に掲げていますが、それでも右のような状況で情けない限りです。日々の心の移ろいが、この身に即して在る仏の道を見失い、迷いの道を深くしているのです。そんな時は、散乱する心を止め寂静微細の心に住し、頭を上げて先人の道跡を真っすぐに見つめたいと思います。釈尊の歩みを思い、弘法大師の誓願を頂く。高く遠い雪山のように清らかでしかも見失うことのない、それほどに仏の道とは尊いものであり、本来手放しがたき、逸脱しがたき道なのです。

『空海散歩』これが最後の文章になります。偶然にも釈尊の最後の言葉について書きました。「物事は移り変わる　怠らず努めよ」。仏陀の誡言に従い、「散歩」から前進の「一歩」へ歩みを進めたいと思います。

（佐伯隆快）

第四章

慧光

荘厳とは謂く一平等の身より普く一切の威儀を現ず　是くの如くの威儀は密印に非ざること無し（十住心第十）

【荘厳とは、大日如来の様々な立居ふるまいを現す。このような威儀はすべて秘密の印である】

◉**大徳の扁額**　「おじゅっさん、あれは何て書いてあるんで」。最近、年忌法要をお寺で執り行うことが多くなりました。そこでお参りの方から良く受ける質問の一つが、方丈の欄間に掲げられている扁額についてです。流麗な行書で文字が書かれていますが少し読みにくいのです。

「あれは、光明心殿、と書かれているんですよ。簡単に言いますと、仏さまのおられるところ、という意味です。ほら、ちょうど内陣の入り口に掛かっていますよね。この中は仏さまのお住まいなんですよ、ということを表しています」

「ほう、光輝くようなイメージなんかね。そういえば、うちのお仏壇はピカピカ光っとるなあ。同じようなもんなんで」

「そう、それですよ。お仏壇も、お寺の内陣も、どちらも同じ光明心殿なんですよ。仏さまのお住まいを美しくおまつりすることを荘厳といいます。ローソクを灯したり、お線香をあげたり、お花を飾ったりすることも、大切な荘厳なんですよ」

「そうかあ、ほないつもウチでやっとることは間違ってなかったんやな」

「そうですそうです。ちなみにこれを書かれたのは、うちのお寺の檀家さんご出身のとても尊敬されているお坊さんなんです」

「へえ、そうだったんで。そんな偉いお坊さんがおられたんやな。ここで供養ができて、うちのご先祖さまも喜んどるわなあ」

法事の場で質問をしていただけると、自然と話が膨らんで法話につながっていくので、僧侶にとっては大変ありがたいことです。そこから荘厳のお話につながったのも良いきっかけとなりました。お大師さまは、荘厳とは仏さまの立居振る舞いであると説かれています。私たちが普段お供えしているローソクやお線香、お花がそのまま仏さまのお姿となるなんて、素敵なことですね。お話のきっかけとなった大徳の扁額に檀家さんと一緒に手を合わせた、日曜の昼下がりでした。


（曽我部大和）

この身この土は法然の有《う》なりまくのみ（声字義）

【私の身体も、私の生活基盤も、仏の采配によって存在している】

◉ありのままの世界を生きる　仏教は、否定の宗教といってもよいでしょう。お釈迦さまは、この世界は苦しみに満ちており（一切皆苦）、われわれの生命を含め、あらゆるものは常に変化し続けるはかないものである（諸行無常）とお説きになりました。とてもネガティブな印象を受けます。

声聞や縁覚、すなわち小乗仏教の人々は、「私」というものはどこにも存在せず、「私」とは、色、受、想、行、識の五蘊の集まり、すなわち、頭（心）の中で起こる感情の連続に過ぎないと、自分の存在そのものを否定します。

大乗仏教でも、「空」の思想が主張され、あらゆるものは、さまざまな原因が重なって一時的に存在している幻のようなものであり、それぞれのものに定まった性質はないと説明されます。われわれに最もなじみの深い経典である『般若心経』には、否定辞の「無」の字が、なんと二十一回も出てきます。

しかし弘法大師は、密教の曼荼羅の教えにもとづいて、仏教のさまざまな否定的な考えに対してまっこうから反対意見を述べておられます。

密教寺院のお堂の中に掲げられている胎蔵曼荼羅を見ますと、たくさんの仏さまや菩薩さまとともに、その端っこのほうには、インドの異教の神々や、人間の肉を貪り喰う魑魅魍魎《ちみもうりょう》までもが描かれています。真言密教では、この世界に存在するありとあらゆる生命は平等に尊く、それぞれがつながり、関係しながら、互いに生かし生かされていて、不要なものは一切存在しないと説きます。そして、あらゆる生命は、大日如来という真理そのものを身体とする仏の分身であると主張します。

冒頭で申しましたように、お釈迦さまは「この世界は苦しみに満ちている」という真理を説かれました。しかし、ご入滅を目前にして、「この世界は耽美である」と吐露されたといわれています。嬉しいこと、悲しいこと、世の中にはいろいろなことがありますが、そのような世界をありのままに受け入れながら、他者に対する思いやりの心を第一に、楽しく、穏やかに生きてゆくことが肝要なのです。

（川崎一洸）

荘厳

恒沙の眷属は鎮《とこしなえ》に自心の宮に住し　無尽の荘厳は本初の殿に優遊す（大日経開題　法界）

【無数の仏とその眷属が、私の心に静寂にいまして、絢爛たる装飾に囲まれて遊んでおられる】

◉遥かなりインド大陸　恒沙とは「恒河沙」のことで、恒河とはインドのガンジス川です。つまり恒河沙とは「ガンジス川の砂の数」という意味で、数字の単位でいう恒河沙とは10の52乗とされます。仏様とその眷属はガンジス川の砂の数ほどいらっしゃるという、このような雄大な数字の発想は、インドの広大な大陸の悠久の時間の流れの中でこそ発想できるものなのかなとも感じるのです。日本にはガンジス川ほどの大河がありませんから、恒河沙なんてまったく想像もつきませんね。

十年ほど前、私はインドのお釈迦様の遺跡を巡礼しました。当時書き残した自分の日記を読み返し、懐かしくも面白い気持ちになりながら今この文章を綴っています。お釈迦様の遺跡は「八大仏跡」といわれる八か所を巡るのですが、バスや列車の移動で一日に行けるのはほぼ一か所のみです。朝いちばんに仏跡を出発して次の仏跡に到着するのはその日の夕刻。そんな毎日を繰り返すのです。つまり仏跡巡拝のほとんどの時間はバスや列車の車窓を愉しむ旅です。

インドには実に多種多様な文化があり宗教もあり言語もあり、そこに暮らす人々の生活形態も様々です。その異なるものが一つの国の中でうまく共存している姿は、日本人の私にとってまことに不思議な光景でした。いろいろな異なる味の食材が一つの料理として調和しているような、様々なものを受け入れる環境の中に在ってこそ曼荼羅の如き壮大なものが出来上がるのだろうなと感じてしまいます。

密教の仏様は、想像を絶する広大な世界に遍満して住しておられます。またこの世には多くの生物がいて、それぞれの一生に異なる物語があります。生物の数だけ「私」がいて物語があり、その物語はそれぞれ「自分」が中心に展開しています。その物語の中の経験こそ「私」にとって宇宙の全てであり、広大な仏様の世界は、「私」という小さな存在の個々の中にも全く同じように存在していることを密教では説かれているのです。

(大瀧清延)

荘厳

大日経には無尽荘厳蔵を現ずという　ただ諸仏にのみこれあるに非ず　一切衆生も亦またかくの如し（法華経釈）

【大日経には、尽きることがない荘厳な世界が現れると説く。これはただ諸仏だけの世界ではなく、すべての衆生にもいえることである】

◉迷いではなく仏の世界に眼を向けよう　お大師さまの教えの根底には「人間をどのように見るか」という人間観や衆生観の思想遍歴があります。お大師さま個人の思想遍歴だけではありません。真言密教に至るまでの仏教の遍歴も含まれていますし、同時に私たちの心の遍歴さえもその教えには含まれています。

さまざまな著作がのこされています。『十住心論』や『秘蔵宝鑰』には私たち（一切衆生）に共通する愚かな心がまず説かれていますし、『弁顕密二教論』には真言密教とその他の一切の教え（顕教）との違いが説かれています。『即身成仏義』には仏さまと私たちとの本質的な関わり合いが説かれ、『声字実相義』には言葉（音声と文字）がそのまま真理をあらわすことが説かれ、『吽字義』には深遠広大な世界も一字に集約されることが説かれます。これらはお大師さまがおひとりで書かれたものです。しかし同時にお大師さまひとりの中にあらゆる仏教の先人達の智慧と実践があってこそ、私たちに届けられているものでもあります。

つまり、お大師さまの教えそのものが「無尽荘厳蔵」なる世界そのものなのです。すぐには仏さまをイメージできなくても、お大師さまを通じて知ること、触れることができる、または感じることができる。ああ仏さまは本当にいるんだな、仏さまの世界ってこの世の中にあるんだな、と体感することができるのです。

尽きることがないもの、と考えたときに私たち衆生は仏さまでなく、尽きることのない欲望や煩悩を先に考えてしまいます。そして欲望や煩悩から離れ、抑え込まなければならないと考える。しかしお大師さまの説くところは欲望や煩悩さえ根本には仏さまがいるのだから、迷わずに仏さまの（無尽荘厳）世界に眼を向けなさいよとあらゆる言葉の中で伝えられています。衆生から仏さまの世界へ。視点や行いの大転換をどの教えによっても説かれているのです。

（伊藤聖健）

荘厳

飛龍は何《いず》れの処にか遊ぶ　寥郭《りょうかく》たる無塵の方《ほう》　無塵は宝珠の閣　堅固《けんご》金剛の墻《かき》なり（性霊集一　山に遊ぶ）

【悟りを求めて龍はどこへ飛んでいくのか。それは広大なる汚れなき空の果ての、輝かしい宮殿を取り囲んでいる大日如来を目指している】

◉飛鳥山に遊ぶ　司馬遼太郎さんの小説「坂の上の雲」の中の一場面。主人公のひとり秋山好古は日本騎兵の父と呼ばれ、日露戦争で世界最強と言われたロシアのコサック騎兵を打ち破るのですが、ここで紹介するのは彼が若き日に陸軍士官学校を受験した際のお話です。

彼は「飛鳥山《あすかやま》ニ遊ブ」という題で漢文の試験を課されます。

飛鳥山は東京の桜の名所、地名ですが、受験のため上京したての彼は、そんなことなど知る由もなく、「飛《ひ》鳥《ちょう》、山ニ遊ブ」だと解釈し、故郷、伊予松山の山で鳥が羽を広げ飛ぶ様を書いたそうです。あとから、飛鳥山が地名と知り、彼は不合格を覚悟しますが、不思議なことに結果は見事合格でした。

さて、設問と違う答えを書いて、なぜ合格なのかと思うかもしれませんが、この合否判定は彼ののちの活躍を見れば決して誤りではありませんでした。たとえ違った答えであったとしても、試験官はその解答の中に大空を翔ぶ飛鳥のように、好古が将来何かを成してくれる可能性を認めたのだと思いますし、私の勝手な想像ですが、そのことを暗示するために司馬さんは、この場面を書いたのではないでしょうか。

試験というのはあくまで、合格した人にとっては、その後その道で何かを成すための通過点。また不合格だった人には次の道で成功できるように勧めてくれる転換点。それは最終的な着地点ではなく、将来、自分がどうあるべきかを知るためのものです。

大日如来という仏さまはこの宇宙、世界そのものであると言われます。そして、その世界を美しく、満たされたものに飾り立てているのは、この宇宙、世界を構成する私たちひとりひとりだと思うのです。

そして今日輝けなくても、明日は輝けるかもしれない。そう思って生きる私たちを、大日如来は待ってくださっているのではないでしょうか。

（亀月隆彦）

荘厳

微風一たび扇《あお》いで輪宝幾千ぞ　香雲　数《しばしば》薫じて法身開発《かいほつ》す（性霊集七　荒城大夫）

【仏法のそよ風に幢幡が揺らぎ、功徳の香煙が悟りの方向へ導いてくれる】

◉こころの旅支度　「微風一度《たび》」と読んで、「ああ、旅に出たい」と思いませんでしたか。仏法のそよ風はこころの赴くままにどこにでも導きます。そこは最強のパワースポット「密厳国土」という楽園です。仏の功徳の旗が揺らめけば、心地よい香りと共に法の車輪があらわれます。法の車輪はこころをのせてクルクル廻るよどこまでも。

仏教と旅といえば西遊記が有名ですが、その中で悪さがすぎるころの孫悟空がお釈迦さまの手のひらから飛び出すことを試み、筋斗雲に乗ってひとっ飛びして世界の果ての柱に自身の通称である「斉天大聖」と書きしめしたものの、柱に見えたものはお釈迦さまの指で、飛び出すことができなかったという話があります。この話はただお釈迦さまの手が異常に大きいということではありません。両手の五本の指は地、水、火、風、空の五大といい、我々の身体そのものをあらわしており、仏の手はそのまま「仏」であるということから、孫悟空を我々の煩悩に見立てて、仏の智慧に勝る煩悩はないと読むこともできますし、仏の「手の内」に煩悩があるとみれば、お釈迦さまにもかつては煩悩があり、それをうまく生かすことで智慧を得てさとりをひらき仏と成ったと読むこともできます。塗香というお清めのお香がありますが、これを手に塗る理由は、手に塗ればそれは体に香を塗って清めたとおなじことになるからです。右手は仏、左手は我々であり、すり合わせ塗ることで仏と「一体一味」となり、そのまま仏の智慧を得ると確信する作法でもあります。まさに香が導くさとりです。

仏のためのお供えを「荘厳」といいますが、同じように我々の「こころを荘厳する」ことで迷わずに密厳国土を旅することができます。例えば旅の目的を考えれば支度するものが決まってくるように、人のために功徳を多く積むことで荘厳が整います。「積む」という言葉にあらわされるように、初めから出来上がった功徳はなく、仏であっても身と口とこころの三密を荘厳して「法の身」を開発《かいほつ》したのです。幾千もの功徳の上にともされた種火に燻されたこころの香が発する薫りに従えば、香煙の雲の先に「大日の光」降り注ぐ楽園にたどりつけることでしょう。

（中村光教）

宝閣は信解の神変を構え　幢幡は菩提の勇健を表す（性霊集七　華厳会願文）

【宝で飾られた宮殿は悟りへの不思議な力を構築し、ひるがえる旗が仏へ至る信念を掲げている】

◉**祈りの象徴「千羽鶴」**　日本は地震が多く発生し、多くの活火山が存在して、毎年のように全国各地で風水害に見舞われます。

近年は地球温暖化による気候の変化で、特に大雨や台風等により住民の方々が被災するということが多く、避難する人々の姿が報道され、また被災後の復旧等の話題が多くなされます。

そして、その被災者の方々の為に「千羽鶴」を被災地へ送ろうとする方が多く現れます。目的は被災者の方々の心の癒しと、早期の復旧復興を祈るためでしょう。しかし、最近は逆にそれは迷惑であるという意見も聞かれるようになりました。

確かに多くの千羽鶴であふれると、避難生活をする場所や支援物資を置く場所が奪われてしまい、また処分するのも手間がかかるので、ただの「迷惑なゴミ」であるという意見にも一理あるのかもしれません。

「鶴」は古来より「鶴は千年、亀は万年」と言われ、鳥の中では長命であり、また高く響く鳴き声は、まるで天にも届く勢いであると感じられ、「天と通じるいきもの」とされて縁起の良いものとされてきました。そんな縁起の良い「鶴」を沢山まとめた「千羽鶴」は、より強い祈りが込められた象徴とされてきました。

しかし、今や迷惑な物扱いになってしまったことは、非常に悲しいことです。

何故そういう存在になってしまったのか。それは「千羽鶴」の扱い方、祀り方を間違えているからだと思います。いくら純粋な祈りであっても、相手のことを考えず、ただ自分の想いを押しつける行為は、自己満足の行為として捉えられても仕方ないでしょう。

「千羽鶴」の場合ならば、被災地に送るのではなく、自宅や近所の神社仏閣や被災地支援の募金をしている場所などで飾り、支援を行う意思を表明する象徴として示すのが良いと思います。そうすれば祈りが広がり紡がれて大きな力になるでしょう。祈るという想いは尊いものですが、正しく想いを示すことが大切です。

（成松昇紀）

荘厳

心蓮を八池に発《ひら》き　覚蘂《かくずい》を九殿に開かん（性霊集八　藤左近先妣）

【功徳水をたたえる池に蓮が咲き、その蓮の実が悟りの宮殿にて開く】

◉蓮の花の仲間　この文の背景は、空海が藤原一族に左近将監（近衛舎人）の亡き母の法要の際、僧侶へ食事を出して欲しいと申し出たという出来事です。空海は仏の世界について触れておられます。これはお釈迦さまの話にも出てくる「蓮の花」が泥の中で根を張り、そこで成長し、汚れない美しい花が咲くことをより壮大で厳かな話にしたものかもしれません。

泥水は須弥山の七海や極楽浄土の宝池の水ともなり、更に蓮の花は悟りとなり、それが九つの等級に分けられ宮殿に咲くという、スペクタクルな描写を空海はしました。現代の映画監督や製作会社顔負けの表現です。

これを読んだ時、私は「はぁー」と感嘆し、同時に十年ほど前に出会った友人を思い出しました。地方の「再犯防止集会」という特殊な場所で出会った彼は、傷つきながら必死に生きているように見えました。彼の奥底にはいつも「怒り」があり、とても混乱していた様子でしたが、他の人たちとは違いました。彼はいつも未来を見つめて「そこに向かうためにどうするか」を考えており、私は彼をその日からずっと見守り続けています。

世の中の心無く異様に冷たい風に負けないよう、励ました日々を思い出します。これを書いている今日までに、彼は何度も世間の泥によって泣いた日々があります。あれから約十年経った今日、彼は前科がありながらも世界でも有名な企業に就職して、毎日真面目に働いています。就職が決まった日、私は彼と共に半べそをかきながら泡盛を呑んだことを忘れません。

私には蓮の花の階級は分かりませんが、彼は犯罪世界という泥の中から一輪の蓮の花を咲かせてみせたのです。絢爛豪華な宮殿に咲く蓮には負けるかもしれませんが、彼もまた蓮の花に一歩近付いた人と私は感じています。

（伊藤貴臣）

自性法身の普門眷属　無尽荘厳は諸仏と等しくして異りあること無し（雑問答一九）

【大日如来から派生されている様々な眷属や美しい環境は、そのまま仏の世界と同じである】

◉仏の浄土が見えた四国巡拝　数年前の十一月初旬、四国八十八ヶ所霊場を六名の檀信徒とタクシー巡拝をしたときのことです。巡拝を始めて三日目のこと。南から台風が近づいてきて、真っ正面から私たちの行く手を阻んだのです。徳島県の難所、標高六百メートル山頂の第二十一番札所太龍寺の麓に到着したとき、嵐は一段と激しさを増しました。暴風は樹木を大きく上下に波立たせ、横なぐりの雨は容赦なく我々を打ちつけます。とうとう参拝をあきらめ、一札所を残してしまいました。頭からつま先までびしょ濡れとなり、残念な思いを抱えてお宿に入ると、どっと疲労感が増してきました。こういうときは、後悔や悔しさばかりを思ってしまいます。

そこで、あるお遍路経験豊富な僧侶と出会いました。私たちを側でみかねたのでしょう。「これもご縁であり、また参ったらいいことや。それよりも今をしっかり参ることや。そうすればきっと善いご縁をいただけるものよ」と励まされたのです。この言葉が気持ちを切りかえるきっかけとなりました。

翌朝は、台風一過の晴天に恵まれました。一同も、気持ちを取り直しての出発です。そうすると、お大師さまに後押しされているかのように何事も順調に巡り、ついに八十八番札所を参拝後、再度太龍寺へのお参りの機会ができたのです。そして結願の読経では、一同とともに心を一つにし、お経の声をそろえ、まごころこめてお勤めをしました。心の奥底から込みあげてくる喜びと清々しさで胸がいっぱいです。風がかすかにそよぎ、夕陽に照らされる紅葉に見守られながら、山鳥のさえずりが讃えてくれているかのようなお寺の境内で、時を忘れて心安らかな余韻に浸っていました。

思えば、台風の際の僧侶との一期一会から始まり、積み重ねた善きご縁によって、結願時での「悟り」があったのです。「無尽荘厳」の仏の世界を私なりに解釈するならば、この巡拝の結願こそが大日如来の仏さまと近づけた時であり、この心で見える情景のすべてが、無尽荘厳の浄土であるのだと思っています。

（阿部真秀）

非有為　非無為の一心の本法と及び不二が中の不二の本法とは諸の戯論を越えて諸の相待を絶す　難思の本　変化の源なり（大日経開題　法界）

【迷いも悟りもこの心の源から発生している。その本源は数々の議論や対立を越え、凡人では考え難い変化を生み出す源泉である】

◉迷ってこその人生だ　二〇一七年の流行語大賞に「アウフヘーベン」という言葉がノミネートされていました。東京都の小池知事が一時期、記者会見で多用しており、それが流行語とされたからです。もともとは西洋哲学の概念で、日本語では「止揚」という、これまた耳慣れない言葉で訳されています。

テレビのニュースやワイドショーでも小池知事の発言を解説する際に、アウフヘーベンの説明に苦慮していたように記憶しています。大雑把にその意味を述べさせていただくと、本来は対立する二つの概念をより高い視点から一つに統合するといったことになります。例えば、軍備と世界平和。この二つは相容れないもののように思えますが、平和維持や抑止力としての軍事力というものは少なくとも現在の世界情勢の中では是とされています。このように、一方を否定しつつ、他方を肯定する際に否定する側をすべて否定するのではなく、その一部を取り込みつつ論議を発展させていくというのがアウフヘーベンです。

前置きが長くなりましたが、そろそろ本題に入りましょう。迷いと悟り。こちらも対立する概念ですが、それぞれが単独で存在するというよりは、迷うからこそ、その先に悟りがあるというように、分ける事の出来ないものだと感じます。かつてお釈迦様が生老病死や人生の不条理に悩み、出家の末に悟りに至ったように、迷いこそが悟りを得るための強力な原動力となるのではないでしょうか。

私は僧侶となって日も浅く、まだまだ未熟な身。知識だけはあれこれと詰め込んでも、その甲斐なく悩みもすれば迷いも尽きません。昨日はこうだと思っていたことが次の日には覆る、そんなことも度々あります。だからこそ、諦めることなく思索を続け、かつて先達の僧侶たちが見た悟りの風景、その一端だけでも見られるように努力しようと思うのです。

（髙田堯友）

根源

もし本源を了せざれば学法益《やく》なし　いわゆる本源とは自性清浄の心なり（一切経開題）

【心の清浄なる本源である仏を悟らなければ仏法をいくら学んでも利益はない】

◉なぜお経を唱えるのか

「なぜお経を唱えるのか」、これは最初に与えられた師僧からの問いかけでした。「お経」というと一般的な日本人としては法事であったりお葬式であったりお仏壇の前で拝んだりといった、亡くなられた方への鎮魂の意味で唱えられることが多いと思われます。

元々、お経というのはお釈迦様自体が書き記されたものではなく、お釈迦様の説かれた教えをお弟子さんが記録したものです。いわゆる「仏典結集」と言われる会議をして記録したものです。いったい何をお経にしたのかというと、お釈迦様の悟りの内容であり尊い法であります。「法」とはいつでもどこでも変わらない不変の真理で、私たちすべての人を永遠に変わらない幸せに導く力があります。これは「仏法」といわれるものです。この仏法の教えが仏教であり、それが書き記されているのが「お経」なのです。お釈迦様は今を生きている人のために幸せになるための道を教えられているのです。

そして仏様の姿は見えないけれど、その人の心のありよう次第でいろいろな姿で現れて下さいます。私も意味の解らないお経の言葉をただ一生懸命に唱えていましたが、読んでいると不思議に心が落ち着いていました。それはお経の言葉一文字一文字に意味があって、それを不思議に体感していたからに他ならないです。いわゆる、今を生きている自分自身の為に唱えていたということです。声明も節がついているかいないかの違いだけで、やはりお経の言葉です。

最初に挙げたお葬式や法事や仏壇の前で拝むお経は亡くなられた故人を追悼すると共に、今を生きている自分自身の為に唱えているということです。精一杯みんな今を一生懸命に生きて幸せになる道を開いていってるよ、という故人への報告式みたいなものと言い替えても良いのではないかと思えます。

（千葉堯温）

如来は実に平等にして悲心普ねからずということ無し　善悪ことごとくみな憐《あわれ》み　等しく視て同覆《どうふく》を成じたもう（宗秘論）

【如来はすべて平等であり、慈悲が及ばないところはなく、善悪すべて包みこんで守護なさる】

◉善と悪　今、世界は混沌の中にあります。どこかでは絶えず争いが起こり、どこかでは未知のウイルスにより生活が脅かされ、どこかでは災害により住む場所を追われる日々を送っています。ウイルスや災害は外的要因によるものですが、人と人との争いは人間が要因になるもので、どうにか避ける方法はないものかと悩みます。

その争いでは、攻める側も守る側もどちらも正義の名のもとに人と戦うという行為が行われています。平時であれば、どちらにしてもそれは慎むべき行為なのです。しかし、争いの中では、多くの敵を倒すことで英雄になっています。状況が変われば、善も悪になり、悪も善になる。人間の判断とは如何に自分勝手かを思い知ります。これは、今の時代だけではないのです。日本もかつては人と人とが争い、何人もの英雄が生まれました。戦に生きた武将たちも多くの人を傷つけてきたことでしょう。私は今、室町時代の諏訪の武将でもあった諏訪神社(現・諏訪大社)の神職の秘伝書を研究しています。そこに書かれる多くの作法は死の穢れや罪から逃れる方法や、戦を行ってしまった者がどうやって救済されるかという方法です。それを思うと、やはり正義の名のもとに行った行為も、罪の意識からは逃れられず、救いを神仏に求める思いが込められているのです。

私たち人間は自分勝手な存在で、また、その判断は時に間違い、時に罪を犯してしまいます。しかし、古来どんな時でも心の拠り所にしてきたのが、神仏なのです。仏さまは、どんな時でも救ってくださる。英雄であればあるほど罪の意識から仏さまに救いを求めたことでしょう。高野山の奥の院をお参りすると、全国の大名の供養塔が立ち並びます。皆、お大師さまに救いを求めているのかも知れません。武田信玄や上杉謙信。ライバルでさえ、同じ場所で一緒に救いを求めています。そこには誰が善で誰が悪などという意識はありません。皆、等しくお大師さまがお救いくださると信じているのです。私が思う善はもしかしたらいつか悪になることも。そう思い日々反省し、御仏さまに手を合わせていこうと思います。

(岩崎宥全)

根源

本有《ほんぬ》の金剛薩埵は無始無終にして生滅なく　性相《しょうそう》常住にして虚空に等し

すでに去来《こらい》なし　誰か運載《うんさい》あらん（平城灌頂文）

【大日如来の子は元よりあって、始めも終りもなく、その姿は恒久であり、大空と同じである。去来がないから、誰かが連れてきたというものでもない】

◉**お大師さまの衆生救済**　右の名言の前段に、「諸尊は平等であり無量である。無量の仏は一衆生の仏である。自らの内なる仏と他の衆生の仏も同様である。誓願とは自他の関係は同様の仏であると大誓願を発し、大慈悲によって衆生救済を実践する」とあります。仏と私たちは同じであることを強く説き示して、共に成仏することを大誓願として、衆生救済を実践することがお大師さまの人生のテーマであったと言えます。

お大師さまは虚空蔵求聞持法の悉地成就によって、十地の菩薩の修行を修め、さらに密教を学ぶことによって衆生救済の実践の確固たる可能性を見出し、入唐を志したと考えます。私たちはお大師さまがどのような過程で入唐したのか、今までわかっていなかったように思います。砂金を持って行ったとか、私度僧であったとか、中国語に長けていたから通訳としてとか、様々な推論があったように思います。しかし、結論として、大柴清圓師『空白の七年の真相』（大遍照院）によって、お大師さまは定められた過程を何ら特例なく通過して、正式な僧となり、入唐したことが明らかになりました。つまり、お大師さまは出家前から入定後まで、お釈迦さまの教えに則り、正統な仏教に従って、僧として衆生救済を実践しようとしていると断言できます。

お大師さまは入唐して、恵果和尚から灌頂を受けます。この灌頂はお大師さまにとって想像を絶する衝撃であったと思います。両界曼荼羅を拝し、自分は大日如来であると示されたからです。十地の菩薩の境界を超えて活動する仏の無限の領域を確認した瞬間であったと思います。この灌頂によって、お大師さまは密教による衆生救済の実践を覚悟されたはずです。したがって、恵果和尚の遺言に従い、帰国し、密教を布教することに生涯を尽くします。

右の名言は、皇室最初の灌頂に際して著されました。お大師さまが灌頂を通して私たちに気づかせようとしたことは、私たちは大日如来の子であるという真理です。お大師さまの衆生救済の実践と布教のテーマはこのことに尽きます。

（細川敬真）

根源
阿字を本初に悟って三宝を三密に覚り　鑁文《ばんもん》を無始に解して五界を五智に知らん（性霊集七　奉為四恩）

【大日如来を表す阿字によって仏法僧の平等をこの心身で会得し、根源を象徴する鑁字によって大日如来の完全な智慧を悟る】

◉**藤井風『帰ろう』**　作詞・作曲ともに藤井風。二〇二〇年発表。

備州が誇る若きスーパースター、藤井風くん。その音楽センスは多くの人を驚嘆させていますが、ぜひ歌詞にも注目していただきたいところ。深い洞察と哲学的思索に溢れたリリックは聴く人の心に静かな波紋を引き起こします。

例えば『帰ろう』の意味深長な詞。「わたしのいない世界を／上から眺めていても／何一つ　変わらず回るから／少し背中が軽くなった」「ください　ください　ばっかで／何も　あげられなかったね／生きてきた　意味なんか　分からないまま」。本人いわく「死生観」を歌ったというこの曲は、死にゆく者の視点から残された人々に言葉を届けているよう。だからなのか、「去り際の時に　何が持っていけるの」「憎み合いの果てに何が生まれるの」という問いかけも、死を迎えた人の達観のようです。

では、死者はどこに向かうのか。藤井くんは「帰ろう」と歌います。「ああ　全て忘れて帰ろう／ああ　全て流して帰ろう」「ああ　全て与えて帰ろう／ああ　何も持たずに帰ろう」。行こう、ではなく、帰ろう、と繰り返します。

「阿字の子が阿字の故郷立ち出でてまた立ち帰る阿字の故郷」という御詠歌があります。阿字とは大日如来。大日如来とは森羅万象、宇宙全体であり、生命の根源、命の総体です。私たちは命の故郷であるところの阿字から生まれ、また阿字へと帰っていく。命は死によって失われるのではない。もともと命は一つの大きなつながりなのだから。そう考えると、「怖くはない　失うものなどない／最初から何も持ってない」という藤井くんの言葉は、実に密教的な智慧の表現だといえます。鑁字もまた大日如来。智慧の根源であり総体です。

そして、死と向き合った命は輝きを増します。「あぁ今日からどう生きてこう」という結びの詞は、迷いというより、身軽になった解放感すら感じます。

それにしても、この若さでこの境地。「何なん」でしょうね。

（坂田光永）

一切衆生の身中にみな仏性あり　如来蔵を具せり（十住心第八）

【あらゆる身体には仏の性質があり、如来になる可能性を秘めている】

◉仏性に目覚める四つの機縁　すべての生物は自ら悟り、いのちを活かす情け深さを備えていますが、その中で人間は、あまりに広大に存在する教科書、経典、注釈書というもの自体に捉われすぎて、徒《いたずら》に年月を重ねて心身を費やしてもなかなか悟りを成就できないでいます。この名言は、仏性に目覚めることがいかに重要かを説いていますので、私は以下のように、仏性に目覚める四つの機縁を示してみました。

①正しい道理を示す人に親しみ近づくようにすること。
②正しい道理に加え、すべてのいのちに行き渡る真理の教えを聞くこと。
③多くのいのちを活かすための優れた教えを深く考えること。
④いのちを活かす方法や教えを素直に実践すること。

あらゆるいのちは、元々備えている仏性を発揮して生きています。しかし、人間社会は、仏性とはかけ離れた論争、争奪、戦争の愚行を繰り返します。これでは仏教観でいう四苦八苦に加え、貪《むさぼ》り、瞋《いか》り、無知の三毒による苦しみの連鎖です。苦しみが改善せず、争いが起きるのは、どこかに人間特有の弱さ、恐れ、不安があり、その隠《いん》蔽《ぺい》の為に、無理矢理にいのちを思い通りにしようとするからです。その結果、仏性に気づかず、絶望し、後悔の念で最期を迎えるのは、あまりに悲しいことです。

さて、人間以外の生物はどうでしょうか。猛禽類のイヌワシは、肉食でエサを腐らせぬ為、厳寒の二月頃、山奥のあえて北向きの断崖絶壁でヒナを育てるそうです。その生存率は四〇パーセント以下ともいわれます。昆虫のカマキリは、一度に二百程の同胞とともに生まれ、幼虫の多くは蜂や蟻などの餌食になりますが、数パーセントに過ぎない残存者が必死で生き抜いて、草むらの王者となり次世代の子孫を残そうとします。人間以外の生物の一生は、ただこの世の理《ことわり》を受け入れ、過去、現在、未来の尊い環境の一部として生きるのみです。戦争どころか、生きることへの不平不満を思う暇もない一生を送っていることでしょう。そのように考えると、あらゆる身体には仏の性質があると、この名言からいのちの在り方を考えさせられます。

（村上慧照）

一切衆生は無上菩提の法器に非ざること無し（十住心第八）

【すべての人々に悟りの素養がない者はひとりもいない】

◉枠を外す　あなたは長座の姿勢から片足を頭の後ろに持ってきて、そのまま留めておくことができますか。ヨガの中級者向けのポーズです。この文章だけではどんなポーズかイメージができない人は〝foot behind head〟で画像検索してみましょう。画像を見てイメージができたならば、さあ物は試しです。この本をひとまず傍に置いて、同じようにできるかどうか試してみて下さい。片足ができた方は、両足にも挑戦してみましょう。できましたか。大部分の人はそんなことが自分にできるはずがないと思って試しもしませんでしたね。

しかし十年以上のヨガの指導歴を持ち、月間延べ千名以上に指導をする私は断言します。あなたが適切な方法でこのポーズを練習するのであれば、一日から十年以内に九十五パーセント以上の確率で成功します。成功するまでの時間はあなたの練習頻度や体の状態などによって変わりますが、諦めることなく練習を継続するのであれば成功は約束されているのです。練習を継続する中で、あなたは何度も「そんなことは不可能だ！」と思ったことを成し遂げていきます。不可能と決めたのは、あなたの今までの経験に基づく思い込みで、本来は私たちの身体には無限の可能性しかないということを身をもって体験するのです。それがヨガを練習する中での小さなさとりです。

身体と心は「心身」という文字通り、表裏一体です。密教もヨガも、この私の身体と言葉と心が悟りへ至るための大切な方便として用います。どんな人にも悟りに至る可能性が備わっています。しかし、悟りの方向へと進もうという意思を自ら持ち続けることと、どのような方法で修練をするのかは大切です。そのために仏教にもヨガにもある程度の決まった修行の方法があり、指導者がいます。

悟りに至る道筋は、お大師さまや経典が示し導いてくださいます。新しい一歩を踏み出しましょう。ひとたび歩き出したならば犀の角のようにただ歩むのみです。しかしあなたは決して一人で歩くのではありません。もしも心の中で「南無大師遍照金剛」と唱えるならば、あなたが悟りに至るその日まで、必ずやお大師さまが一緒に歩いてくれるでしょう。あなたの歩む道は照らし出されているのです。

（小西凉瑜）

蓮《はちす》を観じて自浄を知り　菓《このみ》を見て心徳を覚る（心経秘鍵）

【蓮の清らかさを見て自心の清浄な性質を知り、蓮の実を見て心に徳の種があることに気づく】

◉**華果同時**　蓮花は数千年ほど前からすでに、湖畔沼沢の野生状態から田んぼや池に姿を現したのです。いにしえの人々は未敷蓮花を「菡萏《かんたん》」と称し、開敷済みの蓮花を「芙蕖《ふきょ》」と名づけて、どちらも美しい姿だと思っていました。また、蓮花の隅々まですべて宝で捨てるところも無く、食用だけでなく薬用にも用いてきました。

蓮花は文人墨客の筆下に鍾愛される花にもなりました。北宋の周敦頤は盧山で『愛蓮説』を書き、「汚泥より出でて染まらず、清漣に濯《あら》はれて妖ならず」という名句を世に残しました。そのおかげで、蓮花は中国において花の中の君子とみなされ、高潔な品性の持ち主の譬喩として用いられるようになりました。

仏教では蓮花は聖なるシンボルで、身口意三業の清浄な状態を象徴します。諸仏菩薩の聖なる像が蓮台の上に安坐する姿はよく目にします。シッダールタ王子がルンビ二園で誕生した後に歩いた七歩、その足の下に七輪の蓮花が咲いたという逸話以来、蓮花は仏教と切っても切れない縁が結ばれたのです。『愛蓮説』が書かれた千年余り前のインドで、すでに、蓮花の「汚泥不染《おでいふぜん》」を用いて仏の功徳に譬えていました。その例は『青白蓮華喩経』や『大般若経』および『文殊師利浄律経』など経典でも見られます。

されど、弘法大師空海が蓮の花を見た時に残された名言は、「蓮の清らかさを見て自心の清浄な性質を知り、蓮の実を見て心に徳の種があることに気づく」でした。この言葉の現している境地は、単に「汚泥不染」に留まらず、同時に「華果同時《けかどうじ》」というもう一層の深意をも含んでいます。蓮の花は、花が咲いたときには同時に実をつけています。これは、「因果一如《いんがいちによ》」ということの象徴とされています。清浄の自心こそが、まさに誰もが本来具有の功徳ではないでしょうか。つまり、菩提心（開花）を発するそのときこそが、直ちに悟り（果実）を完成するときでしょう。胎蔵曼荼羅中央の八葉蓮華は、まさにこのことを意味するのではないでしょうか。

（洪涛）

六道四生みなこれ父母　蠕《ぜん》飛《ぴ》蠉《ぜん》動《どう》誰か仏性なからん（大日経開題　衆生／性霊集九　諸有縁衆）

【生きとし生けるものすべて我が父母である。飛んでいる虫も、地を這う虫も、すべてに仏性がある】

◉音曼荼羅の世界（父《ぶ》母《も》感《かん》恩《おん》和讃の響き）

ほろほろと　鳴く山鳥の　声きけば
門出の父の御姿《みすがた》を　幻のごと想い出で
優しき母の面影を　涙と共に浮かべたり
夕闇せまる奥津城《おくつき》に　せつなさ語る兄妹《はらから》を
諭す法《のり》の師声さえて　み空を翔《かけ》る鳥一羽
父かとぞ思う　母かとぞおもう

金剛流御詠歌の谷本祥龍先生とのご縁は大学の御詠歌の講義からです。私が大学四回生の時、金剛流御詠歌の研究で卒業論文を書きたいと相談してから、たくさんお話を聞かせていただき、大学を卒業してからも気にかけていただいておりました。それから月日は過ぎ疎遠になっておりましたが、この原稿を書くにあたり、ふと、この父母感恩和讃の旋律が頭をよぎったのです。この和讃は谷本先生のお父様である山名勝龍先生作曲の和讃です。この和讃をお唱えしますと、私は不思議と谷本先生の顔が浮かんでくるのです。

六道四生みなこれ父母という事は、生きとし生ける命はすべて仏さまの命です。その仏の命には仏性が備わっています。しかし、「いのち」とは生物だけではありません。想いを込めて、魂を込めて作られたものにも必ず仏性は宿るのです。

私は御詠歌を聴くたびに、それぞれの思い出が蘇ってきます。そして、御詠歌をお唱えするたびに、それぞれの仏性が共鳴するように感じられるのです。この和讃に出てくるお墓参りに来た兄妹は、山鳥の声に父母を想う仏性が共鳴したのでしょう。

私たちの心が感動する時、そこには必ず大日如来がおられるのです。そのように思えば、人も生物も自然も音楽もすべてが大日如来の化身であり、私たちの生きるこの世界こそが、大日如来の曼荼羅世界と何ら変わりないのです。

（加古啓真）

仏性

三密の法輪は不断にして常に転じ　一心の妙覚は何者にかあらざらん（大日経開題　三密）

【仏の働きは断絶することなく続いているから、誰の心にも悟りが宿されている】

◉本来の菩提心に目覚めよ　菩提心とは仏様を信じて悟りを求めようとする心、世の人々を助けようとする仏様のような心です。まずは、発菩提心といって菩提心を起こして、悟りを目指そうという気持ちを持ちます。仏様と同じ心を持つことが大事であり仏道の修行の本源となります。

当寺では毎年受験のシーズンになると合格祈願に来られる方があります。そのなかで子どもを兄弟と同じ学校へ進学させたいという方がおられ、ご祈願をさせていただき、本人も同じ目標を持ち、日々勉学に努力を重ねていました。受験も終わり御祈禱札を納めに来られました。結果は叶わず。希望していた学校と異なる学校に入学となりました。しかし通ってみると、予想外に楽しい充実した学校生活がまっていたのです。ご家族は受験の結果を神仏の意とするところととらえて子どもを励ましました。本人はより一層勉学や部活動に励むことができました。その後も真正面から子どもに向き合い、共に寺社にお参りをする信仰を続けられています。

お大師様は「大日経」に説かれている「三句の法門」のなかの「菩提心を因となし大悲を根となし　方便を究竟となす」という文言に注目をされています。菩提心を持ち、仏様のような優しさで人のことを思いやり、そのために実践することが非常に大事であるとされています。

決意を持続させることによってぶれることなく自分の目標に向かうことができ、次第に地についた力強い行動になってくるものです。結果を意識せずに仏道修行をひたすら続けていくことに意味があり、その中で気が付くこと会得することが多々あると思います。また、今の自分の行動に疑問をもつことさえあります。自問自答を重ね自身を見つめることで誰もが心に宿る仏性の種を開花することが出来ると思います。

本来の菩提心に目覚め、この身このままの自分の姿に仏様の働きが、心が身ぶりや口ぶりが心に現れて、仏様のような人として尊敬されるのではないでしょうか。

（天谷含光）

衆生の自性は比類すべきもの無し　等すべきもの無きをもって名づけて如という　ただ是れ衆生の性なり　性を離れて別の法なし（一切経開題）

【衆生それ自体の本性には比較するものがない。そのままであるから如という。これが衆生の本来の姿であり、この本性を離れて真理はない】

●父　昭和十三年二月十七日、父、福井清は、徳島市一宮、四国八十八ヶ所霊場の十三番札所、大日寺の近くで生まれました。福井家のご先祖は、大日寺を含め近くの札所、五ヶ寺をよく歩いて参拝されていたそうです。ご先祖のお徳をいただいて、父は、あるきっかけで高野山との深いご縁をいただきます。

それは昭和三十八年十二月七日、高野山の近く高野町花坂に建立された自然社本宮（神社）で働かせていただくようになったことです。父は五十年以上、神主として自然社本宮で働かせていただきました。晩年は体力のおとろえにより、神主を引退して、私の弟家族の住む兵庫県宝塚で母とともに住んでいました。

元気だった父も、令和元年十一月十一日に、八十一歳で亡くなりました。おかげさまで、私たち福井家のお墓は高野山奥の院の御廟橋の近くに恵まれています。父が亡くなる少し前から、一週間に一度ぐらい、住まいの和歌山市からお墓参りに行かせていただいていました。亡くなってからも同じように一週間に一度ほどお参りしていたある日、奥の院の休憩所で、ありがたいご縁をいただきました。

お茶をいただいていると、若い男性が入ってこられ、お話をしました。「どちらから、参拝されたんですか?」「宝塚からです」「お仕事は?」。男性は「葬儀会館で勤めています」とのことで、なんと、父のお葬式でお世話になった葬儀会館のスタッフさんで、「私、お父さんのお棺を運ぶお手伝いをさせていただきました」とのこと。あらためて丁寧にお葬式をしてくださったことへのお礼を言うことができました。

私たち一人一人は、それぞれが比べることのできない天性をいただいて、この世で生かされ生きています。父はその天性を働かせて天寿を全うさせていただきました。私も父のように天性をしっかり働かせて、世の中に役に立つ働きができるようにと決意しています。

（福井清光）

蚑《き》行蠉動《こうぜんどう》何ぞ仏性なからん（性霊集六　藤中納言願文）

【すべての生命は仏であるから、どうして虫に仏の性質がないといえようか】

◉大日如来のいのちを生きる全ての存在　仏様と申しますと、どのようなお姿をイメージされるでしょうか。お薬師様や阿弥陀様のように神秘的と申しますか、神々しいお姿をイメージされる方もいらっしゃれば、愛染様やお不動様のように力強く猛々しいお姿を想像される方もいらっしゃるかと思います。仏様とは人間にはとても手の届かないような存在であると感じておられる方もいらっしゃるのではないでしょうか。

しかし、お大師さまは全ての生命は仏であるとお説きになられています。首題のお言葉は、お大師さまが仏の性質について仰っているのです。しかし全ての生命が仏であると言われても、初めはなかなかピンと来ない方や実感が湧きづらいという方もいらっしゃるかもしれません。全ての生命とは、私たち人間をはじめ、この地球上に生きている動物や昆虫、鳥類や魚類、ありとあらゆる生物を指します。そうした生き物全てが仏であるというのです。

身近な例としましては、ペットもその一つです。この本をお読みになられている方の中にもペットを飼っている方や、飼われたことのある方もいらっしゃるかと思います。

自坊では、動物の御供養をさせて頂く「動物霊園」を併設しております。この動物霊園には亡くなったペットのお墓が数多く並んでいます。以前よりペットのお墓参りをされる方はいらっしゃったのですが、近年では特にそうした方が増えたといいます。このような背景には、動物もまた仏であると感じていらっしゃる方が増えたのではないかと私は思います。近年ではペットのお墓のみならず、お葬式や法事などが執り行われることが増えています。人間と同じように供養をするということでペットもまた成仏へと至るのです。

人間と動物は見た目に姿形が違います。しかし、その命の根源をよくよく辿ってみますと、同じ大日如来の命を生きているのです。人間も動物も仏であります。全ての生命は皆阿字の子であり、大日如来なのです。

（杉本政明）

麟《りん》衫《さん》羽《う》袍《ぼう》　蹄《てい》鳥《せき》角《かく》冠《かん》　誰か仏性なからん（性霊集六　藤大使亡児）

【あらゆる動物にすべて仏の性質がある】

◉個性という仏性　今、あなたがいる場所に存在するもの、そのすべてに仏性がある、言い換えるならすべての存在が仏のあらわれであるということをお大師さまは述べておられます。私も、あなたも、犬も猫も虫や魚も、草木もみな、仏であるということ、つまり即身成仏をしているということを我々は日々気づくことなく生活しています。しかし、この世界そのものが実は仏さまの世界であり、そこに存在するものすべてが仏さまから生み出された大切な存在であることを忘れてはなりません。

私は、中学校の頃に病気で不登校になり、単位制の高校に進学しました。単位制課程は、大学のように単位を取得して卒業を目指すシステムで、自分と同じように不登校を経験した仲間がたくさんいました。学校に順調に来られる子もいれば、朝が苦手で昼から登校する子、私のように全く学校へ通えない子など、一口に単位制と言っても、様々な子がいました。私は、この高校に五年間在籍しましたが、卒業はせずに、高卒認定試験で高野山大学に進学しました。そこへ辿り着くまでの道のりは決して平坦なものではなく、常に自分自身との葛藤が伴いました。最初は、周りの子は授業を受けて課題を出して単位を取って卒業する中、そこから外れた自分はだめなんだ、と自信をなくしていました。しかし、日々自分と向き合い続けた結果、人と違う自分を徐々に認めることができるようになり、自分らしく学校生活を送ることができました。

私がお大師さまのお言葉を通じて伝えたいことは、どんな存在もみな個性を持っており、その個性を生かせさえすれば誰でも、いつからでも、どこでも自分らしい人生を送ることができるということです。言い換えるなら、個性とは「仏性」であると言えるでしょう。一人一人の大切な個性を隠したり、誤魔化したりするのではなく、どんどん出して生かし切ることが大事なのではないでしょうか。

私は自身の経験を生かして、どんな人も自分らしく生きることのできる社会を、多様性の教えである密教を通して作っていきたいと考えています。

（草野叶南）

蠉《けん》飛《ぴ》蠕《ぜん》動《どう》　仏性にあらざること無し（性霊集九　諸有縁衆）

【仏の性質がないという生きものは一つもない】

◉衆生はみんな生き仏　この広い世界にはたくさんの生物がいます。動物だったり、植物だったり、動物と植物の特性を併せ持つミドリムシなどの微生物だったりと様々です。私は幼いころからそんな生き物たちが大好きで、暇さえあれば親から買ってもらった生物の図鑑をしげしげと眺めていました。将来の夢も生物学者を目指しており、多種多様な生き物たちへの関心を深めていました。そんな時に小学校の担任の先生が一つの石を持ってきました。それは「チャート」と呼ばれるプランクトンの殻や生物の骨粉などが堆積してできた石でした。チャートは非常につるつるしていてとても硬い石です。とはいえ、チャートは探せばどこにでも落ちているような石です。しかし、生き物の骨粉などが積み重なってできたチャートを通して「生物の生命の尊さ」を実感したのをいまだに覚えています。

釈迦さまは悟りを開かれた覚者ですが、悟りを開かれたという事実は揺るがないものなのです。それ故に「覚者」と呼ばれています。仏法を説かれたお釈迦さまでさえ、最後は涅槃に入られました。地球上に住むすべての生き物には寿命があり、やがて死んでしまいます。しかし、すべての生き物には尊い「仏性」があり、大事な「いのち」があります。「天下の総菩提所」ともいわれる高野山には「生かせいのち」の看板がいたるところにありますが、まさにお大師さまの御心が現代でも生きていることがひしひしと伝わってきます。高野山にはたくさんの生き物が住んでいますが、高野山にいる誰もがいのちを大事にしています。かの有名な小林一茶が五十九歳の時に詠んだ句で「やれ打つな蠅が手をすり足をする」というものがあります。蠅のような小さな生き物でも殺生をさせまいとする一茶の「思いやり」の精神を感じる句ですが、特に密教ではすべての生き物は大日如来の化身であるといいます。主題の名言はそれをよく表しています。それと同時にこの世の衆生は生き仏なのです。「一寸の虫にも五分の魂」などのことわざができたのも、生命の尊さが生み出した賜物だと私は思います。

（中山皓貴）

有形有識は必ず仏性を具す　仏性法性は法界に遍じて不二なり（性霊集九　高野建立）

【形あるもの、心あるもの、すべてに仏性がある。仏性は森羅万象にわたって平等にそなわっている】

◉私も仏さまになる　空海さまが高野山を開くにあたって、全ての諸佛諸天善神、存在している自然（法界）に対してその趣旨をのべておられる冒頭の部分です。有形というのは、自然界に存在するすべてのものです。有識はその存在しているものに皆こころが存在しているということです。存在しているすべてのものには、仏性といって、仏の本質、仏になりうる性質があると言っておられます。その仏になれる性質も宇宙の本質も全宇宙に存在していて一体のものであるということです。

空海さまは、高野山に大曼荼羅の世界を創造しようとしておられます。何事を成すにもどんな事業も、大きければ大きいほど自力で成すことは叶いません。そのためには神仏の加護はもとより、大衆の協力があってこそ可能なことだということをこの文の中に秘めておられます。やがてその大曼荼羅を顕す二基の仏塔を建てられる時に至って、広く大衆に喜捨を求められています。

高野山は、「人跡未踏」とおっしゃっている紀伊の山中です。職人は里から通えないから全て山中の生活です。賄いも大変です。血のにじむような空海さまの叫びが聞こえます。「仏塔を造り奉る知識（智恵のある施主）の書」の中に、塵も積もって大きな山となり、一滴の水も流れて海を深くしている。心を同じくしている人が力をあわせることが大切であると説明されて、「伏して乞う。諸の檀越ら、各々一銭、一粒の物を添えて、この功徳をあい済え」と乞われています。空海さまにしてこのように、人の悩み苦しみを味わっておられます。

宇宙すべて（法界）に仏性があり、それらが生きて活動しています。それが森羅万象です。宇宙の本体が大日如来です。宇宙の働き、森羅万象が大日如来の働きです。ですから、その森羅万象の中の一粒の私たちも自然に仏性をもって生きているのです。ですから仏さまと同じ意識をもって、同じ生き方（慈悲心とそれを生かす知恵を働かせて暮らす）に努力しなければならないのです。第十巻第十段階の生き方の法話の趣旨を理解していただけたら幸いです。

（野條泰圓）

体ある者はまさに心識を含み　心ある者は必ず仏性を具す（拾遺雑集二一）

【形あるものには必ず心が含まれている。心あるものには必ず仏の性質を具えている】

◉自然は語っている　この世の形あるもの一切は大日如来のお身体ですから、無数の星々、山や川、動き回る動物や草木、石や塵に至るまで大自然は仏身の顕現ですので、皆、仏性を具えており成仏できるのです。

しかしこれらは修行によって成仏するのではなく、行者自身が成仏して、大自然が大日如来の顕現である事に心底にうなずかれた時、清浄な世界が開かれ、草木や石も一切が成仏するのです。

この世界は本来清浄なのですが、自分が自分がという小さな自分に限られた小欲が不浄を招き、万物に秘められた密語、仏意を見えなくしているのです。

煩悩の源のように思われる欲ですが、大日如来の全てを生かさんとする意欲に根ざしているこの世界は等しく欲を持っています。欲があるからこそ向上が出来て発展もするのですが、与えられた清浄な欲を我欲貪欲に堕落させると限りなく広がる煩悩となり、災いを招く根本となるのです。

密教の成仏とはあの世の事ではなくこの世の事で、私たちは誰でも仏様の子供としてこの世に生まれ、この世で仏になる種を持っております。密眼を開いてみれば雑草も薬草、路傍の石ころも宝石に見ることが出来る、私たちが命をつなぐ一粒の米も仏身の顕現ですから粗末にしてはもったいなく申し訳ないかぎりなのです。

密教の修行は一般仏教のように欲を断じ尽くして成仏するのではなく、生まれながらに仏の子である事を自覚し、大自然は様々な姿を取りこの世に出現しているが、全ては大日如来の命を共有する同一の仏性を持つものだと照見する事です。

形あるものは全て私たちに書かざる経で語りかけております。

その経を読むには心を起こし、素直な心で大自然に対処すれば或る時忽然と向こうの方から語りだしてくれます。

その経を読み聞けば、それまで我見我執の殻に閉じこもっていた自分が殻から出られ、真の自分に出会い、大乗の至極である即身成仏の宝処へ至ることが出来るのです。

（篠崎道玄）

澄静《ちょうじょう》の水　影万像を落し　一心の仏　諸法を鑑知《かんち》す（十住心第九／宝鑰第九）

【静かに澄んだ水が景色をそのまま映《うつ》すように、迷いのない一心の仏は、すべてのものごとを熟知する】

◉心の原風景　摩周湖は山々に囲まれたカルデラであり、透明度はバイカル湖に次ぐ世界第二位です。霧の摩周湖は歌謡曲としても親しまれ、霧から現れてくる水面下の山容は抜群の観光スポットです。観光バスでここを訪れると、霧が晴れるのを待ってくれます。

高野山の伽藍の南に蓮池があります。朱の根本大塔が逆さになって五十メートル水底に沈み、天地を貫いています。大塔が沈む朱の丸橋を渡り、中之島の善女龍王さまを拝み、西の丸橋を通れば朱の中門に至ります。

伽藍で大法会を執行するときは、僧侶たちは大会堂《だいえどう》にて金襴の袈裟を着けてお練りに参列します。僧の列が蓮池の水面に映る位置にカメラマンが待ち構え、二つの橋を渡り、中門の前で庭讃《ていさん》を唱えて金堂に登階します。

　夢に仏さまのお姿を拝見したいものと願いながら眠りに就くことがあります。特に今回は、「一心の仏　諸法を鑒知《かんち》す」というこの名言を担当することになって強く思います。しかし、仏さまはなかなか夢に現れてくれません。

　ところで、私は時々空を飛ぶ夢を見ます。少し高い所から、行きたい方向へ全身を伸ばせば、滑走をしなくても空中に浮かび、手の傾きで舵が取れます。ゆっくり回転しながら眺める街の景色はまるで曼荼羅です。万華鏡を覗いているようです。

　万華鏡の花びらは、回転によって破片が移動し、美しい幾何学模様の変容を見せてくれます。曼荼羅の仏さまたちは、丸、三角、四角の異質の構造を、万華鏡のように有機的につなげて、しかも全体として常に秩序を保ちながら、慈悲と智慧と方便を自由自在に使いこなされています。

　湖面に波がなければ景色はありのままに写されます。曼荼羅は私の真心です。迷いや嘘のないありのままの心に曼荼羅が現れます。曼荼羅は宝石箱です。その鍵穴にキーを挿さぬという手はありません。宝石箱のキーを回せば、諸仏諸菩薩に包まれた私の姿を眺めることができるからです。

（近藤堯寛）

実の如く自心を知る　これこの一句に無量の義を含めり　竪には十重の浅深を顕し　横には塵数の広多を示す（十住心第十）

【真実に自分の心を知れば、低級な心から最尊の心まで、無数かつ広大な心模様が見えてくる】

◉身、仏となる　お大師さまが朝命を受け、真言宗立宗の趣旨を明らかにされた著書に『十住心論』があります。文字通り心の発展段階を十種に分かち、順次心の闇に背を向け智恵の光を求める求上の階梯を説かれる一方、『十住心論』をダイジェストした『秘蔵宝鑰』では「無数かつ広大な心模様」の全てに、等しく、宇宙の根本真実が宿っている事を明かしたのでした。つまり、全ての生けるものの無数の心は無差別平等である、との主張です。さて親鸞上人は、真宗の本意は「横超」にある、と仰っています。横超は他力を唱える浄土門の中の頓教の事、座標軸を横さまに迷いの世界を越え、唯々如来の本願力を信じ速やかな往生浄土を果たそうとするものです。この横超に重きを置く親鸞上人の見解を汲めば、即身成仏といった密教本来の面目にも成仏の遅速を問う本有家《ほんぬけ》・修生家《しゅしょうけ》の違いが生じたのも尤《もっと》もです。本有の字義はもともと有る、つまり本より、悟りの性を具し仏の働きを有している事を指します。一方修生は修して生ずる意で、三密の妙行等を修する事で本有の悟りの性を開発し、仏果を得るに至る事を言います。本有・修生は一法の両側面で、実践にあたっては適度のバランスが必要です。もし悟りが修行によってのみ開かれるのであれば元々無いものが現れる「本無《ほんむ》今有《こんう》」の失を免れません。

「歴劫《りやっこう》修行」(永劫の修行)を重ねて始めて成仏が出来る、としたそれまでの仏教が竪門的であるのに対し、その修行の立場を棄てる事無く即身成仏を説いた密教は、横門(他力)・竪門(自力)の特性を踏まえつつ、如来との一体化を目指しました。秘められている自分の心を内観に徹し、心の奥底を覚知する事が真言密教への入口でした。万物の根源は不生不滅だから我が心も不生不滅だと知る事が仏の智恵でした。全ての物事の真実相をありのままに見る事こそがお悟りでした。如来は済度を必要とする衆生が尽きぬ限り救済の働き(加)が止む事はありません。私たちは有難くこの無縁の大悲の本誓を信受(持)しなければなりません。如来と衆生が共に信じ合ってこそ、加持成仏は円満成就するのです。

(田中智岳)

如実知自心

心の無量を知るを以ての故に身の無量を知る　身の無量を知るが故に智の無量を知る　智の無量を知るが故に即ち衆生の無量を知る　衆生の無量を知るが故に即ち虚空の無量を知る（十住心第十）

【心の深淵を知れば、身体や仏の智慧、あらゆる生き物が、はかりしれない宇宙に通じていることを知る】

◉明日を生きる　「ブータンの実践仏教を語る上で興味深いデータが存在する。……ブータン国民が祈りを捧げる時間は一日平均一時間を超える。六十五歳以上の年代では、一日あたり三時間半以上を祈りや瞑想などの宗教的活動に捧げている」（船山徹編『現代社会の仏教』臨川書店）。

今日、弘法大師の主要功績の一端について、諸先生の研究を整理すれば、おおよそ次の四つになります。

①全ての人は仏になり得るという思想と、それには「身・口・意」の働きにより仏と

一体化する方法があると知らしめた。
②存在するものの中に無駄なものはない。必ず何らかの意義や役割を持つという総合主義を打ち立てた。
③神仏習合――密教は曼荼羅理論をもって神仏融合の理論的根拠とした。（例）伊勢神宮内宮―胎蔵曼荼羅、同外宮―金剛界曼荼羅
④弘法大師から現代に示唆があるならば、今のままでいいのか、個人でも社会全体でも一度立ち止まり、考えることが重要である。

これらを実感するには四国遍路を実践するのが最適でしょう。四国遍路は「明日も生きよう」という何かを与えてくれる世界です。お接待や人々との出会い、自然との触れ合いがその理由に挙げられます。それらはつまり、一人でお詣りしても常に弘法大師と共にある同行二人信仰と、四国全体の風土が持つ温かさであります。「天・地・人」全てを包み込むものが、私たちにエネルギーを授けてくれるのです。自分探究の旅だと言えるのです。世界中の方々に四国遍路を実践いただき、世界平和の実現を願うばかりです。

（菅智潤）

如実知自心

哥《か》に非ず　社に非ず　我心自ら証するのみ（宝鑰序）

【父や母が悟るのではない。自分が悟るのである】

◉本当の自分を知る旅――四国遍路　四国遍路の「遍路」の語源は邊地（辺地）です。辺地修行は弘法大師以前、仏教伝来よりも古く、五来重は一人の空海が出るためには無数、無名の辺路（地）修行者があった、と書いています。私は、その辺地修行は縄文時代の成人通過儀礼（イニシエーション）にまでさかのぼることができると考えています。

縄文時代の日本列島の集落では、十六歳ぐらいになると、一人で五十から百日の放浪の旅に出たと考えられています。そして、大地の恵みを食べ、必要ならば生き物を殺して自然の中で孤独に耐え、死ぬほどの苦労、恐怖を通り抜けて、一皮むけて、集落に、少年の顔からりりしい大人の顔になって帰ってきます。

幼年期からの自分は、「造られた自分」であり、これを一度捨てて、脱皮して「本当の自分」になります。今までの自分は生まれてから父や母、先生などに教えられるなどして、積み重ねてきた知識に使われる身であったわけですが、ここで主従が逆転します。今まで積み重ねてきた知識を自分が使う側に転じるということになります。

縄文土器にかえる、へび、とかげ等の脱皮をする動物が描かれているのは、脱皮をして本当の自分になる、このイニシエーションを今に伝えているものと考えられます。修験道では、この「脱皮」ということを「捨身」（擬死再生）という言葉に置き換えています。

四国遍路には、たとえば阿波の二十一番太龍寺の「南の舎心」といった「捨身」の行場が残されています。そもそも千四百キロの長い道のりを重い荷物を背負って歩くこと自体が「捨身」の行であり、昔は親族と水盃を交わして、生きて帰れないかもしれない四国遍路の旅に出たのです。

「哥に非ず、社に非ず（哥社＝父母）」とは、少年少女は自分の行いも、自分の言葉も自分の思いも、それは父や母のものまねをしているだけで自分のものではない。「我心自ら証するのみ」とは、自分の心（身口意）は、父や母は見つけてくれない、自分で見つけるしかない、という意味であります。

（畠田秀峰）

如実知自心

実の如く自心を知るは　即ち是れ一切智智なり（吽字義）

【真実に自分自身を知ることができれば、仏の智慧をすべて得るに等しい】

◉心ここにあらざれば視れども見えず　孔子の「大学」に出る言葉です。更に「聴けども聞こえず、食らえどもその味を知らず」と続きます。心に不安や恐れがあったり、極度に緊張するような場面に出くわすと、こうなることは誰しも経験があることでしょう。夫婦の会話でも、他のことを考えて生返事をしたりすると、「心ここにあらずね」と奥方から鋭い突っ込みが入ります。

日々起こる身近な出来事も自分の問題として捉えない限り、すべてが「心ここにあらず」になりますし、今起こっている世界の出来事も他人事で終わってしまいます。お大師さまは「近くて見難きはわが心」と言われています。自分の本心はどこにあるのか自分でもなかなかわからないものです。心はころころと変化して手を焼きますし、千々に乱れて収まらない時もあります。心変わりは人の常であり、そして困ったことにいつでも自己中心的で身勝手なのです。

それでも、私たちの心の本源は誰しも清浄なのだというのがお大師さまの教えです。その清浄な心を客塵煩悩が覆っている。きれいなところに塵が積もるように、外からの塵で覆われている。客塵とは煩悩と同義で欲とか怒りとか愚かさのことです。

私たちが日々の欲望に駆られ、わが意に添わぬと怒りを発し、物事の本質を見誤って愚行に走るのは、その心の本源、本質を実の如く知らないからだというのです。実の如くとは頭で理解するというより、実感として体得することでしょう。

いかようにも変化する心の本源はまた空でもあります。あらゆるものは実体がないがゆえに、心もまた空だというのです。だからこそ千変万化する。といって実体がないからどうでもいいということではありません。誤った働きをしていたらすぐに正しい方向に向けることが必要です。そのためにも常に自分の心をしっかりと見極めることが大切だといえます。自心の本源を知ることは仏の智恵をいただくことに他なりません。

（河野良文）

如実知自心

如来は即ち是れ本心なり　一切の妄念はみな本心より生ず　本心は主　妄念は客なり　本心を菩提心と名づけ　または仏心と名づけ　または道心と名づく（一切経開題）

【如来とは本心のことである。すべての妄想や雑念はみな本心から生じてくる。本心が主体、妄想は付属の所産である。この本心を菩提心、仏心、道心という】

◉仏教のパラドックス

大師は、美しい心を隠す雲を祓えと教えているのではなく、雲ありきの人生の中に自身の穢れなき心を観つけなさいといっているのです。

私たちは子供のころと何の変わりもありません。社会生活をする自分と、真理を観た自己のはざまで折り合いをつけながら、いい感じで死んでいくのであります。密教はこの世の話をしているのではないのです。生存本能には誰もが勝てません。仏教修行といえども、その先に何があるのかを見に行きたいという好奇心の産物であるのですから単なる自己満足であります。仏陀が、「弦を緩めすぎると音は出ず、張りすぎると切れ（死ん）てしまう」と、残した通りです。

超人にあこがれようとも、そもそも〝言葉のマジック〟にはまり込んで支配されてはなりません。あくまでも仏教に対峙するなら自己の開放のみを前提にするのが本義です。そうでないと折角その人が産まれたときから持っている良いものまでが壊れかねません。少なくとも学術と宗教を混同してはなりません。無理に学ぶものでなく、楽しく得なければ光明にはならないからであります。

「自分だけを考えて生きていけばいいのです」。これは他者をないがしろにして自分のことだけを考えろという意味ではありません。この世で成仏するにはまず自分を深く考えないと始まらないということです。そうでなければ人を救うことも、人と話すことも、聴いてあげることも全部がニセモノになってしまうという意味です。わずか何千年あいだに、引力や風や気温や紫外線などの宇宙的なカオスと、個人のもつ神秘性を整合しようとしてきたわけですが、結局そのようなことは未開なままなのであります。自他法界平等利益がゆえに。

（後藤証厳）

三世の観を作《な》すと雖も　また常に自性を見るに及ばず　常に自性を見る者は即ち常に仏を見る（一切経開題）

【過去、現在、未来の因縁を観察するよりも、自己の清浄なる仏を常に自覚することのほうが優れている】

◉**如実知自心**　実の如く自心を知るという文章は『大日経』住心品三句段に出ております。教主胎蔵生大日如来に代表して質問するのは金剛手菩薩です。最初の質問は「仏の智慧（一切智智）とはどのようなものですか」。大日如来は「仏の智慧とは覚りを求める心（菩提心）を原因として、大いなるあわれみ（大悲）を基本に、それらを応用する手立てを究極なものにすることである」とお答えになられたのでした。さらに金剛手菩薩が「菩提（覚り）とは何か」と質問すると、「自らの心をありのままに知ることである」とお答えになられました。

『金剛頂経』にも「如実知自心」に当てはまる文章があります「五相成身観《ごそうじょうしんかん》の教示」

という五段階の即身成仏の方法を教える場面です。のちに釈尊となるシャーキヤ族のガウタマ・シッダールタ王子である一切義成就菩薩《いっさいぎじょうじゅぼさつ》が菩提道場に坐して阿娑頻那迦三摩地《あさはなかさんまじ》という瞑想に入っている所に一切如来が近づいて、「あなたは一切如来の真実を知らないのに、どうして最高の覚りを体得することができましょうか」と語りかけられました。すると菩薩は瞑想より出て、「お教え下さい。どのように修行すれば真実を知ることが出来るのでしょうか」。一切如来は「自心を観察《かんざつ》する三摩地に入って自心を観察する自性成就《じしょうじょうじゅ》真言を好きなだけ唱えなさい」と第一段階の即身成仏の方法をお教えし、一切義成就菩薩は残りの一切如来に教えられた四段階の即身成仏の方法をすべて終えられて金剛界如来となって成道を成し遂げられたのです。

お大師様は著書『般若心経秘鍵』大綱序で、「如実知自心」を「覚りとは遠くかけ離れた場所にあるのではなく、自分の心の中以外には存在しないのである。迷いと覚りは別のものと思い込んでいるが、明るい覚りの世界と暗い迷いの世界はいずれも自分をおいて他にあるのではないのだから自身が本来は清浄な仏であると信じて修行したならば忽《たちま》ちそれが体得される」と自らの心をありのままに知ることが覚りなのだとご説明されております。即身成仏の修行の一歩は「如実知自心」なのです。（伊藤全浄）

行人　行住坐臥一切の時の中に於て　常に本性を見るを即ち有仏とし　また見仏と名づく（一切経開題）

【修行者が日常生活にて常に本心を忘れていなければ、仏の存在が自覚され、仏を見ていることと同じになる】

◉本心を忘れずに　仏教における修行とは、仏の真理を体得するために修する行のことです。僧侶となるためには厳しい行が課せられますが、一般の在家信者の方も、日々の生活の中で行をすることは可能です。それでは修行するときに心掛けなければならないことは一体どのようなものなのか。それに答えるのがこの言葉なのです。

修行者は、日常の生活において、常に仏法を学ぼうとする自分自身の心を忘れないようにしていれば、心の中に仏さまが宿ると考えられ、仏さまの姿を見ることができるというのです。普段の生活では、ついいろんなことに惑わされ、そっちのほうを向いてしまうというのはよくあることです。偉くなりたい、お金が欲しい、おいしいものが食べたいなど、この世には欲望があふれています。お釈迦さまはこれを煩悩と名付け、それらを捨てた時に、悟りが得られると説かれました。けれどもお大師さまは、煩悩を肯定したうえで、それでも即身成仏できると説かれました。その差はどこにあるのでしょうか。

『大日経』の住心品の中に「如実知自心」という言葉が出てきます。実の如く自心を知る。自分の心をしっかりと見つめるという意味です。人間には本来、仏心が備わっています。それを見つめることで、本来の自分の心の中に宿る仏さまの姿が見えてくるかと思います。その心を忘れることなく修行することが必要なのです。心に迷いが生ずると、仏の世界でなく、餓鬼、畜生、地獄の世界を見ることとなります。そうならないためにも、仏の心を持ち続けなければなりません。

仏教には四万八千の法門があると言われ、膨大な数の経典が残されています。お釈迦さまはそれぞれの人の機根に応じて法を説かれたので、多くの教えが残ったのです。それらをすべて知ることは不可能に近いですが、仏教を学ぶにあたって、多くの経典を読むことは避けて通れません。いついかなる場合も、自分の心を見つめ直すことが必要。そして結果的に悟りを得ることができると説いているのです。

（柴谷宗叔）

如実知自心

諸の妄念は本自無性なりと了するを諸仏と名づく　能く心を知れば是れ仏なり（一切経開題）

【迷いや妄想はもともと本来のものではないと自覚することを仏という。仏とは本心を知ることである】

◉一日の終わりに心の入れ替えを

『一切経開題』の『一切経』とは、初期仏教経典から大乗経典などの仏教経典の総称で、それらをまとめて解説したものが『一切経開題』です。お大師様は、仏教経典を学ぶ根本となる思想をお示しになったのだと思います。『一切経開題』の冒頭部分では「みな心から生じている」と説いています。心が迷えば身体はけがれてしまいますが、さとれば清らかなけがれのない身体になれるとしています。お大師様は、人として生まれてきたこの身体は、生まれながらに仏さまの心を持っているとおっしゃっています。迷いや妄想は心の持ちようから生じているので、それらは本来のものではないと自覚することで、自分の仏性に近づくことができるのでしょう。

　真言密教やそのほかの仏教宗派では様々な経典が学ばれていますが、仏教の実践とはそれらの経典を学ぶだけでなく、それら経典から得られた智慧をもとに自らの心を見つめ直し、心を正しい方向に入れ替えることなのだと思います。これが『大日経』にある「如実知自心《にょじつちじしん》」（自分の心を自分自身で正しく知ること）ということで、心の働きや心の持ちようをよく理解して、自分を自分らしく正しい方向に向かわせることなのだと思います。

　毎日の生活の中でも、心の持ちようで同じことなのにストレスがたまったり、逆にとても楽しかったりということがあると思います。たとえばいろいろな組織で、上司や部下の言動にイライラしてストレスをためてしまうことがあると思います。それは価値観が違うことなどから生じているので、避けようのないことなのです。そんな時「そういう考え方もあるんだ」と思えば、相手を少しずつでも受け入れることができるかもしれません。逆に人間観察が楽しくなる可能性もあります。一日の終わりに心を正しい方向に入れ替えることで、ご自身の仏性に少しでも近づくことができれば、ストレスのない楽しい人生になるのではないかと思います。

（雪江悟）

自心は即ち実相なり　実相即ち本尊なり　本尊即ち自心なり　是くの如く観ずるを三平等という（秘蔵記）

【自心はそのまま真理であり、本尊である。自心と真理と本尊は平等である】

◉如実知自心の自心とは菩提心のことです

「如実知自心」という言葉は、一般的に自分の心をありのままに正しく知るという意味で使われています。

しかしお大師様のみ教えでは、「自心」とは「菩提心」を指します。「菩提心」とは「悟りを求める心」とする一般の仏教とは違い、「この世の命あるものは、その命の根底（大日如来）ではすべてつながっていてひとつである」ということなのです。

お大師様は「三界（この世）の衆生はみなわが子であるとは大覚世尊（釈迦）のお言葉であり、四海（天下）の住人はみな兄弟であるとは聖人孔子の名言である。この言葉をよく仰いで忘れないように」と述べておられます。まさに「世界は一家、人類皆兄弟」なのです。海上では大きい波や小さい波がありますが、海中では波の無い大きな一つの海です。世の中にも様々な人がいますが、皆同じ人間です。
「自分は正しく他の人は間違っている」「私は私、君は君、私と君とは違うのだよ」「あいつは気に食わない、嫌いだ」など、自己中心的になってしまう私達。お大師様は、何度生まれ変わっても同じ過ちを繰り返している私達を悲しく思い、私達が認め合い助け合って幸せになれるよう、ずっと奥之院で祈って下さっているのです。

自坊では地元の八十八カ所巡りを毎年行っています。遍路さんたち数十人を先導して二列で道を歩いていた時のことでした。一台の車が私の横で急停車したかと思うと運転手さんが窓を開けるなり、「このクソ坊主！」と叫んで走り去りました。百年以上続く歴史あるお寺の行事なのにと少し腹が立ちました。しかし、冷静に考えれば、二列でノロノロと前を歩く私たちが邪魔になり追い越せずイラランしていたのでしょう。もし逆の立場なら同じように思ったかもしれません。お大師様がその運転手さんの姿を借りて「人に迷惑かけないよう歩きなさい」と私を諭して下さったのだと考えた時、怒りが感謝に変わりました。

（藤本善光）

自心を妙蓮に観じ　境智を照潤に喩う（三昧耶戒序／平城灌頂文）

【この心は清らかな蓮華であると観想する。つまり、心を輝く金や澄んだ水に例えて、我が本心を自覚するのである】

◉清らかなハスの華に学び、心に仏の華を咲かす　蓮の華は仏教ではとても尊ばれる華の一つです。如来様、菩薩様は蓮の華の上に御立ちになったり、座られたりしています。私達僧侶も本堂に進む時は蓮華の上を歩いていると観じながら入堂します。

蓮の根はドロドロした泥の中ですが、そのお花は汚泥に染まる事無く清浄で綺麗なお花を咲かせます。私達の生きるこの世、娑婆もドロドロした弱肉強食の汚泥の世界です。蓮を見習い娑婆の汚れに染まらずに清浄な生き方をしたいものです。

誰しも一度は人生を諦め、生きる目標を見失い涙した経験は有ると思います。そんな苦しい辛い経験も自分を成長させる試練だと捉えることが出来れば、あなたは人としてまだまだ成長できます。またそのためには、人に絶対に負けない自分の長所や得意な物が有ることは、大いなる自信となり苦難を乗り越える力ともなります。

私自身の子供の頃を思い出してみると、小学生の時に偶然、たまたまですがクラスの算数テストで私は奇跡的にも百点を取ったことがありました。その後、友達の家に遊びに行った時に友人のお母様から、「先週の算数のテスト、クラスで一人だけ百点満点とったって頑張ったね」と褒めてもらった事がありました。それ以来、私の中では算数が得意な科目になり他のことにも自信が持てるようになった経験が有ります。少し遠回りしてお坊さんになりましたが、その事を含めすべての経験やご縁が有っての現在の自分が有ると感謝の毎日です。

一日一度は身を正して仏様の前で自らの心を観察する時間を作りませんか。イスに座って背筋を伸ばして、または横になって眠りにつく前。朝、目が覚め布団から出る前でも結構です。呼吸を整え、リラックスして心の中に蓮の華を思い浮かべ自分自身を見つめ直して下さい。父母、祖父祖母と何代もの親たちが災害や飢饉、疫病にも負けず生命を繋いでくれました。その繋がれた宇宙の大生命、大日如来を私達は尊び敬ってお祈りを捧げます。私達の生命、身体、心はその尊い大日如来と繋がっていることに目覚め「いかせ　いのち」の実践の日々を送りましょう。

（中谷昌善）

慧眼を開いて不生を見　心蓮を敷《ひら》いて円鏡を鑑《かんが》みん（性霊集八　弟子真境亡考）

【智慧の眼を開いて真理を悟り、心に蓮を咲かせて悟りを味わう】

◉仏の眼で見抜く　大学時代を京都で過ごした私の楽しみは、古社寺巡りと京都国立博物館通いでした。特に博物館の常設展は、入館料が安く、人は少なく、館内は空調が効いて快適といいことずくめです。ここでいろいろな仏像と出会い、曼荼羅の現物を見ながら、落ち着いて考えを整理したり、気づいたりすることができました。明る過ぎず暗過ぎず、ものを考えるには最高の場所だと思います。

宝誌和尚立像（重文・西往寺所蔵）をはじめて見た時はびっくりしました。中国の僧、宝誌和尚が自ら顔の皮を指で裂くと中から十一面観音の面相が現れたという説話にもとづくものですが、顔が割れて下から別の顔、仏の顔が出ているのです。色々な解釈が書かれていますが、私は、裂けた皮の下の仏の姿は、人間の本当の姿、つまり人が本性として持っている仏となりうる資質を表現していると思っています。

お大師さまは、悟りとは「実の如く自心を知る」ことであると説かれています。これは大日経に説かれている「如実知自心」であり、真言密教の根本の教えです。

自分自身の心を知りなさいという簡潔な言葉ですが、注意深く解釈しなければならない言葉です。「ありのままに自分の心のなかを知ること」などと現代語訳されていたりしますが、ここで知りなさいと説くのは、怒ったり、憎んだり、妬んだりしているあるがままの自分を知りなさいという意味ではありません。

私たちは誰も説明ができないけど存在している宇宙の摂理の中で、ものすごい確率で人間という形でいのちを得ました。しかし人間だからといって特別な存在ではないのです。森羅万象はすべて宇宙の摂理そのものである大日如来の顕現ですから、他の生物や石などと同じで、一要素にすぎません。それがありのままの自分を知るということです。お大師さまは、それぞれが持っている仏の眼を開いて、この真実に目覚めよと説かれています。誰もが仏の資質を持っているのです。仏の眼で、あらゆるこだわりが無用のものであると見抜いていくこと、それが悟りへの道ではないかと思います。

（森堯櫻）

もし自心を知るは仏心を知るなり　仏心を知るは衆生の心を知るなり　三心平等なりと知るは大覚と名づく（性霊集九　諸有縁衆）

【自分の心を知ることが仏の心を知ることである。仏の心を知れば衆生の心が判る。自分と衆生と仏が平等であると知ることが悟りである】

◉一滴の水にも　高野山金剛峯寺では「ちょっと一息阿字観」を一般の方々に体験して頂いています。私はその講師として時々指導に携わっていて、令和四年五月、四日間指導に入りました。

開始時間まで少し時間がありましたので参加者と会話をしていました。「ここ数年の大型連休はコロナ禍でどこへも行けず何かとストレスが溜まっていましたが、今年は制限無しになりましたので高野山へ参りました。金剛峰寺を拝観して阿字観の看板を見て、精神修行のつもりで申し込みました」と、一人の男性が言われました。彼の顔を見ると眉間にシワを寄せていて本当に厳しい表情をされています。

「ちょっと一息阿字観」は、テキストに則って作法の説明と実技指導を行い、後半約十五分間は瞑想に入って頂きます。どの様な心で瞑想するのか「集中しよう、雑念を払うとか思わないで下さい。それよりも大日如来の計らいによって生かされているという大いなる命を感じて下さい。そのためには身近におられる方々、社会、動物、自然、そういうものへのお陰や感謝の想いを次々と起こして下さい。最後には御仏に包まれて生かされているという気持ちになると良いと思います」と瞑想心得の例を伝えて入って頂きました。

瞑想体験終了後、挨拶をして、感想を聞く時間をもちました。「私は昨夜宿坊で泊まりました。夕食時は気付かなかったけれど、今朝の食事の時、お箸袋の裏を見たら、一粒の米にも万人の苦労が加わっています。一滴の水にも天地の恵みがこもっております、感謝して頂きましょう。と書かれていた。その言葉が瞑想中に頭に浮かび、理解すると共に新鮮な気持ちになりました。今の心を大切に日々生活に活かして心が疲れたら再度、阿字観体験に来ます」と開始前に会話した男性が話されました。眉間のシワが感じ取れない程、和らいだ顔になっていました。他の参加者の顔も、見ると道場に入って来た時よりも穏やかになっていました。

（糸数寛宏）

如実知自心

もし心の理趣を覓《もと》めば汝が心中にあり　別人の身中に覓めることを用いざれ（性霊集十　理趣釈経答書）

【仏は自分の心にあるから、他に求めても無意味である】

◉ブッダ最後の旅　先年、「霊鷲山」へ参拝しました。この山は、グリドラクータと呼ばれ、釈尊当時マガタ国の首都であったラージギル（王舎城）の近郊に位置し、釈尊の常の説法の場所であったのです。その山の中腹に鷲が翼をたたんで遥か遠くを見やるような姿の奇岩があり、そこからの絶景を背に、釈尊は悟りの言葉を多くの声聞縁覚たちに語りました。今ではひとり乗りリフトが山頂まで架けられ、その聖地に容易に参ることが出来ますが、昔と違うのは、尊い修行者が集うのではなく、聖地への参拝者を狙う山賊が出没し治安が大変悪くなってしまっていることです。彼らは、参拝者を森に引き込み金品を略奪するのです。ときには行方不明になる者も現れ、再発防止のため、武装した多くの警察官や州軍兵が聖地を護衛する姿がそこかしこで見られました。なんとも聖地には不釣り合いではありますが、安全のためには仕方がないインドの現実がそこにはあったのです。

二千六百年ほど前、御年八十歳を迎えられた釈尊は、忽然と霊鷲山から旅立たれました。これが世に言う「ブッダ最後の旅」です。この旅で語られた真理の言葉は後、弟子の方々によって『涅槃経』としてまとめられます。その代表的な教えに「自灯明・法灯明」があります。意訳すると、「自らを頼りとして他の者に頼らず、自己の経験とわたし（釈尊）が説いた法即ち真理とを拠り所として生きて行くこと」を肝要としなさいと釈尊は説かれたのです。

インド北東部には大河ガンジス川が蕩々と流れています。ヒマラヤの氷河を源とするこの河の流域は大変豊かな穀倉地帯で古代から繁栄し、国家が築かれてきました。釈尊もこの河の流域の街々を度々行脚し、真理を説いたのです。ときには氾濫した河に行く手を阻まれて長く逗留することもありましたが、乾期が到来すると大河も極端に水量が減り、そのとき先達からの教えと自身の経験によってその島となった砂州を渡ることが可能となるのです。つまり、釈尊のみ教えの多くは、弟子たちが身近に経験できることに喩えて大いなる真理を教え導いたものなのです。

（瀬尾光昌）

もし仏の理趣を求めば　汝の心中に能覚者あり（性霊集十　理趣釈経答書）

【仏の真髄は自分自身の内に求めるべきである】

◉「でも……」「だって……」

「でも」「だって」を連発する人がたまにいらっしゃいますが、これは相手の話を受け入れようとしない言葉で、自己保全のみの発声なのでしょう。そしてそれはついには、自分の存在をも脅かします。それは「でも世間では……」「だってみんなが……」というように他のせいにして、いかにも自分を守っているかのようでいてかえって自分の考えがないことを表明してしまいます。これが癖になると自分と向き合うことがなくなり、最後には誰も見向きしてくれなくなるでしょう。それを目指しているとするのであれば、世間から逃げて、自分の都合の良い世界の中に閉じこもりたいのでしょうか。

檀家さんの三十歳の娘さんから、「他人の目が気になる。自分に自信がない」との相談がありましたので、「まず、周りと比べることを止めましょう。次に、見た目を気にすることを止めましょう。仏様が容姿端麗なのは心が清らかだからなのです。目鼻立ちの配置の問題ではなく、心がどのような状態なのか、またはしっかりした信念を持っているか、が容姿に現れてくるのです」などと伝え、「他がどうであれ、まず自分が何をしたいのかをしっかり考えます」との返事をいただきました。

表題の文章では、「仏の真理の道を歩もうとするのであれば、自分の心の中にすでにその答えが総て内蔵されているのですから、そこを開いていくべきである」と言っています。とはいえ、なかなか難しい道ではあります。

そこで必要なのが、学びと実践です。文章を深く読み、自ら実践してゆく。また、その持続こそが心の中を開いていける道となります。ただ、学問の比較対象の積み重ねだけでは意味のない結果となります。「それは瓦礫だ」とお大師様は述べられています。また、「他の人の中に求めても何の意味もないことである」とも言っています。自分の中のとても素直で正直な心をしっかり見つめて、様々な外的要因でゆがめられることなく表に引き出すことが大事なのです。注意すべきは、外的要因といえども、もうすでに自分の中に取り込まれている外的要因があることに気付くことです。

真理の道（理趣）はすぐそばにあります。励みましょう。

（大塚清心）

諸法の本不生際を見るを如実知自心と云う（異本即身義四）

【すべてのものごとの真相の極限を見ることが、自分の心を本当に知ることになる】

◉元より空に有明の月　大学時代の指導教授は堀内寛仁先生という方で、元々大阪市内の八百屋の息子さんと聞いています。先生のお父さんという人が大変世話好きで、近所の人望も厚く、地域でお祀りしていた観音堂の世話人を引き受けられるなど仏縁を頂いて、先生は高野山に登って僧侶となり、梵語というインドの古代語に精通され、「金剛頂経」という真言宗所依のサンスクリット語原典の校訂本を世界ではじめて出された偉い方でした。すでに七十歳近いご高齢でしたが、眼が痛くなるようなチベット語訳が彫られたプリントをすらすらと読まれる姿に若かった私は自分の学力のなさを恥じるとともに、熟練の偉大な学者の老人に感動を覚えたのを思い出します。その先生が講義の際によく口にされた、「曇晴れて後の光と思うなよ　元より空に有明の月」という道歌がありました。本当の自分の心（仏心）は常に変わらず夜空を照らす月の如くであり、煩悩という曇は移り行くもので、凡夫はそれに心囚われ、覚者は心月に坐すことで迷悟が分かれると。よく語っておられました。

因みに「金剛頂経」には金剛界マンダラが説かれます。マンダラには月の輪つまり「満月」上に仏様が描かれています。月はご存知のように満ち欠けがあり、暗闇の新月から満月への白月と満月から新月の黒月がそれです。何もなく見える新月の存在と対照的に完全な満月の状態。

密教徒はその月のあり様に、二つの仏様を観じました。仏心という私たちが本来持っている可能性としての仏（新月）と、完全に仏となった自心（満月）。本不生際という言葉は、「もとより有る」という意味で、無明という暗闇の中に実は煌々と照る仏心の満月を私たち皆が等しく持っていることを。また如実知自心とは「ありのままのホトケ心が自心の本質に他ならないことを覚る」ということを同様に教えて下さっています。

（山田弘徳）

如実知自心

真言行者三密を修行して成就を得る時　実の如く自心本有の荘厳蔵を見るを実の如く自心を知ると名づく（異本即身義五）

【真言行者が修行をして成就した時、秘められている自分の本当の心の姿を見ることができる。それが真実に悟ったということである】

◉**私が今思う悟りとは**　仏教者であれば誰しもが悟りを追い求めて日々修行を続けます。修行には様々な方法がありますが、教えに従ってその通りに修行しなければ悟りの境地には辿り着けません。また、悟っただけで人を済う行動を起こさなければ独り善がりになってしまいます。現代社会においても、コンピューターの機能を万全に発揮する為には正しいシステムを構築し、正しくデバイスを接続しなければ、無限ループに陥りフリーズを起こしてしまいます。また正しいプロトコルで接続しなければ世界に向けて発信出来ません。

真言宗の悟りへの道は仏前勤行次第の中にもありますが、まず懺悔。次に三帰三境十善戒を誓い、菩提心を発し、その菩提心を永遠のものとします。これで心構えができましたから、いよいよ修行に入ります。お経の読み方、仏さまの拝み方や祀り方、自心の鍛錬など、プログラムに沿って期間を決めて行います。それが終われば僧侶としての出発点に立ちます。ここに来てお大師さまの書物を読み返すと、不思議と理解出来るようになっています。発心即菩提、三句の法門、三密加持、阿字本不生、秘密荘厳心、即身成仏等、悟りを得るのに必要不可欠な理論が朧げながらも見えてきます。次はその理論に従って広く深く厚く修行を重ねていくのです。するとそこには今までに感じたことのない素晴らしい境地があるのです。そしてそこに至った時には周囲の皆様に悟りの境地をきっと伝えていることでしょう。これは美味しいものに出会った時には不思議と周囲の人に食べていただきたいと思うのと同じであります。

これまでの『空海散歩』には「発心即菩提、三句の法門、三密加持、阿字本不生、秘密荘厳心、即身成仏等」の法話も掲載されていますので、それらを今一度読み返していただき、理解するだけでなく、それに基づいた善行を実践すれば悟りの境地に限りなく近づき、自分の本来の姿を見出すことでしょう。逆説的に考えるならば、本来の自分の心を知ることが出来ればそこに悟りがあるのです。

（亀山伯仁）

毗盧遮那経に云く　如実知自心と　是れ即ち陀羅尼に入る観門なり（真言二字義）

【大日経に、真実の自分の心を知ることであると述べている。これは真言密教に入るダラニ宗の入口である】

◉新しいステージ　如実知自心《にょじつちじしん》とは、本当の自分がどうなのか、そのことを深く、深く、深く、知ることと言えます。

私たちは成長するにつれ、人間社会の様々なルールやしがらみに囚われていきます。ルールはともかく、しがらみというものは自分でどうにもできないこともあるかも知れません。単に相手との関係性だけでなく、時間、環境を始めとする様々な要因が複雑に絡み合うために、自分と相手だけではないことが多いです。

しがらみとは、しがらむという動詞の転用で、それが名詞になって「しがらみ（柵）」となり、川に杭を打ち、そこに木や竹を横に結びつけて水をせき止めたりするもののことを言い、近年になって束縛などの意味合いが強くなったとのことです。

そのしがらみですが、囚われすぎると本当の自分がどうなのかがわからなくなってしまいます。解消することは難しいかも知れませんが、それに囚われず、本当の自分をちゃんと見つめなおし、本来こうありたいと願う自分を見つけて、ヒトとしてより高みをめざしていただけたらと願っています。

しがらみから解き放たれて、自分らしく生きていく。自分が歩んできた道はどうだったか、ちょっと振り返ってみて、自分らしく歩んで来られたのか確認し、これからどう歩んで行けばいいのかを考える。簡単なようで難しく、難しいようで簡単なのかも知れません。より高みを目指し、自分を磨くこと、今までの自分を労い、いたわってあげてください。

これからは、自分の心に素直に生きる。そう願うことから始め、そのように生きることが、新しいステージに立つということと思います。

社会生活においてはなかなか上手くいかないかも知れませんが、心は常に高みを目指していくことが、これからのあなたの人生に必要だと思います。

(中村光観)

阿字本不生の故に自心の本不生を知る　これを知自心という（真言二字義）

【万物の根源は不生不滅である。それゆえに、わが心も不生不滅であると正しく知ることが悟りである】

◉自分の心にあるもの

高野山奥之院まで三キロ以上ある石畳の長い参道があります。参道の両側には大小たくさんの墓石があります。中之橋の橋詰めに汗かき地蔵をおまつりしているお堂があり、お堂の右手に古い小さな井戸があります。この井戸はお大師さまが高野山に上られたときに掘られた井戸であると伝えられています。この井戸水で目を洗えばどんな眼病も治るという言い伝えから薬井戸と呼ばれることもありますが、井戸をのぞき込んで自分の顔が写らなければ三年以内に亡くなってしまうといわれることから姿見の井戸として知られています。

姿見の井戸の由来は分かりませんが、高野山奥之院を参拝する人は姿見の井戸がどうしても気になります。自分の寿命など誰にも分かるはずもないのですが、姿見の井戸に自分の姿を映して、「まだ寿命はあるようだ」と安心します。井戸の水面なので自分の姿が映るはずだと分かっていても、どうしても気になって姿見の井戸をのぞき込んでしまいます。

なぜ、姿見の井戸をのぞき込みたくなるのでしょうか。高野山という特別な場所で神秘体験をしたいからでしょうか。それとも自分の寿命を知ることで心の準備をしたいからでしょうか。

自分の寿命を知るために姿見の井戸をのぞき込むのは、自分の心の奥底をのぞき込みたいという欲求から来ていると私は思います。すべての根源は何だろう、自分の心の根源は何だろうと考えてみても答えは出ません。でも、心の奥底をありのままに見つめることこそがお大師さまは悟りであると説いておられます。自分の思い描いたように自分の心を見てしまいがちですが、姿見の井戸に自分の姿がそのまま映るように自分の心もありのままに見て曇りのない自分を知りたいものです。

（中村一善）

真言の相は一切諸仏の所作にも非ず　他をして作さしめるにもあらず　また随喜したまわず　何を以ての故に　是くの諸法は法として是くの如くなるを以ての故に　もしは諸如来が出現し　もしは諸如来出でたまわざれども　諸法法爾として是くの如く住す（十住心第十）

【真言の教えは、仏が作ったり、他によって作らしめたりしたものではない。また喜ぶこともない。なぜならば、真言法は元々あり、如来が世に現れても現れなくても、大自然にあり続けるからである】

◉**アンテナ**　仏教の開祖、お釈迦さまと、密教の教主、大日如来さまとの関係は、一見分かりづらいです。といいますのは、仏教は実在であるお釈迦さまが二千五百年前に開かれ、その仏教が発展する中で仏教成立後千年ほどあとに密教が成立したというのが大まかな流れで、仏教が先に成立したのですから、密教は仏教の子分のように思えます。おのずと大日如来さまはお釈迦さまのあとで現れた方のように思う人もいるでしょう。

親は子供をもって初めて親となります。親だから子供に教える立場とは言い切れません。子供から学ぶことがたくさんあります。親は子に教えられ、そして親となっていくのでしょう。教師も同じです。生徒がいてくれるから「先生」と呼んでいただけるのであり、生徒から学ばせて頂いて、先生も成長するのです。

お釈迦さまは、どういう教えを受けてお釈迦さまとなられたのか。この問いの答えが、大自然が発しているこの世の摂理を、お釈迦さまのアンテナでしっかりと受け止められたのであり、大自然が発しているこの世の摂理を説明するため、密教では人格化して大日如来という完全無欠な存在と位置付けたのであります。お釈迦さまは、素晴らしいアンテナを生まれながらに持っておられ、受け止められた摂理を深く洞察し、それを人々に適切に伝えられたことが仏教の始まりであったのです。お釈迦さまは大日如来さまの教えを受けて、お釈迦さまとなられたのだと解釈するのです。

私たちも、親だから、先生だからとおごり高ぶるのではなく、常に清いアンテナをもって、子供や生徒のおかげで自分たちがあると肝に銘ずる必要があります。

（富田向真）

五大に皆響きあり　十界に言語を具す　六塵ことごとく文字なり　法身は是れ実相なり（声字義／念持真言）

【宇宙を構成するもの、この世の中、あらゆる感覚には、すべてに響きがあり、表現がなされている。仏が常に説法されているからである】

◉感じるものすべてが説法　二十代前半の若き日の弘法大師が、阿波の大瀧ヶ嶽（四国霊場二十一番太龍寺）で虚空蔵求聞法のご修行をなさったとき、大師はみずからが唱える真言の声が宇宙全体に響き渡るという神秘的な体験をし、そのことをきっかけに、本格的に悟りの追求を始めたともいわれています。

また晩年の大師は、高野山の大自然の中での瞑想に没頭され、その合間に、松や岩の美しさや、清流の音や輝きを、たくさんの漢詩に詠んで賛美しておられます。

さて、インドの人々は、自然界（宇宙）は、地・水・火・風・空の五つの要素ででできあがっていると考えていました。五つの要素を「五大」といいます。人間の身体は、死後、これら五つの要素に分解されて大自然の中に帰っていくといわれており、地・水・火・風・空を、それぞれ四角・円・三角・半月形・宝珠形の五つの形状で表した五輪塔を墓石に用いるのは、死者が速やかに大自然に帰入することを祈るためです。

弘法大師は、五つの要素からなるこの大自然を、時空を超えて存在し続ける、法身・大日如来という仏であるととらえ、大自然の中に起こるすべての現象は、大日如来の説法であるという独特の言語論を提唱されました。

仏教では、私たちの感覚器官を、眼・耳・鼻・舌・身・意の六つに分類し、六つの感覚器官によって認識される色・声・香・味・触・法の六つの感覚を「六境」あるいは「六塵」と呼びます。そして、これら六つの感覚は人間を惑わすものであり、悟りを妨げるものであるとして否定します。しかし弘法大師は、眼で見るもの、耳で聞く音、鼻で嗅ぐ匂い、舌で味わう味、皮膚の感触、心に起こる感情、身体《からだ》に感じるすべてを、大日如来の説法であると主張しておられます。

さあ、大自然に身を投じ、深呼吸しながらすべての感覚器官を研ぎ澄まして、大日如来の説法を感じ取ってみましょう。大日如来は何を語りかけてくださるでしょうか。

（川崎一洸）

能造の阿等は法界に遍じて相応し　所造の依正は帝網《たいもう》に比して無碍なり　此も往かず彼も来らずと雖も　しかれどもなお法爾瑜伽《ほうにゆが》の故に能所なくしてしかも能所《のうじょ》あり（大日経開題　法界）

【世界を創る本体は宇宙に遍満し、網の目のように関連しあっている。現象として現れたり消えたりしているが、この去来は渾然一体である】

◉魂は溶け合っている　能造とは「造るもの」、所造とは「造られるもの」という意味ですから、少し雑な言い方ですが解りやすく言うなら、全ての根源と定義される「ア」とは「造るもの」、この世の環境や生命あるものとは「造られるもの」ということです。また「能所なくして能所あり」とは、「〝するもの〟と〝されるもの〟は、区別ないものであり、また区別あるものである」と、これまた難解な思想であります。仏様の世界と私たちの世界とは、行ったり来たりする関係性のものではないのだということでしょうか。

法爾瑜伽は「するもの」と「されるもの」が溶け合っている状態です。例えば親友や恋人と長電話をしていたら、「私」とか「あなた」とかいう概念を忘れて夢中になってしまいます。電話中、周りで雑音があっても「うるさい！」とも思うことなく、これに気付かず熱中してお話ししてしまいます。この状態になっていることを「能所なし」といいます。しかし現実には確実に「あなた」と「私」は存在しています。その観点からこの状態をみると、「能所あり」というのです。

先の長電話の例のように、精神集中して瞑想していると、「仏様」とか「私」とかいう概念も同じように溶け合って一つのものと観ることができるのです。このような状態を「三昧」ともいいます。日常でも、一点ばかり集中して行うことを「○○三昧」などと言うことがありますね。まさしく日常で私たちがよく経験するような、夢中になって他の事に目もくれない状態こそ「瑜伽」であり、そのように仏様の世界を観ると自ずと私も仏様の世界のものになってしまうのです。

「座禅」とか「修行」とか聞くと、ストイックな鍛錬のような厳しいものをイメージするかと思いますが、そうではなく、これは仏様と私が溶け合ってリラックスするための最上のトレーニングであるのです。

（大瀧清延）

法爾自然

真如実相は法然の理　常恒の法なり　因縁生に非ず　是くの故に真如は因に非ず　実相は果に非ず　真はすなわち真如　実はすなわち実相なるが故に（金剛頂経開題）

【真理の本当の姿は自然かつ永遠の理法であって、原因や条件、結果によるものではない。真理の姿はそのまま仏の世界である】

◉怖れる防災　富士山の写真と言えば、山頂に雪をたたえ全景を写したものが有名かもしれません。しかし私が一番印象に残っている富士山の写真は、学校の教科書に掲載された、山頂の火口付近と富士山レーダーをアップで写したものです。理科の解説資料として登場した写真だと思います。富士山レーダーは長く日本の気象観測の砦で、今は気象衛星や他のレーダーにその役目を譲りましたが、遠く南方からの台風の襲来を見張る千里眼の役割を果たしました。

今は台風が近づけば多くの情報が流れてきます。しかし常に携帯から避難情報が入り、巨大堤防に守られることで感覚が麻痺し、「まだ大丈夫」と避難行動に移せなければ、最新の予報技術や土木技術もまったく無意味なものとなってしまいます。

昔の人は現代のように身を護る術がなかったわけですから、とにかく逃げて、ひたすら神仏に祈るしかなかったことでしょう。

自然を前にして恐れ、祈るということは、科学技術の発達した現代では、時代遅れなものと映るかもしれません。しかし常に進歩する科学技術の世界では、今日の常識も、明日には時代遅れとなってしまいます。実際、私が学生時代、教科書で見た富士山の火口の写真には休火山《きゅうかざん》と解説がありましたが、今は活火山《かっかざん》という分類になっています。

一方、時代遅れにならないもの、いつの時代も変わらない真理もあります。自然や神仏への畏怖もこれに含まれるものだと思うのです。科学の発展により私たちは自然を知り、ある程度はコントロールできるようになりました。しかし同時に、人間の力ではいかんともしがたいことがある。このことを忘れ去ってはいないでしょうか。

この世にはどうにもならないことがあることを知り、神仏、自然に、頭を下げ、手を合わす。謙虚な心も災害を防ぐ大切な手段ではないでしょうか。

（亀月隆彦）

双円の性海《しょうかい》には常に四曼の自性を談じ　重如《じゅうにょ》の月殿には恒に三密の自楽を説くに泊《およ》んでは人法法爾《にんぽうほうに》なり　興廃いずれの時ぞ　機根絶絶たり正像《しょうぞう》何ぞ別《わか》たん（法華経開題　開示／教王経開題／理趣経開題／梵網経開題）

【円満なマンダラ世界では、いつも仏と仏が語りあっておられる。悟りの園で悟りの楽しみを説くにしても、現実も理想もそのままである。法が興るとか廃るという時間の現象も、悟るとか悟らないという能力の問題も、ここでは既に解決されている】

◉仏の園へようこそ　「法爾自然」とは道理にのっとったあるがままのことですが、他国に侵攻するという道理にのっとらないあるがままのことに世界が翻弄されています。世界が協力して地球上を覆う諸問題に挑まなくてはならない今、現実も理想もそのままである「円満なマンダラ世界」はどうすれば花ひらくのでしょうか。

「四曼」とは四種類の曼荼羅のことで、大曼荼羅は救うための姿をあらわしており、その中には動植物もあります。盲導犬や、薬となるために自らの体をすりつぶす薬草など、我々は多くの動植物からも救われています。三昧耶曼荼羅は救うための道具をあらわしており、法曼荼羅は種子という梵字一字でその仏のはたらきをあらわしています。梵字は漢字と同じように一字一字それぞれに意味があるため、明確に仏のはたらきがわかります。四つ目の羯摩曼荼羅は我々がよく目にする木像などの仏像であり、いうなれば我々が目標とするべき仏、または我々が目指すべき人格をあらわしています。この名言にいう円満な曼荼羅世界での「仏と仏」とは、大日如来と「自性《こころ》」のなかに「仏性」を持つ我々自身ではないでしょうか。あるがままの仏性を生かせば太陽が日の光を地球に届けるようにすべてのいのちを生かす糧となるはずです。

すべてのものごとは「法爾自然」であり、すべてそのまま善行となることが一番ですが、たとえ悪行となったとしてもそれにより奥底に眠る仏性がより多く呼び起こされたのならば、ある意味において真理にかなっているといえるかもしれません。だからこそ「解決されている」と言い切れるのでしょう。深い煩悩の雲が晴れて、こころから大日の光が溢れ出る楽しみを感じるとき、現実は理想的なマンダラ世界、あるがままの仏性満開の花園です。

（中村光教）

修行を待たずして清浄覚者本より具し　勤念を仮らずして法然の薩埵自ら得たり（平城灌頂文）

【修行をしなくても、本来清浄なる悟りを具えている。励まなくても、そのまま仏の子である】

◉お大師さまの菩提心　『菩提心論』に説かれる、真言行者がまず始めに発さなければならない心は、「誓って、我全ての衆生を救い度さん」という行願です。密教が十地の菩薩の境界を超えるのは、真言行者がこの行願によって、初めから衆生救済を誓願とし、勝義によって、二乗の悟りを求めないからです。私たちがこの無上の菩提心を発すことができるのは、右の名言通り、励まなくても、そのまま仏の子であるからです。また、「人々に本来具わっている本性と諸仏の身体である真理の世界（法界）はもともと一つのもので全て区別はない」（平城灌頂文）ゆえに、修行をしなくても、本来清浄なる悟りを具えていることになります。

密教の修法は、本来清浄なる悟りを自他が取り戻す行程を作法します。大金剛輪に至っては、菩提心を忘失していても取り戻させ、自分も他者も全て区別なく同時に加持します。悟りの能力を開発するのではなく、仏の子であることに目覚め、仏と成って活動するプロセスが密教であると言えます。

お大師さまはこのような密教を私たちに教えた日本人で、純真な人間で、戒律を守る僧で、お釈迦さまを尊ぶ仏弟子でした。超人や天才と称賛されますが、私は篤信で真摯な仏教徒であって、情熱家であったと特筆します。入唐前から入唐後も人生のテーマは変わらず一途です。お大師さまの人生は情熱にあふれています。悟りを開く方法を知らずに迷い、涙を流されました。伝統仏教に従って出家し、受戒し、僧として生きることを覚悟されました。お釈迦さまの衆生救済を志し、恵果和尚の遺言を実践するために、受け継いだ密教の教えをひろめようと生涯かけて布教し、積極的に灌頂を授け、弟子の育成に精進されました。これがお大師さまの菩提心です。私は『空海散歩』全十巻の執筆に携わって、あらためてお大師さまをこのように深く思います。

私たちはお大師さまと同じ菩提心を発すことができます。仏と仏の子である私たちの本性は一つだからです。これがお大師さまの教えです。

（細川敬真）

法爾の荘厳轄然《しょうごんかつぜん》として円《まどか》に現じ　本有の万徳森羅《しんら》として頓に証せん（性霊集七　奉為四恩）

【マンダラを造る功徳によって、仏の世界がありありと現れ、衆生の陰徳が速やかに実ることを祈る】

◉転生人語　渋沢栄一編　「毎日が誰かのご命日」を合言葉に冥界マスコミを牽引する『命日新聞』。その連載コーナー「転生人語」に、今日は「日本資本主義の父」で知られるあの翁が登場します。ご命日は一九三一年（昭和六年）十一月十一日。

記者「大河ドラマや新一万円札の顔として最近下界では注目が集まっています」

渋沢栄一「最初に断っておくが、私は宗教を好まぬ。神仏は拝まぬのである」

記者「それではなぜ明治神宮建立に尽力されたのですか」

渋沢「まあ私も水戸学の薫陶を受けた尊王家の端くれではある。だから明治帝が崩御されてすぐ阪谷芳郎（渋沢の娘婿で東京市長）らとともに神宮奉賛会を結成した」

記者「明治神宮には内苑と外苑があります。これは渋沢さんの発案だとか」
渋沢「私が外苑にこだわったのは、そこに新しい公共空間を創出したかったからだ。絵画館、公園、運動場、美しい並木道。誰もが憩える場所が必要だと思ったのだ」
記者「いわゆるランドスケープ（屋外公共空間）の発想ですね」
渋沢「神宮の森、あれも三百六十五種十万本すべて全国からの献木だ。林学者らが叡智を集めて百年単位の植生計画を立て植樹を進めたのだ。彼らの『ありのままの自然こそ正しい』という林学思想は空海さんのおっしゃる『法爾の荘厳』にも通じるのではないか」
記者「まさに渋沢さんたちの『本有の万徳』が『森羅』となり具現化したのですね」
渋沢「ところが近頃、その木が伐り倒されていると聞くが」
記者「東京五輪の兼ね合いですね。国立競技場の建て替えに伴って高さ制限が緩和され再開発が進みました。今や外苑周りは『高層ビルの森』になっています」
渋沢「嘆かわしい。ビルの上から神宮を見下ろすなど不敬の極み。そんなことで五輪大会など到底うまく運ぶまい」
記者「ええ。おっしゃる通りになりました」　（この文章はフィクションです）（坂田光永）

自自ら自を為し　阿独り阿を作《な》す（性霊集七　故藤中納言）

【もともと仏の智慧を具えている。もともと悟りを成している】

◉**生きている間に悟っちゃおう**　発想力豊かで楽しい、子どもさんや大人からも大人気の絵本作家ヨシタケシンスケさんの絵本で、唯一「死」がテーマの『このあとどうしちゃおう』という作品があります。主人公は小学生の男の子です。冒頭から「この間、おじいちゃんがしんじゃった」で始まり、おそらく遺品整理をしている時に、男の子はおじいちゃんの書き遺したノートを見つけます。表紙に「このあとどうしちゃおう」と書かれたそのノートをお孫さんが開いて見てみると……。

そこには自分がしぬときが来たら、あの世はこうだったらいいな、その願望がいっぱいに描かれていました。食べるものが美味しい、空を飛べる、どこでも布団や温泉があって休み放題、みんなが各々のいいところを褒めあって暮らしている等々。いつしか男の子は楽しく読みふけっていましたが、ふと「おじいちゃんはしぬのが怖くなかったのかな？」と疑問を抱き、お父さんにノートを見せて尋ねます。「う〜ん、おじいちゃんが何を考えていたのかはわからないけど、しんじゃったらどうしてほしいか、考えてノートに書いてみるのはきっといいことだよね」と言われ、素直な男の子は「そうだね！　自分もやってみる！　さあ自分だったら『どうしちゃおう』か、まてよ、その前に、生きている間に『どうしちゃおう』を考えるのが先じゃないか？　考えなくちゃいけないことがいっぱいあるなぁ〜」と成長していくストーリーです。

悟りとは、余計な妨げになる考えを持たなければ、案外身近にあるものです。

この本はヨシタケシンスケさんの、早世されたご両親の死から、「もっと死への不安苦を汲み取ってあげたかった。体が元気な時に死を前に、死後にどうしたいか、ハードルを下げて語れないか」との想いから生まれました。私たちも生死の概念から俯瞰した視点でこころの在り様を見つめ、悟り得る事がある筈です。正しい判断を養い、時に私たちを縛り、迷わせる無駄を減らし削り、遺すべきは残し、時代や全てのいのちに応じた新しい考えを生み出していく先に求める悟りがあらわれます。その悟りの根幹には、他の何物にも捉われない仏の教えがあります。

（村上慧照）

寥廓《りょうかく》たる性虚《しょうこ》は諸因を離れて凝然《ぎょうねん》たり　飄蕩《ひょうとう》たる染海は衆縁に随って起滅す（性霊集八　亡弟子智泉）

【広々とした仏界は空のようにすべてを離れて泰然としている。しかし、揺れ動く迷いの世界は海の波のように生滅変化を繰り返している】

◉生死の海を渡る　水はある時には液体の飲料水としてコップの中に存在します。しかし水を沸騰させれば気体として空気の中に溶け込みます。水蒸気は時に雲を形作り、雲は雨となって地上に降り注ぎます。水は私たちの髪の毛や肌や細胞の中にも存在しますし、涙や血液の一部であることもあります。同時に大海や大河もまた、同じ水から出来ています。水がその姿形を変えながら様々な場所に同時に存在するように、私たちが生きているこの世界は輪廻する世界です。

輪廻はサンスクリット語のサムサーラ（संसारः [saṃsāraḥ]）に由来する言葉で、命あるものが何度も転生し生まれ変わることを表します。サムサーラという言葉は、更にサムとサーラのふたつに分けることができます。サムは「完全な、まさに、実に、良く」という意味を表し、「サーラ」は、「行く、流れる、進む」という意味です。つまり、サムサーラという言葉はひとところに留まらず変化し続ける事を表しています。諸行無常。自分も世界も変化し続けることが本来の性質なのです。

瞑想をしている時、集中が深まると全てがピタリと「止まった」と感じることがあります。思考の流れも、身体の動きも全てが自然に停止して、不動の状態になったと感じるのです。実際にその時には、私の呼吸も停止しています。吸っても吐いてもいませんが、全く苦しくはありません。むしろ呼吸をしていない静かな状態が何ともいえず心地よいのです。有でも無でもない状態です。しかし一定の時間が経過すると私の身体は自然に呼吸を取り戻します。長い吸息と呼息が一息ずつ起こり、やがて規則的な呼吸が繰り返しやってきます。呼吸が動くと心もその動きを取り戻します。いくら心地よいと感じてもこの身体を持っている限り、心は長いこと完全に止まった状態にはいられないのです。いつの日か私の心も空のように全てを離れて泰然とする日がやってくるのでしょうか。それまでは揺れ動く迷いの世界の消滅変化の海の波間を、彼岸に到達することを祈りながら力尽きるまでもがき、泳ぐだけです。（小西凉瑜）

あとがき

近藤堯寛

本書『空海散歩』は百二十名の執筆によって全十巻を上梓することができました。著者の年齢は二十代から八十代という広い幅があり、世代の風潮を味わうことができます。この全十巻には百九十項目あり、苦界、無常、修行、真言、大日へと、「十住心論」のように精神が昂揚していく「空海名言法話全集」です。一つの項目を著者十数名が担当していますから、一項目を多角的に学ぶことができます。さらに、一句の名言を大勢で語り合えば、各人各様の味わいを披露する座談会にもなります。本書をテキストにした心の練成会は、寺院での布教は勿論のこと、地域の著者が集まって語り合うこともできます。ましてや真言僧ならば、宗祖大師の名言を一句でも多く暗唱して、人々に説く使命がありましょう。

連載中に三名の著者が逝去されてしまいました。遺稿を拝読しますと、生前中の温かい励ましの声が聞こえてきます。就中、全巻執筆は二十五名です。力強い二十五名の著述と頒布協力に支えられ、「白象の会」発起人は事務、会計、広報、監修に専念することができました。発起人代表の野條泰圓先生からたびたび現況を尋ねられ、事務局の中村光観、会計の富田向真、広報の森堯櫻、山田弘徳の各師七年の奉仕によって運営を続けてきました。

全集は途中で止めることができません。また、全集ものは出版社が計画するものであって、素人の企画では予想外の困難が発生し、その対応が困難です。筑摩書房への出版依頼は書面だけでは私の願いが十分に伝わりません。私は上京して筑摩書房にて熱意をもって伝えました。また、当時の喜入冬子編集長も名古屋へ足を運んでくださり、金龍寺にてしっかりと語り合いました。著者の執筆熱意と書籍頒布が社内の幹部に了解を得るまで、出版契約に一年かかりました。幸運なことに、『空海散歩』に起筆してからまもなく、喜入編集長が社長に就任されたのは白象の会にとって非常に心強い金剛杖です。これはお大師さまの采配だと私は思っています。

筑摩書房の厳格な校閲は出版業界でも有名です。引用文は図書館にてチェックを行い、新聞や雑誌の引用もコピーを求め、多くの著者が間違いを指摘されました。スタッフ数名の精緻な校正によって格調の高い文章に磨かれています。さらに、本書全十巻を全国の図書館へ頒布する企画があり、有り難く思う次第です。白象の会でも全十巻セットの販売を進めてまいりますのでお申し込み下さい。

執筆七年のマラソンコースに白象の足跡を弘法大師ご誕生千二百五十年記念として残すことができました。コロナウイルスの蔓延、ロシアによるウクライナ侵略戦争、暗い世情に本書が人類の闇を照らす書として生かされることを願って擱筆します。

合掌

令和四年十月十五日

弘法大師年表

774年（宝亀5年）　ご誕生（6月15日）
788年（延暦7年）　15歳　都に上京
791年（延暦10年）　18歳　大学に入学
793年（延暦12年）　20歳　仏門に入る
797年（延暦16年）　24歳　『三教指帰』の初版である『聾瞽指帰』を著す
804年（延暦23年）　31歳　東大寺で受戒に入壇して国家公認の僧となる（4月7日）／入唐（7月6日）長安へ到着（12月23日）
805年（延暦24年）　32歳　青龍寺の恵果和尚より伝法灌頂を授かる（8月）
806年（大同元年）　33歳　長安を出発（8月）／帰国（10月）
807年（大同2年）　34歳　京に上る
810年（弘仁元年）　37歳　東大寺別当に任命
810年（弘仁元年）　37歳　高雄山寺にて国家安泰祈願法会を行いたい旨を申し出る（10月）
812年（弘仁3年）　39歳　高雄山寺にて結縁灌頂を開檀
816年（弘仁7年）　43歳　高野山を開創したい旨を願い出る（6月）
818年（弘仁9年）　45歳　『般若心経秘鍵』を執筆

818年	（弘仁9年）	45歳	『般若心経』を講義
818年	（弘仁9年）	45歳	高野山造営に着手
819年	（弘仁10年）	46歳	『秘密曼荼羅教付法伝』、『即身成仏義』、『声字実相義』を執筆
821年	（弘仁12年）	48歳	満濃池を修築（5月）
822年	（弘仁13年）	49歳	『三昧耶戒序』を執筆
823年	（弘仁14年）	50歳	東寺を下賜
823年	（弘仁14年）	50歳	『真言宗所学経律論目録』（三学録）を執筆
828年	（天長5年）	55歳	綜藝種智院を創設される。
828年	（天長5年）	55歳	『篆隷萬象名義』30巻を執筆
830年	（天長7年）	57歳	『秘密曼荼羅十住心論』10巻、『秘蔵宝鑰』3巻を執筆
831年	（天長8年）	58歳	公務を辞することを願い出る
832年	（天長9年）	59歳	高野山にて万灯万華会を厳修
835年	（承和2年）	62歳	弟子達に御遺告を残す（3月15日）／御入定（3月21日）
921年	（延喜21年）		大師号「弘法大師」を下賜（10月27日）

以上

執筆者一覧（生年順）　＊印は「白象の会」発起人

氏名	生年	出生地	現住所	所属	寺院等	役職
野條泰圓＊	昭10	岡山	岡山県苫田郡	高野	安養寺	住職・本山布教師
安達堯禅	昭11	愛知	愛知県一宮市	高野	日比野弘法堂	支部長
井本全海	昭14	大阪	大阪府河内長野市	高野	勝光寺	住職
篠崎道玄	昭20	奈良	東京都府中市	山階	興徳寺	住職・元宗会議員
岩佐隆昇	昭20	徳島	徳島県徳島市	高野	桂林寺	役僧
湯浅宗生	昭21	鳥取	鳥取県八頭郡	高野	多寶寺	住職・本山布教師
近藤堯寛＊	昭21	愛知	愛知県名古屋市	高野	弘昭寺	住職・本山布教師
佐川弘海	昭22	愛媛	愛媛県西条市	御室	光明寺	住職
田中智岳	昭23	和歌山	京都府木津川市	高野	和泉寺	住職・台湾高野山真言宗協会顧問
菅智潤	昭24	香川	香川県三豊市	善通	円明寺	住職・真言宗善通派管長
畠田秀峰	昭25	徳島	徳島県板野郡	高野	安楽寺	住職・四国八十八ヶ所霊場会会長・本山布教師
河野良文	昭26	福岡	奈良県奈良市	高野	大安寺	住職・本山布教師
伊藤全浄	昭28	京都	兵庫県明石市	高野	極樂寺	住職
大咲元延	昭28	大阪	大阪府大阪市	曹洞宗		中小企業診断士
柴谷宗叔	昭29	大阪	大阪府守口市	高野	性善寺	住職・高野山大学研究員

花畑謙治	昭30	福井	東京都中央区	サドラー・ジャパン㈱	社長
雪江　悟	昭30	千葉	米国カリフォルニア	辯天宗	会社役員
藤本善光	昭31	大阪	福岡県田川郡	高野　十輪院	住職・本山布教師・社会人権局長
中谷昌善	昭32	和歌山	兵庫県神戸市	高野　大師寺	住職・本山布教師
長崎勝教	昭32	高知	高知県土佐清水市	豊山　金剛福寺	住職
森　堯櫻*	昭32	大阪	滋賀県甲賀市	高野	NPO法人暮らしと文化研究所理事長
糸数寛宏	昭33	沖縄	富山県砺波市	高野　日照院	住職・本山布教師
瀬尾光昌	昭34	神奈川	香川県小豆郡	高野　西光寺	住職・本山布教師
大塚清心	昭35	福井	愛知県名古屋市	高野　大師寺	住職
佐々木琳慧	昭35	滋賀	滋賀県犬上郡	高野　不動院	住職
山田弘徳*	昭35	愛知	愛知県名古屋市	高野　真勝院	住職
木藤清明	昭38	愛媛	愛媛県四国中央市	高野　光厳寺	住職・本山布教師
亀山伯仁	昭38	香川	香川県三豊市	高野　密蔵寺	住職・本山布教師・阿字観能化
吉森公昭	昭40	大阪	石川県輪島市	高野　西光寺	住職
後藤証厳	昭40	福岡	和歌山県高野山	高野　南院	NPO法人葛城護持院証厳坊代表
松本堯有	昭40	四川省	兵庫県淡路市	高野　大日庵	庵主
愛宕邦康	昭41	鳥取	埼玉県新座市	一燈宗　一燈仏学院	教授・浙江仏学院客座教授
中村光観*	昭41	和歌山	和歌山県伊都郡	高野　興法寺	住職
雨宮光啓	昭42	大阪	大阪府岸和田市	高野　大師教会光寿会	支部長

寛　旭　昭42　中国　陝西省西安市　大興善寺　住職
福井清光　昭44　和歌山　和歌山県和歌山市
中村一善　昭46　徳島　徳島県板野郡　高野　観音寺　住職
山本海史　昭46　東京　岐阜県高山市　高野　㈱シェアウィング　高山支店マネージャー
阿形國明　昭47　岡山　岡山県久米郡　高野　華蔵寺　住職
富田向真*　昭47　京都　和歌山県高野山　高野　高野山高校　教諭・本山布教師・布教研究所員
佐伯隆快　昭47　広島　岡山県倉敷市　醍醐　長命密寺　住職
曽我部大和　昭48　徳島　徳島県阿波市　高野　明王院　住職
川崎一洸　昭49　岡山　高知県香南市　智山　大日寺　住職
大瀧清延　昭49　広島　広島県福山市　大覚　薬師寺　住職　阿字観能化
伊藤聖健　昭49　北海道　北海道上川郡　豊山　大聖寺　住職・現代教化研究所研究員
穐月隆彦　昭50　愛媛　愛媛県西条市　御室　実報寺　住職
中村光教　昭50　山口　山口県周南市　高野　切幡寺光泉苑　支部長
成松昇紀　昭51　和歌山　宮崎県えびの市　高野　弘泉寺　住職・本山布教師
伊藤貴臣　昭51　大阪　大阪府堺市　高野　高野山大学大学院　講談師
阿部真秀　昭51　北海道　北海道上川郡　高野　眞弘寺　副住職
髙田堯友　昭52　大阪　和歌山県高野山　高野　櫻池院　職員
千葉堯温　昭52　広島　広島県福山市　高野　光堯庵　支部長
岩崎宥全　昭53　長野　長野県諏訪市　高野　佛法紹隆寺　住職

細川敬真	昭53	宮城	和歌山県和歌山市	高野	一休院	住職
坂田光永	昭54	広島	広島県福山市	高野	光明院	住職
村上慧照	昭54	徳島	徳島県徳島市	高野	西光寺	副住職
洪　涛	昭58	中国	陝西省西安市		大興善寺	副住職
加古啓真	昭62	兵庫	兵庫県加西市	高野	寶泉寺	住職
天谷含光	平01	奈良	徳島県板野郡	高野	觀音院	副住職
杉本政明	平12	神奈川	和歌山県高野山	高野	高野山大学	大学院生
草野叶南	平12	滋賀	和歌山県高野山	高野	高野山大学	大学生
中山皓貴	平14	熊本	和歌山県高野山	高野	高野山大学	大学生
小西涼瑜		宮城	東京都	高野	アシュタンガヨガ正式資格指導者	

白象の会は、『空海名言法話全集』出版のために二〇一六年七月、発起人によって命名された、真言宗系の著者で組織する団体です。二〇二三年六月十五日の弘法大師御誕生千二百五十年の記念として、当全集の刊行をしました。裏表紙のマークが、本会のロゴマークです。

JASRAC 出 2210347-201

執筆者別索引

＊数字は頁番号

空海《くうかい》名言《めいげん》法話《ほうわ》全集《ぜんしゅう》　空海《くうかい》散歩《さんぽ》
第十巻　大日の光

二〇二三年三月一五日　初版第一刷発行

著者　白象の会
監修　近藤堯寛
編集　白象の会発起人
協賛　四国八十八ヶ所霊場会
発行者　喜入冬子
発行所　株式会社筑摩書房
東京都台東区蔵前二―五―三　〒一一一―八七五五
電話番号〇三―五六八七―二六〇一（代表）
印刷・製本　中央精版印刷株式会社

ISBN978-4-480-71320-9 C0315